T0178973

JESÚS EN MÍ

JESÚS EN MÍ

El gozo de la eterna compañía del Espíritu Santo

ANNE GRAHAM LOTZ

ORIGEN

Título original:
Jesus in Me
Experiencing the Holy Spirit as a Constant Companion

Primera edición: octubre de 2019

Esta traducción es publicada bajo acuerdo con Multnomah,
sello editorial de Random House, una división de Penguin Random House LLC.
Publicado en asociación con Alive Literary Agency,
7680 Goddard Street, Suite 200
Colorado Springs, CO 80920
www.aliveliterary.com

8950 SW 74th Court, Suite 2010
Miami, FL 33156

Traducción: María José Hooft
Adaptación del diseño de cubierta de Kristopher K. Orr: Penguin Random House Grupo Editorial
Imágenes de portada:
The Entrance (La entrada): Khomkrit Chuensakun
Brushed Gold (Oro cepillado): George Peters / E+ via Getty Images
Liquid Gold (Oro líquido): Lawrence Sawyer / E+ via Getty Images

ISBN: 978-1-644730-41-6

Impreso en Estado Unidos — *Printed in USA*

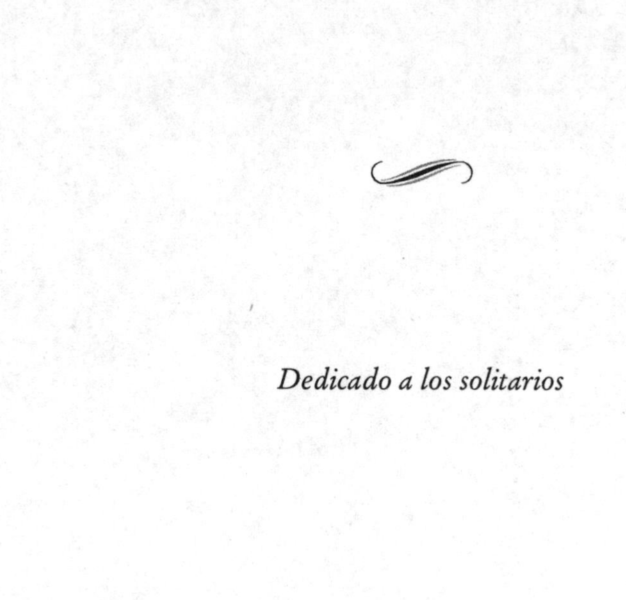

Dedicado a los solitarios

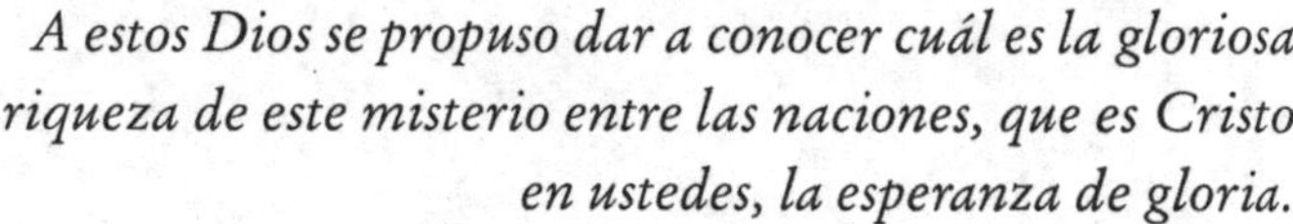

A estos Dios se propuso dar a conocer cuál es la gloriosa riqueza de este misterio entre las naciones, que es Cristo en ustedes, la esperanza de gloria.

Colosenses 1:27

Contenido

Introducción

EL GOZO DE LA ETERNA COMPAÑÍA DEL ESPÍRITU SANTO

Cuando estoy en casa, y siempre que el clima me lo permite, salgo a caminar o correr dos millas y media (cuatro kilómetros) todas las mañanas. Esta ha sido mi rutina por más de treinta años. A medida que me hago mayor, también me vuelvo más agradecida por poseer la capacidad física para mantener este ejercicio. He sido consistente y comprometida con esta actividad, no solo por los beneficios físicos, sino porque es una forma de liberar el estrés. Las cargas del día parecen aliviarse durante esos treinta o cuarenta minutos que me toma completar mi rutina.

Con el pasar de los años, he tenido distintos compañeros de caminata que luego han cambiado de ejercicio o lo han dejado completamente. La amiga que, de vez en cuando, camina conmigo actualmente es una delicia. Mientras caminamos, entablamos conversaciones muy animadas, resolvemos los problemas del mundo, compartimos nuestra percepción de las Escrituras y, muchas veces, terminamos orando la una por la otra. Su compañía me ha hecho consciente de una faceta importante de mi rutina. Cuando me acompaña, el camino no parece tan largo ni tedioso como cuando estoy sola. Cuando está conmigo, parece que tengo más alegría, más energía y el tiempo parece volar. De alguna manera, su presencia hace más simple mi caminar.

Por otro lado, cuando camino sola, la rutina parece más difícil y más larga. Los músculos de mis piernas parecen más tensos y no se estiran en pasos largos, me duelen las rodillas cuando acelero, me cuesta más respirar, mi mente cambia a neutral y solo me esfuerzo por llegar hasta la próxima curva, al siguiente árbol, al tercer puente que marca el ascenso al estacionamiento y a mi auto, donde finalmente me inclino para estirarme. Aunque el recorrido, el ritmo y la duración de la rutina son iguales, ya sea que camine sola o con alguien más, una buena compañía hace una gran diferencia en mi disfrute y bienestar.

Eso me lleva a la caminata de la vida. Vivir día tras día, semana tras semana, año tras año conlleva esfuerzo, energía, compromiso, enfoque y reflexión.

Para ser completamente honesta, soy lo suficientemente mayor como para saber que el camino de la vida nos lleva a través de dolores y sufrimientos emocionales, físicos, relacionales y espirituales. Algunos son insoportables, otros perturbadores, otros son más serios y hasta amenazan la vida. Por momentos me encuentro esforzándome por superar un día, un mes, un año. *Si pudiera al menos llegar hasta el receso de Pascua. Si pudiera al menos ir a la playa para nuestras vacaciones. Si pudiera tan solo esperar hasta Navidad*. Hay momentos en que cumplo con un compromiso solo para tacharlo de mi lista y continuar con la siguiente tarea, para, a su vez, poder pasar a la que le continúa. El camino en sí mismo se vuelve una carga, se vuelve monótono.

Lo que he necesitado es un compañero que camine conmigo, alguien que esté a mi lado y comparta día tras día cada paso de mi camino. Alguien con quien pueda discutir los asuntos que tengo en mente y que responda mis preguntas. Alguien que me ayude a tomar decisiones, que escuche mis quejas, mis miedos, mis preocupaciones y mis sueños. Alguien en quien pueda confiar y creer, con quien pueda disfrutar. Alguien cuya sola presencia me dé gozo y paz. Alguien que me conozca, me entienda y me ame.

¿Dónde he encontrado a ese compañero? Sorpresivamente, como una hija de Dios, no tuve que buscar a mi alrededor para hallarlo, solo tuve que buscar en mi interior, porque Dios me ha dado el mejor compañero para la vida: su Espíritu. Y no solo para la vida, ¡sino para siempre![1]

No es mi intención en este libro hacer una disertación completa y profunda sobre el Espíritu Santo, ni explorar todas las formas en las que puede ser comprendido o malinterpretado, utilizado o abusado, normalizado o usado con fines sensacionalistas, priorizado o abandonado. Lo que quiero contar es mi experiencia personal con este compañero divino. Aunque no creo saber ni el principio de todo lo que hay que saber sobre Él, estoy aprendiendo a disfrutarlo y a confiar más y más en Él. Inevitablemente, cuanto más aprendo del Espíritu Santo, más me doy cuenta de que tengo aún mucho por aprender. Pero una cosa tengo por segura: Él no es una opción adicional en mi vida cristiana, es una necesidad divina.

La necesidad indispensable del Espíritu Santo nunca ha sido tan evidente en mi vida como lo fue mientras escribía este libro. Cuando comencé el desafío de poner mis palabras en una página, mi padre de noventa y nueve años se fue al Cielo. Yo ya era viuda y cuando él se fue a su hogar celestial, también quedé huérfana. Seis meses después me diagnosticaron cáncer de mama, atravesé una cirugía y luego comencé el tratamiento cruel de la quimioterapia. Durante los momentos malos y los buenos, en las lágrimas y el gozo, en el dolor y el consuelo, he sentido la compañía constante del Espíritu Santo.

Día tras día, he aprendido que Él es todo lo que es Jesús, pero sin un cuerpo físico. Es Jesús sin carne. Del mismo modo en que Jesús es la imagen exacta de Dios Padre, el Espíritu Santo es la imagen exacta de la mente de Jesús, su voluntad y sus sentimientos. Él es el Jesús invisible. El Espíritu Santo es… ¡Jesús en mí!

Anne Graham Lotz

Primera parte

AMAR A LA PERSONA DEL ESPÍRITU SANTO

Ustedes lo aman a pesar de no haberlo visto.

1 Pedro 1:8

¿Alguna vez te has formado una idea o una opinión acerca de alguien basándote en lo que otros te han dicho y cuando conociste a esa persona descubriste que en realidad era muy diferente a lo que te habían hecho creer?

Recientemente, recibí una invitación para estar en un programa de televisión conducido por una pareja que había estado hacía poco tiempo en las noticias y había recibido muy mala publicidad. Sin quererlo, me había dejado influenciar por esa actitud pública denigrante. Casi rechazo la invitación, pero cuando algunos asesores respetados me pidieron que la aceptara, lo hice, y descubrí algo completamente distinto a lo que me habían hecho creer.

La pareja era humilde, cálida, encantadora, atenta, alentadora y comprensiva. Era agradable hablar con ellos y mi espíritu resonaba con el de ellos. Hasta el día de hoy, me sigue sorprendiendo la diferencia entre la percepción que el público tiene de ellos (y mis ideas preconcebidas) y su verdadera personalidad agradable, así como su testimonio auténtico.

Así como nuestra percepción acerca de otras personas puede ser muy diferente a lo que son en realidad, puede suceder lo mismo con nuestra percepción del Espíritu Santo. ¿Tu percepción puede diferir de la verdad o incluso ser casi contraria a ella?

He oído hablar del Espíritu Santo como "algo", un sentimiento, una paloma, una llama de fuego, un fantasma, una emoción o hasta una experiencia eufórica. Muchas veces se le llama la tercera persona de la Trinidad, como si fuera el menos importante o un añadido al Padre y al Hijo, que son más importantes. Todo eso es incorrecto.

Si bien el Espíritu Santo puede simbolizarse con una paloma o una llama, si bien su presencia puede provocar una emoción, un sentimiento o una experiencia eufórica, Él está claramente separado de esas cosas. Él no es algo, es alguien. Su condición de persona queda clara en Juan 16, cuando "Él" es mencionado once veces en ocho versículos usando pronombres personales de género masculino.[1]

Así que para comenzar a explorar quién es el Espíritu Santo, necesitamos aclarar que no estamos hablando de "algo", sino de "alguien". Él es una persona viva que tiene mente, voluntad y sentimientos. No se dice que es la tercera persona de la Trinidad porque sea el último, sino porque es la tercera persona que se revela completamente en las Escrituras.

En el Antiguo Testamento, aunque estaban presentes el Espíritu Santo y Dios Hijo —la Palabra viva que se hizo carne en Jesús—, quien se revela principalmente es Dios Padre. En los Evangelios, si bien el Padre y el Espíritu Santo están presentes, quien se revela principalmente es Dios Hijo. Al comienzo de Hechos y en las epístolas, aunque Dios Padre y Dios Hijo también están presentes, quien se revela principalmente es Dios Espíritu Santo. De hecho, el libro de Hechos no habla de los hechos de los discípulos o de la Iglesia primitiva. Es un libro sobre los hechos del Espíritu Santo y su obra en y a través de los discípulos y la Iglesia primitiva.

Si el Espíritu Santo es una persona con intelecto, voluntad y sentimientos, ¿cómo es Él realmente? ¿Cómo es su personalidad? ¿Cuáles son sus responsabilidades? ¿Te intriga esta persona misteriosa? Personalmente, a mí sí, y aún hoy me sigue inspirando curiosidad. Una forma de conocerlo es a través de sus nombres.

En la Biblia, los nombres muestran el carácter de las personas que los llevan. Por ejemplo, en el Antiguo Testamento, el nieto de Abraham se llamaba Jacob, que significa "impostor" o "sustituto". Jacob fue un hombre que creció y engañó a su padre, Isaac. Al hacerlo, Jacob sustituyó a su hermano, Esaú, el heredero de la bendición de su padre. Su nombre estaba bien puesto.

Veinte años después de ese engaño, cuando Jacob regresó a reclamar su herencia, un ángel del Señor, quien era una manifestación visible y tangible del mismo Señor, no se lo permitió. Luego de luchar toda la noche, Dios le dislocó la cadera para forzarlo a rendirse, pero en lugar de caer al suelo pidiendo piedad, Jacob se abrazó a su cuello y le dijo que no lo soltaría hasta que lo bendijera. En ese momento, a la orilla del río que servía como frontera de la Tierra Prometida, el río donde habían luchado, Dios le indicó a Jacob que dijera su nombre, quién era: el impostor y sustituto. Luego, Dios cambió el nombre de Jacob al de Israel, que significa "un príncipe que tiene poder en Dios". Como un hombre quebrantado, Jacob entregó su vida a Dios por completo y se convirtió en un príncipe con poder, el padre de doce hijos que fueron los padres fundadores de una nación que lleva su nombre: Israel.[2]

Tal vez el ejemplo más conocido de cómo un nombre revela el carácter de alguien se encuentra en el nombre que se le dio al Hijo de Dios. Se llamó Jesús, que significa "Salvador", "Rescatador", "Redentor", "Libertador", el único que nos salvaría del castigo y del poder del pecado.[3] Su nombre define con exactitud quién fue… y quién es.

¿Y qué hay del Espíritu Santo? En Juan 16:7 Jesús le da un nombre que a menudo se interpreta describiéndolo como aquel que nos consuela, pero esta es una definición que necesita de varias otras para describir su significado correctamente. La versión de la Biblia

Amplificada [en inglés] del mismo versículo dice que esta palabra también se puede traducir así: "Pero les digo la verdad: les conviene que me vaya porque, si no lo hago, el Ayudador —Confortador, Defensor, Intercesor, Consejero, Fortalecedor, Confidente— no vendrá a ustedes; en cambio, si me voy, se lo enviaré —al Espíritu Santo— a ustedes [para que esté en comunión con ustedes]". En los siguientes siete capítulos veremos las conclusiones personales y prácticas de cada aspecto de los nombres del Espíritu Santo como están numerados en la versión de Juan 16:7 de la Biblia Amplificada.

La experiencia de descubrir quién es el Espíritu Santo en cada paso de mi vida diaria ha sido una de mis alegrías más grandes y profundas. Cada nombre que se le ha dado (Confortador, Ayudador, Defensor, Intercesor, Consejero, Fortalecedor, Confidente) revela un nuevo aspecto de su carácter divino y ha causado en mí un amor profundo por quien es mi compañía constante..., Jesús en mí. Mi oración para este libro es que tú también puedas descubrirlo personalmente como tu compañía constante y que eso te lleve a amarlo más.

I

NUESTRO AYUDADOR

Cuando la salud de mi esposo Danny comenzó a decaer debido a la diabetes tipo 1 y sus complicaciones, prácticamente dejé de viajar y lo cuidé con alegría durante tres años. Una tarde de agosto, él estaba sentado junto a la piscina, jugando con nuestro perro y relajándose bajo el sol de verano. Yo me quedé dentro de la casa para hacer algunas tareas. De repente, me di cuenta de que hacía más de una hora que no iba a verlo, corrí hacia la ventana, miré hacia la piscina y vi que no estaba allí. Con alivio, creyendo que había entrado sin que lo viera, corrí por la casa buscándolo y gritando su nombre. No me respondía ninguna voz familiar, solo había silencio. Tuve un mal presentimiento cuando corrí nuevamente hacia la ventana y vi a nuestro perro sentado al borde del agua. Cuando lo llamé, se negó a venir. Corrí hasta la piscina y encontré exactamente lo que imaginaba.

No hay palabras para describir mi grito desesperado de ayuda; me lancé al agua, llevé a mi esposo hasta los escalones y sostuve su cabeza sobre mi falda. Aunque lo llamé una y otra vez, y hasta le rogué a Dios por ayuda, supe que tenía en mi regazo a un hombre que ya estaba en la presencia de su Señor. La expresión de su rostro demostraba fortaleza, confianza y completa paz.

Para superar lo que vino después, necesité mucho del Ayudador: para permanecer en línea luego de mi llamada al 911, cuando llegó la ambulancia, para ver a los médicos corriendo por el jardín y apartando a Danny de mi falda, los helicópteros de los noticieros volando encima de la casa, la policía al lado de la piscina y cuidando la propiedad, los autos llenos de curiosos estacionándose en nuestra calle y, finalmente, la escena que no puedo borrar de mi mente: Danny en una camilla saliendo de nuestra casa por última vez.

En su gran compañía, el Ayudador también envió ayuda palpable: un capellán del departamento del alguacil que se quedó conmigo mientras los paramédicos se ocupaban de Danny; mi yerno, que me abrazó mientras se lo llevaban; mis hijos, que se sentaron conmigo en la pequeña sala de urgencias del hospital; nuestro doctor, que apareció junto a la cama de Danny y me alentó a ponerlo en reanimación cardiopulmonar… solo por si acaso.

Mientras caminaba por el valle de sombras que rodeaba a la despedida oficial de Danny durante la mañana del 19 de agosto de 2015, en todo momento sentí la presencia silenciosa, gentil y amorosa del Ayudador. Dos noches antes de nuestro aniversario número cuarenta y nueve, en lugar de disfrutar una cena de celebración juntos, tuve que enterrar a mi amado esposo.

Si describiera en este libro todo lo que recibí del Ayudador durante ese tiempo, no me alcanzarían las páginas. Él derramó en mí su ayuda al punto de que me encontré consolando a amigos y familia, hablando ese mismo 21 de agosto frente a cien hombres en un estudio bíblico que dirigía Danny, planificando el servicio de celebración y ultimando detalles del funeral. La increíble evidencia de su ayuda sobrenatural estaba en la alegría, la paz, la fortaleza y la clara presencia de ánimo que me ayudaron a sobrellevarlo, y no a duras penas, ¡sino como un triunfo absoluto! Nunca dejaré de alabar a Dios por "mi Ayudador".[1]

Hace poco, cuando revisaba mi correo electrónico, encontré una nota de la esposa de un hombre que había servido con Danny en la junta nacional de la Confraternidad de Atletas Cristianos. Su esposo acababa de fallecer. Ella decía que lo había cuidado por más de cinco años y: "Nunca podría haber llevado la «carga con agradecimiento» si no hubiera dependido del Espíritu Santo". Y supe con exactitud a qué se refería.

¿Cuál es tu testimonio? Ya seas un viudo o viuda como yo, que está aprendiendo a vivir una nueva realidad; o alguien que está invirtiendo su vida en cuidar a un cónyuge enfermo, a un padre anciano o a un hijo con discapacidad; o un padre intentando criar a sus hijos para que sean seguidores de Jesús en un mundo retorcido; o una persona de negocios que opera según los principios bíblicos de integridad; o un político que camina por la cuerda floja entre la verdad y la corrección política; o un educador que enseña valores junto con el currículo; o una víctima de cáncer que intenta atravesar el laberinto de las opciones quirúrgicas y los tratamientos, el Ayudador está dispuesto a socorrerte, a apoyarte y a darte alivio. Lo sé por mi propia experiencia. Solo llámalo.

2

NUESTRO CONSUELO

Sin el Ayudador no podría haber soportado los días posteriores a ese momento desgarrador en el que encontré el cuerpo de mi esposo inmóvil dentro de la piscina. No solo sentí su ayuda práctica en todo momento durante la crisis, sino que también experimenté su consuelo de una forma muy profunda.

Sentí el consuelo del Espíritu Santo en su rol de confortador durante momentos de gran tristeza (como la pérdida de dos bebés por abortos espontáneos, el diagnóstico de cáncer de mi hijo y sus dos separaciones, la muerte de mi amada madre, seguida de la muerte de mi padre o mi propio diagnóstico de cáncer). Sin embargo, nada, *nada*, se compara con el consuelo que Él me ha dado desde que Danny partió a la casa del Padre.

El Confortador no solo trabajó en mi interior para traer calma a mi corazón, sino que también envió a personas para darme consuelo con su amor, su cuidado y su presencia desde el momento en que Danny fue llevado al hospital. Durante las dos noches que estuvo con reanimación, nuestro hijo, Jonathan, se quedó con él, mientras que nuestra hija menor, Rachel-Ruth, vino a pasar la noche conmigo.

Yo sabía que Rachel-Ruth no se podía quedar mucho tiempo porque tenía tres niños que atender. Aunque nunca expresé esos pensamientos, mi otra hija, Morrow, y su esposo, Traynor, me propusieron mudarse conmigo. Con una sonrisa traviesa, miré a mi yerno y respondí:

—Tal vez, pero tendrás que preguntarme a mí, tu suegra, si puedes vivir conmigo.

Con un brillo en los ojos y soltando una risa, Traynor me lo preguntó y me confesó que siempre había sido su sueño vivir con su suegra.

¡Así que Traynor y Morrow se mudaron ese mismo día! Pusieron todas sus pertenencias en cajas y vivieron en nuestras dos habitaciones de arriba por más de un año. No hay palabras para describir el consuelo que poco a poco me trajeron al instalarse en mi rutina, combinándola con la de ellos. Vivieron en mi casa por quince meses y nunca discutimos ni hubo altercados o tensión. Solo bendición. Por quince meses no pasé ni una noche sola en mi casa y eso me ayudó a aliviar la soledad repentina de formas que ellos tal vez nunca sepan.

Cada noche, mi hija preparaba la cena y nos llamaba a la mesa para una maravillosa comida. Luego de la cena, nuestra devoción siempre se enfocaba en las bendiciones de Dios. Noche tras noche. Semana tras semana. Mes tras mes. Algunas noches, Morrow y Traynor sentían que yo no estaba de ánimo y se levantaban, se acercaban, ponían sus manos sobre mí y mientras Traynor escribía las letras hebreas "YHWH" en mi frente, ambos oraban para que Dios me bendijera: "El SEÑOR te bendiga y te guarde; el SEÑOR te mire con agrado y te extienda su amor; el SEÑOR te muestre su favor y te conceda la paz".[1] Y eso me traía consuelo.

Sabía que mi hija y mi yerno también estaban sufriendo, pero me recordaban de una forma conmovedora que el Espíritu Santo nos consuela mediante el amor y el cuidado de quienes nos rodean. Ellos le permitían al Espíritu utilizarlos como canales, como Dios prometió ser "quien nos consuela en todas nuestras tribulaciones para que, con el mismo consuelo que de Dios hemos recibido, también nosotros podamos consolar a todos los que sufren".[2]

El Espíritu Santo en persona me ha consolado en todos los ámbitos, todos los días, no solo con lo relacionado a Danny. A veces ha utilizado un pasaje de la Escritura en mi devocional para aliviar algún dolor oculto. A veces ha utilizado un correo o un mensaje de texto de una persona inesperada. A veces ha utilizado un pensamiento o alguna frase de un libro que estaba leyendo o un sermón que estaba escuchando.

Un día, luego de predicar en una iglesia grande, una señora se me acercó bastante tímida y me entregó un trozo de papel. Cuando regresé al hotel, abrí su nota y era un dibujo. Ella decía que el dibujo explicaba mejor cómo le había hablado el Señor a través de mi mensaje. Ella no tenía forma de saberlo, pero estaba atravesando la misma situación con la que yo estaba luchando y sentí que el Espíritu Santo me estaba trayendo consuelo a través de ese dibujo que aún tengo guardado en mi Biblia.

El Confortador pareció mover todos sus recursos cuando mi padre se fue al Cielo en febrero de 2018. Recibí la noticia por teléfono cuando estaba con una amiga. Inmediatamente, ella me envolvió en sus brazos y oró mientras ambas llorábamos. Desde ese momento, sentí el consuelo de mi familia que estaba conmigo y de cientos de amigos que dejaron muchos mensajes de voz y enviaron tantos mensajes de texto a mi teléfono que tuve que silenciarlo.

Nunca olvidaré la caravana que escoltó a papá por ciento veinte millas (más de ciento noventa km) desde Asheville, cerca de nuestra casa, donde él vivía en ese entonces, hasta Charlotte, Carolina del Norte, el hogar de su infancia, donde fue sepultado. El itinerario se había publicado con anticipación y la gente de Carolina del Norte se acercó a dar sus respetos. Durante todo el camino, los autos que aún no estaban alineados a los costados se movían a un lado de la carretera y se detenían, a ambos lados de la interestatal. Decenas de miles de personas se paraban al costado de la carretera agitando carteles hechos a mano, sosteniendo Biblias o cruces en una mano y con la otra en su corazón, o saludando solemnemente. Vi a una madre con un recién nacido en brazos, un padre llevando la silla de ruedas de su pequeña tan cerca de la carretera como pudo, un rabino tocando un *shofar*, camiones de bomberos con la bandera estadounidense cubriendo sus escaleras..., en cada cruce todos transmitiendo que compartían el dolor de mi familia. En ese momento, era como si todo el mundo se hubiera detenido para dolerse y llorar con nosotros, y me sentí consolada.

¿Puede ser que hayas pasado por alto el consuelo del Espíritu porque vino de forma indirecta a través de alguien más o de algo? Como María Magdalena en la tumba vacía, ¿tus lágrimas te están impidiendo ver la presencia de Jesús que está junto a ti, *dentro* de ti?[3] Mi oración es que Él utilice estas palabras para consolarte y que sientas la compañía constante del Espíritu Santo. Pídele que puedas ver de cerca a aquel que es Jesús en ti.

3

NUESTRO DEFENSOR

¿Alguna vez necesitaste un defensor? ¿Alguien que defienda tu causa y te favorezca ante los ojos de tu jefe, tu padre, tu suegra o el presidente de un comité? Uno de los nombres que se le da a la obra del Espíritu Santo es el de Defensor.

Durante una época de humillación pública, mi esposo y yo necesitamos que el Defensor abogara por nuestra causa cuando, básicamente, nos echaron de la iglesia donde habíamos sido miembros durante quince años. Mi esposo había sido presidente de la junta de diáconos, el líder de la confraternidad de hombres y el maestro de la clase de escuela dominical más grande de la iglesia. Sin embargo, las cosas comenzaron a descomponerse cuando el pastor principal se retiró y pusieron a Danny como encargado de la comisión que debía buscar un nuevo pastor. Danny tomó la posición firme e inflexible de sostener la verdad de las Escrituras, mientras que los otros miembros de la comisión, con una sola excepción, lo rechazaron. Durante una junta administrativa, un domingo por la mañana, lo removieron públicamente de la comisión al son de los aplausos que llenaban el santuario.

Varias semanas después de que sucediera esto, los diáconos también me separaron de la clase bíblica que daba a quinientas mujeres de la iglesia. Su miedo era que, mientras no hubiera pastor, la presencia de mi clase influenciara a la congregación de una forma que ellos consideraban inaceptable. En los días siguientes, el periódico local escribió varias historias que contaban con detalle la expulsión de la hija de Billy Graham de una iglesia bautista. Si bien me contuve de criticar públicamente a la iglesia o a los que estaban en ella, en privado oraba para que el Defensor se pusiera de pie y me defendiera. ¡Y lo hizo! Un año después, en ese mismo periódico donde habían escrito sobre esos hechos humillantes, una descripción de dos páginas completas nos exoneró a mí y a mi clase de cualquier acusación.[1]

Si has viajado con un equipo misionero, has trabajado en el liderazgo de una iglesia o te has involucrado en el ministerio fuera de tu hogar, seguramente has vivido tensiones o hasta relaciones que se terminaron. No queremos que esos problemas tan dolorosos crezcan dentro de la comunidad cristiana, sin embargo, suceden muy a menudo. En lugar de enojarnos, amargarnos o estar resentidos, este es un momento para acudir a nuestro Defensor y pedirle que intervenga en favor de nuestra causa.

El Defensor sabe lo que hace, y ha hecho cosas maravillosas. Lo vemos obrando a las sombras en el Antiguo Testamento. Él favorece a José frente a Potifar y hasta lo pone a cargo de todas sus riquezas; luego lo favorece frente al guardia de la prisión, que lo pone a cargo de todos los prisioneros; más tarde lo protege frente al faraón, quien lo nombra segundo al mando de Egipto, donde José salva al mundo (incluso a su propia familia) durante la gran hambruna.[2] Vemos obrar al Defensor cuando favorece a Nehemías, el copero del rey de Persia, para volver a Jerusalén y reconstruir los muros luego de años de exilio y cautiverio en Babilonia.[3] Y, nuevamente, cuando respalda a la reina Ester frente al rey, posicionándola para salvar a su pueblo de la destrucción total.[4]

También, por supuesto, lo vemos obrar en el Nuevo Testamento. Cuando la Iglesia primitiva envía a los primeros dos misioneros: Pablo y Bernabé, quienes luego eligen a un joven para que los ayude, Juan Marcos. Sin embargo, al empezar el viaje, Juan Marcos los abandona y regresa a Jerusalén.[5] Cuando, tiempo después, regresan, Pablo y Bernabé dan un informe apasionante del impacto del Evangelio en el mundo gentil a la iglesia en Antioquía que los envió y al Consejo en Jerusalén. Luego de un tiempo de predicar y enseñar en Antioquía, Pablo sintió que estaba listo para emprender otro viaje misionero. Bernabé aceptó ir, pero quiso llevar a Juan Marcos. Pablo no estuvo de acuerdo porque el joven ya los había abandonado en el primer viaje y falló en cumplir su tarea. "Se produjo entre ellos un conflicto tan serio que acabaron por separarse".[6] Pablo y Bernabé fueron por caminos separados, Pablo llevó a Silas y Bernabé, a Juan Marcos. Si bien fue una gran bendición que el esfuerzo misionero se duplicara en dos grupos, era obvio que se necesitaba que el Defensor interfiriera para reconciliar a estos hermanos cristianos y compañeros de ministerio, por su propio bien y para prevenir una grieta en el desarrollo de la Iglesia primitiva.

Aunque la Biblia no nos da detalles, sabemos que al final de la vida de Pablo, antes de su ejecución, uno de sus últimos pedidos a Timoteo fue: "Recoge a Marcos y tráelo contigo, porque me es de ayuda en mi ministerio".[7] Obviamente, el Defensor había obrado con eficacia por la causa de Juan Marcos al punto de que él y Pablo se habían convertido en compañeros leales de ministerio.

¿De qué forma necesitas que alguien te defienda? Jesús prometió: "Y yo le pediré al Padre, y él les dará otro Abogado Defensor, quien estará con ustedes para siempre".[8] Sin importar si tu situación se traduce en un malentendido con tu vecino, una discusión dentro de tu iglesia, tensión en tu hogar, una difamación en tu universidad o un chisme en tu oficina, el Espíritu Santo está dispuesto a defenderte y a abogar siempre por tu causa. Pídeselo. Nunca ha perdido un caso.

4

NUESTRO INTERCESOR

Así como el Espíritu Santo en su papel de Defensor aboga por tu causa y te defiende, siendo el Intercesor obra activamente entre tú y los demás para conciliar las diferencias. Un intercesor es un mediador, y el Espíritu Santo está listo para servir de intermediario cuando las relaciones se complican o están rotas.

¡Todo padre necesita un intercesor! Sin duda, yo lo he necesitado, y más veces de las que puedo contar.

Nuestros tres amados hijos asistieron a la Universidad de Baylor, en Waco, Texas. La educación era magnífica; el enfoque, cristocéntrico; y la vida social llena de placer y diversión. La única preocupación que teníamos Danny y yo era que la universidad estaba a veinticuatro horas en auto de nuestro hogar, en Carolina del Norte. Me consolaba a mí misma diciendo que solo eran seis horas de vuelo, pero de todos modos, ¿quién puede costear vuelos tan frecuentes? Así que solo contábamos con ver a nuestros hijos dos veces al año mientras estaban en época de clases, además de la Navidad y el receso de verano.

Durante el segundo año de nuestra hija menor, Rachel-Ruth, en Baylor, ella llamó a casa para hablar sobre las clases a las que se estaba inscribiendo para el semestre de primavera. Sinceramente, ahora no puedo recordar por qué fue, pero sí recuerdo que tuvimos una discusión muy fuerte. La conversación terminó con Rachel-Ruth colgándome el teléfono. Cuando volví a llamarla, no me contestó, aunque lo intenté varias veces. En ese momento fue cuando el Intercesor entró en juego.

Por una coincidencia divina, en mi agenda tenía un compromiso para dar una charla en Dallas en el mismo mes de esa conversación telefónica. Cuando acepté la invitación, no tenía forma de saber que eso me llevaría cerca de Rachel-Ruth en el momento en que necesitaría encontrarme con ella cara a cara. Sin embargo, por supuesto, el Espíritu Santo sí lo sabía, por eso hizo esos planes. Luego de terminar con mi compromiso en Dallas, me subí a un auto, conduje hasta Waco y me aparecí en la puerta de Rachel-Ruth. Ella me abrazó y me dijo que se sentía mal por haberse distanciado. Luego, ambas lloramos y hablamos hasta que solucionamos la situación. Supe que el Intercesor había trabajado en el corazón de ambas, había ablandado el mío para escuchar con más compasión las razones de su carga académica y la había convencido a ella de que fuera más respetuosa con el tono en que expresaba sus deseos. Al final, el Intercesor nos ayudó a resolver y reconciliar lo que había sido una relación tensa.

Un aspecto maravilloso del Espíritu Santo es que, si Él mora en ti y en la persona con la que tienes un problema, puedes orar y pedirle que actúe en ambos. Pídele que obre en tu corazón y en el de la otra persona para unirlos.

Hace poco hablé con Patti, una amiga, acerca de cómo aplicaban este principio ella y su esposo, John, en la relación con su hija, Mandi, y con el esposo de ella, Scott.[1] Cuando ellos comenzaron a salir, Mandi se fue alejando de las funciones y reuniones familiares, y se alejó notoriamente de Patti y John. Su vínculo familiar tan unido pareció deshacerse de la noche a la mañana, sin aviso o explicación. Mandi se vio absorbida completamente por su relación junto con nuevos amigos que parecían incentivar esta distancia, dejando a Patti y a John confundidos y aislados de su hija.

La situación se deterioró más cuando Mandi y Scott se comprometieron. Rápidamente se casaron, dejando de lado la tradición bíblica de la bendición de los padres. Luego de su boda, tuvieron muy poco contacto con la familia.

Patti y John pasaron muchas noches llenas de lágrimas, en agonía por la "pérdida" de su hermosa hija. Ellos sabían que estaban en una batalla espiritual y eran totalmente conscientes de que su familia estaba siendo blanco del ataque del enemigo, que buscaba destruir su preciada relación.

Patti y John permitieron que sus corazones quebrantados los pusieran de rodillas y así oraban sin cesar para que el Intercesor obrara a su favor. Y así lo hizo. Una enfermedad que terminó con la vida de un miembro muy querido de la familia hizo que la comunicación entre Mandi y sus padres se hiciera más frecuente. Posteriormente, el Espíritu Santo comenzó a provocar en ellos el deseo de reconectarse.

Varios años después, la llegada del primer bebé de Mandi y Scott les dio a todos un gran deseo por ser la familia que Dios quería que fueran. Poco tiempo después, el Intercesor se movió en el corazón de Scott y lo inspiró a tener una conversación a solas con John. Ellos hablaron abiertamente del comienzo doloroso de su relación y esto hizo que pudiera florecer una relación más genuina. Patti y John ahora experimentan el gozo de ser unos abuelos cariñosos y parte integral de la vida de su hija.

Si bien siempre van a necesitar al Intercesor, la sanación ya comenzó, se restauró la unidad familiar y los corazones de todos continúan llenos de alabanza y gratitud a aquel que lo hizo posible.

Aunque comparto contigo estas historias acerca del toque sanador del Intercesor, confieso que he tenido algunas relaciones malas o que se han roto a lo largo de los años y no se han restaurado, ni nos hemos reconciliado, a pesar de que he orado fervientemente. Aun así, sigo convencida de que la falta de resultados no es porque el Intercesor no haya actuado. Creo que es más probable que alguno de los involucrados, como yo, ha endurecido su corazón hacia su obra. Esta es una razón por la que parece sabio orar como el rey David: "Examíname, oh Dios, y sondea mi corazón; ponme a prueba y sondea mis pensamientos. Fíjate si voy por mal camino, y guíame por el camino eterno".[2] También sé que algunas heridas tardan más en sanar y algunas cosas rotas tardan más en enmendarse.[3] Por eso continúo orando por mi corazón, y por el de los otros, para que se rinda a la obra interventora del Intercesor.

Si tienes una relación complicada o destrozada, desgastada o quebrada, golpeada o rota, ora. Pídele al Intercesor que examine y ablande tu corazón para que Él pueda actuar. Y Él lo hará. Estoy segura.

5

NUESTRO CONSEJERO

Cuando era niña, leí en el Antiguo Testamento la historia de Salomón, quien heredó el trono de su padre David. Luego de la muerte de David, Salomón no solo estaba muy dolido, sino que también tenía el peso de la responsabilidad que ahora debía asumir. El joven rey fue a la tienda de encuentro para buscar al Señor mediante un sacrificio desmesurado. Dios respondió a la desesperación de Salomón y lo invitó a pedirle lo que quisiera.

Salomón no pidió fama, fortuna o el favor del pueblo. En lugar de eso, dijo: "Yo te pido sabiduría y conocimiento para gobernar a este gran pueblo tuyo; de lo contrario, ¿quién podrá gobernarlo?".[1] En respuesta, Dios derramó su bendición en Salomón y le concedió sabiduría y conocimiento abundantes, algo que no pudo igualar ningún otro rey de la tierra antes o después de él.[2]

Me sorprendía profundamente el pedido de Salomón. Si él pudo pedirle a Dios sabiduría, ¿por qué yo no podía hacer lo mismo? Así que comencé a orar para que Dios me diera sabiduría. Oré de forma continua y consistente, y creo que Dios ha respondido mi oración a medida que he abierto mi corazón, mi mente y mi vida al Consejero. Cuando miro hacia atrás, puedo ver con claridad que Él no solo me ha dado consejos, también me ha dado sabiduría una y otra vez para tomar decisiones pequeñas y grandes a medida que Él tomaba la responsabilidad de dirigir mi vida entera.

Nunca he estado tan agradecida por la guía del Consejero como cuando mi doctora me informó que era posible que tuviera cáncer de mama. Había acudido por otro asunto médico, pero ella encontró una masa que sintió sospechosa. Al principio no le di importancia a su preocupación, ya que nadie en mi familia, que es bastante grande, había tenido cáncer de mama, solo una prima hacía cuarenta años. Sin embargo, accedí a realizarme una mamografía y un ultrasonido. No puedo explicar cómo, pero el Ayudador me preparó al hacerme saber con anticipación cuál sería el diagnóstico.

No había duda. Ambos exámenes mostraban que tenía cáncer. Cuando el radiólogo me mostró los resultados en la pantalla, si bien estaba sorprendida, no estaba ni un poco angustiada. Él me miró directo a los ojos y dijo:

—Sra. Lotz, ¿está segura de que está bien?

A lo que respondí:

—Sí, estoy bien. Dios tiene el control de mi vida. —Y tenía la seguridad de que era así, la tengo hasta el día de hoy y siempre será así. Cuando el doctor salió, la auxiliar de laboratorio tomó mis manos, hizo una oración por mi salud y luego me acompañó a mi auto. Sabía que el Confortador estaba utilizando a esta joven dulce para reafirmar su amor y su cuidado sobre mí.

Sin embargo, el diagnóstico me sumergió en una profunda dependencia del Consejero, ya que estaba envuelta por un mundo de opciones y decisiones totalmente nuevo que moldearía mi camino a través del tratamiento contra el cáncer. La primera decisión que tuve que tomar fue cómo y cuándo decírselo a mis hijos, sus parejas y mis nietos.

Fui a casa inmediatamente después del radiólogo, pero en lugar de llamar a la familia y los amigos, me acerqué al Consejero. Sabía que toda mi familia vendría a almorzar tres días después, el domingo, para recordar juntos esa fecha, tres años atrás, cuando nos reunimos alrededor de mi esposo y le quitamos el respirador. Sabiendo que ese día de por sí sería muy emotivo, me costaba pensar en añadir la carga de mis novedades a sus sensibles corazones. Mientras oraba, el Consejero no solo susurró, parecía hablarme en voz alta a través de Deuteronomio 29:29: "Lo secreto le pertenece al Señor nuestro Dios, pero lo revelado nos pertenece a nosotros y a nuestros hijos". Sabía que debía compartir la noticia de este cáncer que me habían revelado con mis hijos, sus parejas y mis nietos.

Al terminar el almuerzo, ese domingo tomé mi Biblia y en lugar de guiarlos en un tiempo de devocional, como es nuestra costumbre, les conté de qué forma Dios se estaba moviendo en mi vida. Como madre, nunca he estado tan agradecida como en ese momento cuando cada uno de ellos respondió con una fe sólida como una roca. Por supuesto que hubo lágrimas, pero todos estábamos confiados en que Dios nos había dado una bendición disfrazada. Así como águilas que atraviesan los vientos de una tormenta, nosotros extenderíamos nuestras alas de fe y nos elevaríamos.

Por iniciativa de Morrow, hicieron un círculo alrededor de mí y me impusieron sus manos. Mi hijo, Jonathan, se echó al suelo y tomó mis tobillos con sus manos grandes. Rachel-Ruth hizo una oración de guerra contra el enemigo. Luego, cada uno de ellos, desde el más joven hasta el mayor, oraron para que se hiciera la voluntad de Dios y se revelara su gloria mientras atravesábamos juntos este "valle de sombra de muerte".[3] Tuve la profunda sensación de que había una sonrisa en el rostro del Padre y lágrimas en sus ojos, mientras se inclinaba para escuchar cada sílaba de sus oraciones.

El viernes siguiente, la doctora que había descubierto la masa en el examen anterior me envió con una cirujana. Consulté con mi médico de cabecera y me confirmó que ella era excelente. Ingresé en la clínica, completé algunas páginas de información y me reuní con la cirujana, quien procedió a realizar una biopsia. Había varias cosas que me inquietaban, pero dejé de lado mis preocupaciones porque sabía que el informe patológico que recibiría en unos días determinaría muchas cosas. Sin embargo, el domingo por la noche no pude dormir. Parecía haber perdido esa paz profunda que tenía desde mi diagnóstico. Estaba preocupada y agitada. Cerca de las cuatro de la mañana, le pregunté al Señor por qué mi espíritu estaba tan inquieto. El Consejero parecía querer insuflar en mí la idea de que la cirujana que había visto no era la adecuada para mí. Esa percepción me sumergió en un pedido desesperado al Consejero. ¿Adónde debía ir? ¿Cómo encontraría al cirujano que Dios quería para esta necesidad tan crítica e inmediata?

Cuando llegó la mañana, en mi devocional leí Isaías 30:21: "Ya sea que te desvíes a la derecha o a la izquierda, tus oídos percibirán a tus espaldas una voz que te dirá: «Este es el camino; síguelo»". Sabía que el Consejero me daría sus indicaciones, y lo hizo casi de inmediato. Mi hija Rachel-Ruth llamó temprano para ver cómo estaba. Ella y Morrow habían ido conmigo al cirujano. Le dije lo que creí que el Espíritu me había dicho, pero no sabía qué hacer. Ella me recordó que ese mismo día debía almorzar con mi cuñada, Vicki Lotz, y Sylvia Hatchell, la entrenadora del equipo femenino de baloncesto de la Universidad de Carolina del Norte. Sylvia había librado su propia gran batalla contra la leucemia hacía cuatro años. Cuando Vicki planeó este almuerzo a finales de mayo, el único tiempo que las tres teníamos libre en nuestras agendas era ese día, el 27 de agosto. Sabía que ese almuerzo con Sylvia y Vicki sería una cita divina. ¡Y así fue!

Fui a almorzar sin saber cómo contarles las noticias sin agregar una capa sombría a lo que debía ser un tiempo divertido entre amigas. ¿Qué les diría? Hacia el final de la comida, la conversación giró en torno a la salud de Sylvia. Ella estaba muy bien. Le pregunté si estaba conforme con el tratamiento y ella me dijo que había sido el mejor. Sabía que Dios había abierto la puerta para que yo revelara mi diagnóstico, así que lo hice. Los ojos de mi cuñada se llenaron de lágrimas, pero Sylvia, la dinámica, como gran entrenadora que es, tomó su teléfono, saltó de la mesa y enseguida estaba programando una cita en el Lineberger Comprehensive Cancer Center [Centro Integral de Cáncer Lineberger] de la Universidad de Carolina del Norte, donde ella había recibido el tratamiento para la leucemia. Luego, Vicky nos guio a las tres en oración. Me fui de ese almuerzo nuevamente llena de paz, confiada en que el Consejero me había dado su sabiduría y su guía.

En la semana siguiente a nuestro almuerzo, regresé con la primera cirujana para recibir el informe patológico. Ella fue amable y me dio mucha información. Le dije que iba a solicitar una segunda opinión en la Universidad de Carolina del Norte, y eso hice. Cuando Morrow, Rachel-Ruth y yo comparamos los dos centros de tratamiento del cáncer y los cirujanos, supimos que el Consejero me estaba guiando hacia la segunda opción.

Su sabiduría para tomar esta primera decisión me dio mucho ánimo y comencé a confiar cada vez más en que Él me guiaría en cada paso en este camino del cáncer.

He llegado a un punto, no solo en mi enfermedad, sino también en mi caminar en la fe, en el que busco confirmación en las Escrituras para cada decisión importante, especialmente las que involucran a otros, para asegurarme de que en verdad estoy escuchando la voz del Espíritu Santo. Si bien no puedo estar completamente segura de que escucho específicamente su voz, cuando lo llevo a su palabra y actúo por fe, se reafirma la decisión con las circunstancias que le siguen y con la confirmación dentro de mi propio espíritu.

¿Que si alguna vez tomé decisiones equivocadas e imprudentes? ¡Claro que sí! Esas decisiones parecen estar tan presentes en mi memoria que, si no soy cuidadosa, siento que me arrastran hacia abajo en una espiral de muerte y autoflagelación. Especialmente porque sé que no debo tomar decisiones sin depender del Consejero.

¿Dios puede arreglar los desastres que son consecuencias de nuestras malas decisiones? Sí, ¡claro que puede! Sin embargo, nosotros debemos atravesar el dolor, el sufrimiento y a veces las complicaciones que esas decisiones traen. He soportado muchas noches sin poder dormir, llorando sobre mi almohada a causa de esas malas decisiones que lastimaron a mis seres amados.

La peor decisión que he tomado fue un día en que llegué a casa desde la oficina, donde había estado toda la mañana, y vi a mi esposo sentado feliz junto a la piscina, jugando con nuestro perro. Mi hija acababa de llegar y me dijo que su papá quería quedarse fuera. Decidí dejarlo allí un poco más para poder terminar algunas tareas del hogar. Si bien él podía entrar por sí mismo utilizando el andador, era un gran esfuerzo para él y yo sabía que iba a necesitar mi ayuda. Pero en lugar de prestar atención a la indicación sutil del Consejero de decirle a Danny que podía ayudarlo a entrar, decidí dejarlo allí. Esa decisión me perseguirá por el resto de mi vida, porque él nunca pudo volver a entrar.

Sin embargo, hasta esa decisión imprudente ha traído su fruto, ya que he aprendido la dolorosa lección de perdonarme a mí misma. Si Dios me ha dicho: "Anne, yo te perdono", entonces ¿quién soy yo para decir: "Gracias Dios, pero yo no puedo perdonarme"? ¿Mis estándares son más altos que los suyos? Así que tuve que inclinar la cabeza y dejar que su gracia me limpie y quite mi culpa. Y en ese momento fue como si un susurro del Espíritu me dijera: "Anne, el tiempo de Danny estaba en mis manos. Sus días ya estaban contados. Yo puse límites en su vida que él no podía exceder. El 19 de agosto de 2015 era el día".[4]

¿Qué más he aprendido de las decisiones buenas y malas, de las sabias y las imprudentes? Aprendí, y aún sigo aprendiendo, a depender del Consejero. El escritor de Proverbios nos alienta: "Confía en el Señor de todo corazón, y no en tu propia inteligencia. Reconócelo en todos tus caminos, y él allanará tus sendas".[5] Debo inclinarme ante Él en dependencia cuando le pido su consejo de forma intencional, específica y personal, declarando su promesa: "Si a alguno de ustedes le falta sabiduría, pídasela a Dios, y él se la dará, pues Dios da a todos generosamente sin menospreciar a nadie".[6]

El mejor asesor, el mejor gerente, el mejor entrenador de la vida es el Consejero. Él siempre está listo y disponible, en todo momento y sin ningún costo. Pero nosotros debemos inclinarnos ante Él. Si deseamos que nos vaya mejor de verdad, no podemos hacer las cosas a nuestro modo, no podemos seguir nuestra propia lógica ni creer que sabemos todo; no podemos pensar que si seguimos la guía del Espíritu, nos irá peor que si lo hacemos a nuestro modo, ni pensar que obtener lo que queremos nos hará más felices que obtener lo que Él quiere; no debemos creer que no lo necesitamos para tomar esta pequeña decisión o para ______________________ (llena tú este espacio).

¿Para qué necesitamos al Consejero en este momento? Puede ser que, al igual que yo, necesites que te quite la culpa de una o varias malas decisiones que has tomado, tal vez necesitas perdonarte a ti mismo o perdonar a alguien más por sus malas decisiones.

¿También estás enfrentando el cáncer y las decisiones relacionadas con médicos, cirugías, tratamientos y todo lo que viene a continuación? Tal vez no necesitas sabiduría para algo relacionado con la salud, pero sí para tomar decisiones sobre asuntos pendientes, tu matrimonio, tu profesión, tu educación. ¿Necesitas una guía, prudencia, discernimiento o liberación? Habla con tu Consejero, ábrele tu corazón, sé honesto y transparente. Ríndete ante ese que es Jesús en ti.

6

NUESTRA FORTALEZA

Cuando era niña, crecí en el oeste de Carolina del Norte. Casi todos los domingos por la tarde, a mi familia le gustaba ir de excursión a alguna colina. Me provocaba curiosidad que los árboles o eran altos y fuertes o estaban rotos y caídos en el suelo. Cuando le señalé esto a mi madre, ella me explicó que era porque los árboles de las cimas no tenían protección contra los vientos fuertes que los azotaban, los cuales, a veces, producían un estruendo tal que parecían un tren de carga. Ella me dijo que, como no tenían nada que rompiera la fuerza del viento, los árboles crecían fuertes para resistir la presión o caían al suelo.

A veces la vida es como esos árboles en las cimas. Cuando el viento ruge, aplastándote con intensidad en esos tiempos de presión o persecución, de sufrimiento o enfermedad, de problemas o confusión, de dolencias o de desastres, de ataques o de agonía, podemos acurrucarnos y victimizarnos o podemos asirnos del Espíritu Santo, que de una forma única nos fortalece por dentro cuando nos inclinamos ante Él. Como dijo Pablo: el Fortalecedor es más efectivo en nuestra mayor debilidad, porque es cuando más dependemos de su fortaleza.[1]

Muchas veces nos sentimos más débiles cuando enfrentamos vientos fuertes de oposición, persecución o alguna otra cosa que nos supera, pero esa es nuestra oportunidad de fortalecernos bajo presión.

Esa fuerza que crece bajo presión se ilustra en el Antiguo Testamento en la historia de José. Él era un joven apuesto y algo mimado (era el favorito de su padre, Jacob). En un ataque de celos, sus hermanos se hartaron y lo vendieron a una caravana de ismaelitas que estaban de paso.[2] José terminó como esclavo en Egipto, donde lo compró Potifar, el capitán de la guardia del faraón.

Luego de servir fielmente a Potifar, José fue acosado sexualmente por la esposa de su amo. Cuando él se resistió con fuerza a sus intentos de seducirlo y se alejó de ella, lo acusó de intentar violarla. Él fue encarcelado y olvidado por todos, pero no por Dios.[3]

La Biblia nos da una visión interesante de una posible razón por la que Dios permitió que José fuera esclavizado y luego llevado a prisión por trece años sin haber hecho nada. José había sido un hijo leal y obediente a Jacob, pero aún así sus hermanos lo vendieron. Había sido un mayordomo y administrador leal a Potifar, pero de todas formas fue acusado falsamente por la esposa de este. Sin embargo, Dios permitió que esos vientos soplaran tan fuerte que José se viera tentado a sucumbir, a rendirse y quebrarse bajo la presión. Pero en lugar de eso, la traducción literal del Salmo 105:8 relata lo siguiente: "Le sujetaron los pies con grilletes, el hierro entró en su alma".[4] Casi podemos visualizar la obra del Fortalecedor en los calabozos de Egipto.

Cuando José finalmente salió de prisión mediante una liberación sobrenatural, poseía un carácter fuerte, estaba enfocado en su fe y no se distrajo con los tesoros y las tentaciones que lo rodeaban, sino que buscó vivir para la gloria de Dios y la salvación de los demás.[5]

Muchas veces Dios me ha dicho que Él me dará fuerzas en medio de esos vientos de dificultades. En Jeremías, claramente me advirtió que la gente lucharía en mi contra, pero que Él me haría una columna de hierro.[6] A través de Isaías, me dijo que las personas se enojarían conmigo y se opondrían, pero que no debía tener miedo porque Él me haría fuerte.[7] Me desafió en Apocalipsis a permanecer con paciencia y humildad, y así Él me haría "columna del templo de mi Dios".[8]

Estas promesas me volvieron a la mente durante una experiencia que tuve hace poco contra vientos huracanados. Tuve el honor de ser invitada por un miembro del Consejo Legislativo del estado de Telangana, en India, para predicar en el segundo Día Nacional de Oración, que se haría en la ciudad de Hyderabad. Como ya había ido a India cuatro veces, sabía que esta sería una tarea muy difícil, pero también sentí que el Consejero me decía que la invitación venía de parte de Él.

Los vientos de oposición comenzaron a azotar casi tan pronto como acepté la invitación. Como mis anfitriones en India habían publicitado mi visita en carteles, iglesias y páginas de internet, los enemigos del Evangelio se unieron para amenazar, intimidar e intentar evitar que predicara en India. La oposición más fuerte se concentró en la visa que había solicitado, la cual los hindúes extremistas dijeron que no era válida. Sin embargo, sabía que no era así.

Esta negativa hizo que algunas personas se preocuparan por mi seguridad. Un respetado amigo me dijo que hablara con los organizadores y les dijera que la lucha era muy grande, que parecía ser muy peligroso y que Dios estaba cerrando las puertas. La preocupación de mi amigo era lógica, ya que el gobierno de India se ha vuelto hostil con cualquier religión que no sea el hinduismo. Cada vez es más grande la persecución a la iglesia cristiana.

Para ser honesta, si Dios hubiera cerrado las puertas, me habría sentido aliviada en cierta manera. Sabía que el viaje en sí sería agotador, el cambio de horario me cambiaría el día por la noche y el esfuerzo de hablarle a varias audiencias con traducción era un desafío enorme bajo cualquier circunstancia, pero en especial, esa semana después de Navidad, pues estaba muy cansada por todas las celebraciones y actividades. Sin embargo, rechacé esos pensamientos porque Dios no había cerrado las puertas. La invitación seguía en pie, había dado mi palabra de que iría y tenía un compromiso. Literalmente, podía sentir al Espíritu Santo dándome fuerzas para afrontar mi decisión.

Apenas dos semanas antes de viajar a India, llegó la visa, pero los vientos de oposición regresaron el día de mi partida en forma un problema médico inesperado, aunque no muy complejo, en el consultorio del doctor. Regresé a casa cerca del mediodía para empacar y planeaba salir al aeropuerto a las 4:15 p. m. Esto me daría a mí y a mis compañeros de viaje las dos horas necesarias antes de tomar el vuelo internacional a Londres a las 6:30 p. m.

Cerca de las 3:30 p. m. recibí un correo electrónico de mi asistente que decía que la embajada de India me pedía con urgencia que no viajara a Hyderabad. Llamé al oficial que se había comunicado con mi asistente y hablé con un hombre que volvió a decirme que no debería viajar a India en ese momento. No me dio ningún motivo válido, solo que ir no sería algo seguro para mí, pero yo lo sentí como una amenaza sutil. Le respondí que, si no salía para India en una hora, no llegaría a tiempo para hablar en el Día Nacional de Oración. Cuando colgué, llamé a uno de los socios de mi padre que vive en India, lo desperté en medio de la noche en su ciudad y le dije lo que sucedía. De inmediato, él me dijo que era un fraude y que siempre y cuando no me revocaran la visa por escrito, no había ningún problema en que asistiera.

Busqué el número de la Embajada de India en Washington D.C. y le pedí a mi hija que llamara para verificar si el hombre con el que había hablado decía la verdad. Cuando ella llamó, descubrió que ese hombre era un miembro de la embajada y que la embajada me pedía urgentemente que no viajara a India ese día. Otra vez, no me dieron ninguna razón. Me resultaba interesante que cuanto más se resistían, el Espíritu más fortalecía mi decisión de seguir.

Ya eran casi las 4:30 p. m., más tarde de lo que había planificado salir hacia el aeropuerto. Mi computadora estaba abierta y mis ojos se detuvieron en un correo de la Embajada de India ¡que decía que me habían revocado la visa! Lo miré con desconfianza. Allí estaba, ¡y por escrito! Llamé al socio de mi padre en India y se puso a llorar. Mientras los dos llorábamos, él comenzó a orar con palabras de adoración y alabanza al único que tiene todo el control, pero en su oración también sentí un poco de desesperación. Cuando colgué el teléfono, miré a los que estaban conmigo y les pregunté con la voz entrecortada:

—¿Cómo es que algunas veces el enemigo parece más fuerte que el Señor?

En ese momento, me di cuenta de que la oposición estaba produciendo en mí una fuerza de determinación que antes no había tenido. Dije lo que estaba sintiendo, no tenía dudas de que Dios me había llamado a India para ese momento, para ese día. Lo que no entendía era cómo entonces se me habían cerrado las puertas.

Le informé a los que viajaban conmigo que no iríamos y pensamos un plan B, que fue grabar un video del mensaje y enviarlo por internet. A las 5:15 p. m. sonó el teléfono de mi hija. La Embajada de India llamaba para decir que, después de todo, podía viajar. Ella pidió que le repitieran lo que acababan de decirle y la mujer dijo claramente:

—Dile a tu madre que puede ir a India.

Pero ¿no era tarde ya? Casi le hago caso a la serpiente que me hablaba al oído: “No vayas. No llegarán a tiempo para tomar el vuelo. Además, es un viaje muy duro, muy complicado para alguien de tu edad”. Rechacé esa tentación con una fuerza de voluntad que sabía que no provenía de mí. Tomé la decisión firme de intentar llegar a ese vuelo, pero si no lo lograba, sabría que había hecho lo humanamente posible por conseguirlo.

Tomamos el equipaje, lo arrastramos tan rápido como pudimos hasta la puerta, lo arrojamos en la parte trasera del vehículo que manejaba mi hija, nos pusimos los cinturones de seguridad y… nada. El auto estaba muerto. ¡El motor ni siquiera encendió! Les dije a todos que nos apiláramos de alguna manera dentro de mi pequeño auto y nos bajamos rápido. Cuando fuimos a sacar nuestro equipaje, el maletero no abría. El sistema eléctrico del vehículo se había muerto por completo. Así que sacamos las maletas por el asiento trasero y luego las arrojamos en mi auto. Salimos hacia el aeropuerto a toda velocidad sentados sobre algunas de las maletas y sosteniendo otras sobre las rodillas.

Llegamos a registrarnos apenas cuarenta minutos antes de que partiera el avión a Londres. El empleado del mostrador revisó mi pasaporte y mi visa, etiquetó mi equipaje y luego le pidió la visa a mi compañera de viaje. Mientras ella buscaba frenéticamente, comencé a orar y llamé a mi asistente para preguntarle si sabía dónde estaba la visa. Ella me respondió que no sabía porque no se había involucrado tanto en los detalles del viaje de mi compañera, pero luego de una pausa, me dijo que creía que era una visa electrónica. Buscamos detenidamente entre nuestros documentos de viaje y ¡allí estaba! Hasta la empleada sintió un gran alivio.

Corrimos por el puesto de seguridad y llegamos al avión justo antes de que cerraran la puerta.

Sentada en el avión, con el corazón latiendo como si se me fuera a salir del pecho, mis pensamientos giraban en todas las direcciones, pero tenía una convicción profunda de que estaba exactamente en el lugar donde Dios quería que estuviera. Cuanto el enemigo más intentaba detenerme, el Fortalecedor crecía más en mí. Tenía muchas expectativas de ver lo que Dios iba a hacer, porque el enemigo parecía muy asustado. Me sentí muy confiada en mi interior de que estaba cumpliendo con mi tarea.

Veinticuatro horas después llegamos a Hyderabad. Crucé la aduana fácilmente y me pusieron el sello tan ansiado para que todos supieran que había ingresado oficialmente y a salvo. Los oficiales locales y pastores me recibieron de una forma muy cariñosa y luego nos llevaron rápidamente al hotel. En el camino, me dijeron otra vez lo peligroso que era compartir el Evangelio y que debía ser muy cuidadosa de no hablar en contra de otras religiones. Le respondí que no solía hablar mal de otras religiones, pero que no había viajado hasta India para dejar el Evangelio.

Cuando llegamos al hotel, nos recibieron muy bien y nos mostraron nuestras habitaciones. Me tomé un tiempo para beber un café con uno de los hombres que había ayudado mucho en la planificación y, una vez más, con mucho respeto, me advirtieron que no ofendiera a las autoridades.

El Día Nacional de Oración sería a la noche siguiente. Ese día, fui a un restaurante local para almorzar. La mujer india que tenía la tarea de ayudarnos recibió una llamada telefónica y se alejó de la mesa para contestarla. Cuando regresó, la expresión de su rostro decía que algo sucedía, así que le pregunté si todo estaba bien. Ella respondió:

—En realidad, no. Me están pidiendo que no prediques esta noche en el Día Nacional de Oración, que solo des un saludo.

Cuando la miré sentí la presencia del Fortalecedor y respondí:

—No vine hasta India para dar un saludo. Vine a dar un mensaje y eso es lo que haré.

Esa noche, mientras nos dirigíamos al evento, me dijeron que el ministro del Interior, que era hinduista, iría con miembros del Poder Judicial. Ellos tenían el poder de arrestarme y deportarme en ese preciso momento, pero eso no logró disuadirme ni un poco.

En lugar de eso, como José en el Antiguo Testamento, me fortalecí con alma de hierro.

Con el ministro del Interior y otras personas importantes detrás de mí, llevé el mensaje que creía que Dios me había dado y alenté a la gente a orar por India como Daniel había orado por Judá.[9] La audiencia que estaba frente a mí había venido de todo el país y la policía estimó que eran unas quinientas mil personas. Hice mi mejor esfuerzo para explicar que todos podían orar, pero que solo los que tenían una relación cercana con Dios tenían la garantía de obtener una respuesta. Luego detallé cómo podían entablar esta relación con Dios... y les compartí el Evangelio.

No me deportaron. De hecho, prediqué tres veces más en Hyderabad durante mi estancia: una vez a pastores y líderes; otra, a cuatrocientas cincuenta iglesias que combinaron sus reuniones para que pudiera hablarle a casi diez mil de sus miembros; y una vez más, a unas ocho mil mujeres. En todas las ocasiones tuve que superar advertencias, regaños y otras presiones que querían comprometer los mensajes. Sin embargo, cuando hice la invitación en los últimos dos encuentros, tantos levantaron las manos y se pusieron de pie para declarar a Jesús como su Salvador, que pareció como si todos en esa audiencia de miles estuvieran tomando ese compromiso. Al final triunfó la Palabra de Dios, se proclamó el Evangelio y creo que Él se glorificó al ver tantas personas que respondieron a la verdad y fueron salvos.

Antes de irme de Hyderabad, me reuní con el miembro del consejo legislativo que en un principio me había invitado. Él se mostró sorprendido por la forma en que habíamos vencido todos los obstáculos aparentemente insuperables. Su rostro brillaba con la luz del gozo del Cielo, se dio una palmada en el pecho en la zona del corazón y dijo en un intento de inglés:

—Mi teléfono no ha dejado de sonar. ¡Los pastores me están llamando para decirme que la iglesia de India ha sido reavivada!

Cuando abordé el avión de regreso, temprano por la mañana, observé por la ventana cómo se encendían las luces de la ciudad. Eran solo puntos en la oscuridad, y el Ayudador, el Confortador, el Defensor, el Intercesor, el Consejero y el Fortalecedor parecía susurrarme: "Anne, eso es lo que hemos hecho. Hemos hecho huecos en la oscuridad".

Me inundó la alabanza hacia aquel que me había dado el poder para permanecer y vencer las oposiciones del enemigo. Si bien mi cuerpo estaba agotado y débil por las noches sin dormir y la comida a la que no estaba acostumbrada, si bien deseaba ir a casa y estar con mi familia, sabía que estaba dejando parte de mi corazón con esos líderes que quedaban allí y tenían la responsabilidad de continuar encendiendo la luz. A medida que el avión tomaba altura, mi oración también ascendía, oré para que el Espíritu Santo se derramara en la gran nación de India para comenzar un avivamiento real en los corazones de su pueblo.

Pensar en mis propias vivencias me hace preguntarme por ti. ¿Cuáles son esos vientos fuertes de adversidad que están azotando tu vida? ¿El enemigo te está susurrando al oído diciéndote que Dios te ha olvidado, te ha ignorado o te ha dejado de amar? ¿Te ha hecho creer de alguna forma que Dios no está contento contigo y que los vientos son su forma de castigarte o son la evidencia de que no estás haciendo la voluntad de Dios o no estás en su lugar de bendición?

En vez de eso, ¿no será que el viento es el Fortalecedor obrando en tu vida? Piénsalo…

7

NUESTRA PERSONA DE CONFIANZA

Si bien la tarea en India no fue fácil, tampoco fue una crisis. La resistencia y los obstáculos parecían surgir a medida que avanzábamos en el viaje. Por otro lado, a veces enfrentamos emergencias que nos sumergen en necesidades inmediatas y desesperadas.

¿Alguna vez has vivido una crisis así? ¿Has tenido algo completamente inesperado, no deseado y desastroso que explotó de repente en tu vida? ¿Fue cuando fuiste al médico para tu control anual y te diagnosticó una enfermedad terrible? ¿Fue cuando tu pareja te abandonó..., se fue..., se alejó de ti sin avisar? ¿Fue cuando tu jefe te dijo que ya no necesitaría tus servicios y, luego de trabajar arduamente durante muchos años, te encontraste desempleado y sin una pensión? ¿Fue cuando recibiste un llamado de la policía diciendo que arrestaron a tu hijo por vender drogas?[1]

Las crisis son tales porque son emergencias repentinas, inesperadas y desafortunadas.

Uno de los nombres más intrigantes que se le da al Espíritu Santo en la versión de Juan 16:7 en la Biblia Amplificada es el de Digno de Confianza. Esto nos revela que podemos confiar en Él, ya sea todos los días o en una emergencia. Cuando nos encontramos en medio de una crisis, Él siempre está presente para ayudarnos. En Salmos 46:1 se confirma y se enfatiza este papel: "Dios es nuestro amparo y nuestra fortaleza, nuestra ayuda segura en momentos de angustia".

Una de esas emergencias quedó grabada en mi mente para siempre. Fue hace varios años cuando regresaba a mi hogar, donde vivía con mi esposo, luego de unos días en casa de mi padre. Era un día hermoso, despejado y casi sin tránsito en la Interestatal 40. Luego de una hora y media del viaje de cuatro horas, mientras conducía a setenta millas por hora (ciento diez kilómetros por hora), vi un carro solitario delante que iba muy despacio por el carril de la derecha, así que me moví hacia el otro carril para mantener la velocidad. Cuando me acerqué a unos quince metros del auto, de repente y sin advertencia, se cambió al carril izquierdo. ¡No tuve forma de evitar el golpe lateral! Pisé el freno, giré el volante hacia la izquierda para evitar estrellarme contra la puerta del conductor y luego todo se salió de control.

Pude evitar el golpe contra el conductor, pero me estrellé contra el frente de su auto, una y otra vez. La velocidad del choque hizo que ambos vehículos giraran y se estrellaran como autos chocones en una feria. La carrocería hecha añicos, los vidrios rotos, el gran impacto... todo era surreal.

Luché contra el peso del auto que giraba en círculos y pude controlar su movimiento, pero terminé del otro lado de la carretera frente a una parada de autobús al costado del camino. Los nudillos de mis manos estaban blancos por sujetar el volante con tanta fuerza. Volví a pisar el freno y esta vez el auto respondió. Pude llevarlo hasta el costado del camino y detenerme. Me quede petrificada. Lo que sucedió después fue algo sobrenatural que nunca olvidaré. ¡Escuché ovaciones! ¡Felicitaciones! Voces que me gritaban: "¡Anne! ¡Vaya! ¡Esa fue una maniobra increíble! ¡Buen trabajo!". Pero en el auto no había nadie. No había nadie cerca de mí. Me quede allí sentada, escuchando, hasta que un golpe en la ventana me regresó a la realidad. Un conductor que pasaba y había visto el accidente estaba mirando por la ventana para ver si estaba bien, pero yo no podía hablar. Lo escuché decirle al conductor del otro auto:

—Creo que está en estado de shock. —Y eso me hizo sonreír. ¡Él no tenía idea! El verdadero impacto terminó cuando las voces comenzaron a desaparecer y pude enfrentar las consecuencias.

Yo había orado por seguridad y protección antes de salir de la casa de mi padre, que era una costumbre de toda la vida antes de emprender un viaje. Me alegró haber hecho esa oración porque el accidente surgió tan de repente que no hubo tiempo para orar en ese momento. Todo lo que pude hacer fue gritar en mi interior: "¡Auxilio!". Lo más maravilloso del Espíritu Santo es que siempre está para ayudarnos.

Y esa Persona de Confianza aparece de muchas formas. La temperatura afuera era helada, sin embargo, otros dos conductores que pasaron se detuvieron junto a mi auto hasta que el patrullero vino a realizar el informe. La mujer que manejaba el otro auto explicó que se había dormido al volante, ¡a solo dos millas (poco más de tres kilómetros) de su casa! Aunque su auto también estaba irreconocible, ¡ella pudo salir para contarlo!

Al mirar hacia atrás, sé que Dios respondió la oración que hice antes de salir de la casa de mi padre. No tengo ninguna duda de que las voces que oí en mi auto inmediatamente después del accidente eran de un equipo de ángeles que mi Persona de Confianza había mandado a protegerme. Esta vivencia nos enseña una lección importante: que la única forma de prepararse para una emergencia es orar de antemano. Una crisis no te da tiempo para establecer una relación con Dios, ni para rendirle cuentas a Él, ni para aprender a orar. No te da tiempo. Punto. ¡Una crisis irrumpe sin avisar! Por eso es muy importante tener una relación personal con Dios mediante la fe en Jesucristo… ahora. Es importante estar seguro de que esa relación esté libre del pecado que pueda nublarla o alejarnos de Dios… ahora. Es importante tener una vida de oración… ahora. *Ahora*. Antes de que venga la crisis. Para que cuando llegue, tú y yo podamos contar con esa Persona de Confianza que es el Espíritu Santo. Tal vez no impida que tengamos una emergencia, pero sí estará con nosotros y nos ayudará en medio de ella.

Una de las historias más reconfortantes que confirma que Jesús está con nosotros en nuestras crisis se encuentra en el Evangelio de Marcos.[2] Luego de alimentar a cinco mil personas con cinco panes y dos pescados, Jesús subió a sus discípulos a un barco y los envió a Betsaida. Durante la noche, se desató una tormenta en el mar de Galilea. Marcos escribe que Jesús "viéndoles remar con gran fatiga, porque el viento les era contrario, cerca de la cuarta vigilia de la noche vino a ellos".[3]

Piénsalo. Los discípulos estaban precisamente en el lugar donde Jesús los había puesto. Ellos estaban cumpliendo su voluntad cuando apareció esa tormenta, pero Él estaba allí, Él los vio, se acercó a ellos y los guio en medio de esa crisis para que su fe se fortaleciera.

¿Qué emergencia inesperada apareció en tu vida? ¿Cómo la estás manejando? ¿Te sientes inestable emocionalmente cuando te inundan las olas del miedo? ¿Te sientes espiritualmente confundido y te preguntas qué has hecho mal para merecer lo que te sucede? ¿Te sientes cansado físicamente por la falta de sueño y por esforzarte para encontrar una salida? Entonces es momento de clamar a aquel en quien confiamos. No dudes de su presencia. Pídele que te traiga consuelo a través de su Palabra. Invítalo a ser parte de tu situación. Dale completa libertad y autoridad para hacerse cargo. Confía en que te guiará, y Él lo hará. Como resultado, tu fe en Él se fortalecerá.

Segunda parte

DISFRUTAR DE LA PRESENCIA DEL ESPÍRITU SANTO

… me llenarás de alegría en tu presencia…

Salmos 16:11

¿Cuántas cosas hemos tenido cerca por tanto tiempo que simplemente no las hemos notado?

Como la función para *bagels* de mi tostadora. Hace poco entré en internet para buscar una tostadora nueva porque la que había tenido por casi veinte años ya no tostaba el pan por ambos lados. Cuando leí las reseñas de la marca que me interesaba, encontré a una compradora feliz porque el modelo que había elegido tostaba solo un lado del *bagel* y dejaba el otro tibio y esponjoso. Me levanté a ver si tal vez era ese el motivo por el que mi aparato tostaba solo un lado del pan. En efecto. Mi tostadora tenía activada esta función. Cuando la desactivé y coloqué una rebanada de pan, se tostaron ambos lados por igual. Tuve que reírme, aunque me sentía una tonta por no haberme dado cuenta de que esa función había estado allí siempre.

Si bien una tostadora no es nada comparada con la importancia del Espíritu Santo, es posible que a veces muchos de nosotros tampoco nos demos cuenta de su presencia. Tal vez nunca nos enseñaron a sentirla.

Como ya dije antes, crecí en las montañas del oeste de Carolina del Norte. Algunos de mis recuerdos no son bonitos, como extrañar a mi padre durante sus frecuentes y largas ausencias, pelear con mis hermanos y llorar a las mascotas que morían. Pero la mayoría de mis recuerdos están llenos de cariño, amor y diversión, como escalar con mi familia la colina que estaba detrás de nuestra casa, disfrutar la comida china con palillos, los juegos bíblicos con mis padres y llevar a mi perro, Peter, al nuevo McDonald's de la calle Tunnel, en Ashville, a comprar una hamburguesa (para él) sin cebollas ni pepinillos.

Sin embargo, no recuerdo nada sobre el Espíritu Santo. Aunque mis padres y abuelos amaban, obedecían y servían a Jesús y Él era el centro de mi familia, no recuerdo que me enseñaran nada acerca del Espíritu Santo. Eso me lleva a preguntarme si para ti también fue así.

¿Qué has aprendido o qué te han enseñado del Espíritu Santo? El único recuerdo que tengo de alguna mención al Espíritu Santo es de la iglesia (y eso que íbamos a la iglesia todos los domingos). Pero no lo llamaban Espíritu Santo, lo llamaban Espectro Santo [Holy Ghost, en inglés]. Todos los domingos, sin excepción, luego de colectar las ofrendas, cuatro ancianos con un porte digno caminaban a paso sincronizado por el pasillo central para colocar en la mesa de la Santa Cena los bienes que se habían recolectado. Mientras ellos hacían una marcha solemne, la congregación cantaba el estribillo de una canción:

Gloria sea al Padre, al Hijo y al Espectro Santo.
Como en el principio, es ahora, y siempre lo será,
El mundo no acabará.
Amén. Amén.

Al final del servicio, otra vez sin excepción, el pastor pronunciaba la bendición, que para mi mente de niña significaba que ya podíamos ir a casa y tener un delicioso almuerzo dominical. Como ves, no estaba muy interesada ni sentía curiosidad por saber por qué concluía con esa bendición. Apenas me daba cuenta de que siempre cerraba las oraciones en el nombre del Padre, en el nombre del Hijo y en el nombre del Espectro Santo, amén.

Años después, cuando estaba enseñando en una clase bíblica, aprendí la verdad maravillosa de quién es el Espíritu Santo. Tenía veintinueve años y era el segundo año que enseñaba la Biblia. Estaba haciendo mi mejor esfuerzo para transmitirles las ideas del Evangelio de Juan a las quinientas mujeres que se sentaban frente a mí cada miércoles. Mirándolo ahora, yo era una ciega guiando a otras ciegas. El único motivo por el que sabía un poco más que ellas era porque yo me había quemado las pestañas estudiado la lección durante la semana anterior.

La semana anterior al 22 de febrero de 1978 estaba estudiando, como siempre, para enseñarle a la clase sobre Juan 14 y ¡allí estaba! Jesús les dijo a sus discípulos: "Y yo le pediré al Padre, y él les dará otro Consolador para que los acompañe siempre: el Espíritu de verdad, a quien el mundo no puede aceptar porque no lo ve ni lo conoce. Pero ustedes sí lo conocen, porque vive con ustedes y estará en ustedes".[1]

Enseguida me vinieron a la mente muchas cosas:

Que el Espíritu era otro Consejero...

Que el Espíritu era una persona distinta a Jesús, pero era como Él...

Que el Espíritu venía del Padre...

Que el Espíritu estaba *con* los discípulos en ese momento, pero que estaría *en* ellos en un futuro...

Esta revelación parecía desplegarse poco a poco, como el video de un capullo floreciendo en cámara lenta. El Espíritu sería *otro* consejero. Pero ¿quién era el primer consejero que hacía que el Espíritu fuera el *otro*? ¡Jesús! El Espíritu sería igual a Jesús, pero en una persona distinta. Él descendía de Dios. Jesús había descendido de Dios en forma humana, pero el Espíritu Santo vendría en forma de espíritu. Jesús claramente identificó al Consejero como el Espíritu Santo.[2] Los discípulos ya lo conocían porque Jesús estaba lleno del Espíritu. Ellos estaban con Jesús, por lo tanto, ya estaban con el Espíritu, pero Jesús les anunció que llegaría un día en que ya no estarían con el Espíritu porque el Espíritu vendría directamente a habitar en ellos.

Este descubrimiento maravilloso e increíble aún me emociona. Vale la pena poner en Él nuestra atención para conocerlo, amarlo y disfrutar de la presencia de ese que es Jesús en mí (y en ti).

8

SU PRESENCIA EN LA ETERNIDAD

Era la víspera de Navidad del año 1968. Tres astronautas estaban a bordo de la nave espacial Apolo 8 mientras esta orbitaba alrededor de la Luna en la primera misión de este tipo. Las cámaras transmitían la vista desde la ventana de la cápsula espacial y la experiencia de los astronautas se compartía con el mundo entero mediante la cobertura televisiva más vista de ese entonces. Los tres tripulantes, Bill Anders, Jim Lowell y Frank Borman, dijeron que tenían un mensaje para todas las personas de la Tierra. Con el paisaje lunar gris y estéril debajo de ellos y detrás de ellos el planeta Tierra pendiendo como una canica azul en la oscuridad del espacio a una distancia muy lejana, decenas de millones de personas vieron y escucharon las voces distorsionadas de los astronautas que se transmitía por radiofrecuencia desde el espacio exterior. Los tres se turnaron para leer Génesis 1:1-10:[1]

> En el principio creó Dios los cielos y la tierra.
>
> Y la tierra estaba desordenada y vacía, y las tinieblas estaban sobre la faz del abismo, y el Espíritu de Dios se movía sobre la faz de las aguas.
>
> Y dijo Dios: Sea la luz; y fue la luz.

> Y vio Dios que la luz era buena; y separó Dios la luz de las tinieblas.
>
> Y llamó Dios a la luz Día, y a las tinieblas llamó Noche. Y fue la tarde y la mañana un día.
>
> Luego dijo Dios: Haya expansión en medio de las aguas, y separe las aguas de las aguas.
>
> E hizo Dios la expansión, y separó las aguas que estaban debajo de la expansión, de las aguas que estaban sobre la expansión. Y fue así.
>
> Y llamó Dios a la expansión Cielos. Y fue la tarde y la mañana el día segundo.
>
> Dijo también Dios: Júntense las aguas que están debajo de los cielos en un lugar, y descúbrase lo seco. Y fue así.
>
> Y llamó Dios a lo seco Tierra, y a la reunión de las aguas llamó Mares. Y vio Dios que era bueno.

Siempre voy a aplaudir a esos tres hombres que guiaron al mundo entero a un momento de adoración increíblemente poderoso e incomparable. Me pregunto, sin embargo, cuántas personas oyeron la descripción de la creación que da la Biblia, pero pasaron por alto la presencia del Espíritu Santo que se describe en el segundo verso. "Y la tierra estaba desordenada y vacía, y las tinieblas estaban sobre la faz del abismo, y el Espíritu de Dios se movía sobre la faz de las aguas". La verdad escondida a simple vista es que el Espíritu Santo ya estaba presente en la creación. ¿De dónde sale? La respuesta es: de ningún lado. Siempre ha estado y siempre estará. El versículo dice claramente que Él es el Espíritu de Dios y, por lo tanto, Él es eterno. No tiene principio y tampoco tendrá fin.

Como una persona eterna, el Espíritu de Dios siempre ha estado presente, en todo momento y en todo lugar. De hecho, no hay ningún lugar en el universo en que Él no haya estado, no esté y no vaya a estar presente siempre.[2]

Aunque la Biblia no utiliza la palabra *Trinidad* para referirse al Padre, al Hijo y al Espíritu Santo, muchos pasajes de las Escrituras hacen referencia a las tres personas de la deidad. Si bien los tres primeros versículos de Génesis nos muestran algo de este misterio, los versículos 26 y 27 [tomados de la versión Reina-Valera 1960] sorprenden cuando Dios habla con un cambio de pronombres del plural ("Hagamos al hombre a nuestra imagen, conforme a nuestra semejanza") al singular ("Y creó Dios al hombre a su imagen, a imagen de Dios lo creó; varón y hembra los creó"), para indicar que Dios es uno solo y no más de uno.

Las tres personas de la divinidad se nombran claramente en la Gran Comisión cuando Jesús nos manda a bautizar en su nombre y a hacer discípulos: "... vayan y hagan discípulos de todas las naciones, bautizándolos en el nombre del Padre y del Hijo y del Espíritu Santo".[3]

Al comienzo de la primera carta del apóstol Pedro a las iglesias de Asia Menor, él escribe que los creyentes pueden descansar seguros de que las tres personas de la Trinidad estaban interesadas en su salvación y en su crecimiento espiritual. Él dice que han sido elegidos "según la previsión de Dios el Padre, mediante la obra santificadora del Espíritu, para obedecer a Jesucristo".[4]

Otra figura clara de este misterio se puede ver en el bautismo de Jesús. Mateo da testimonio de que las personas de la Trinidad (cuyos nombres escribo en cursiva) estaban presentes: "Tan pronto como Jesús fue bautizado, subió del agua. En ese momento se abrió el cielo, y él vio al *Espíritu* de *Dios* bajar como una paloma[5] y posarse sobre él. Y una voz del cielo decía: «Este es mi *Hijo* amado; estoy muy complacido con él»".[6]

No entiendo el misterio de la Trinidad ni puedo explicarlo.[7] Se ha dicho que, si nuestro Dios fuera fácil de entender, no sería tan grande como para salvarnos. Por eso, simplemente inclino mi corazón ante Él en adoración reverente al Padre, quien me amó tanto que, sabiendo que iba a pecar, planeó mi redención y envió a su Hijo en sacrificio expiatorio por mi pecado. Amo al Hijo, quien, cuando el Padre lo envió, se levantó del trono del Cielo, se quitó la vestidura de gloria, vino a la tierra, fue a la cruz y resucitó de la muerte para abrirme el camino al Cielo. Y también estoy aprendiendo a amar y disfrutar la compañía del Espíritu Santo, que es Jesús dentro de mí, en todo momento del día. Alabado sea Dios, no tengo que entenderlo para poder vivir y disfrutar de su presencia.

Te desafío a tomar unos momentos ahora para adorarlo y disfrutar de Él. Si tienes acceso a YouTube, puedes escuchar el audio de los astronautas leyendo Génesis 1 en la amplitud del espacio...[8] o detente a observar un hermoso amanecer o un atardecer... o la luna llena en una noche fría de otoño... o el aroma del césped recién cortado luego de una lluvia de verano... o el sonido de las olas golpeando contra la orilla... o la suavidad de la manito de un bebé recién nacido... o las nubes esponjosas esparcidas por el cielo azul cobalto... o ____________________ (completa el espacio).

Date un tiempo para adorar y alabar al que estuvo presente en el principio, sobrevolando nuestro planeta, dándole energía para transformarlo en un lugar hermoso.

9

SU PRESENCIA EN LA HISTORIA

El Espíritu Santo, que está presente en la eternidad, también ha estado presente en tiempo y espacio a lo largo de la historia de la humanidad.

Si tenemos algún tipo de familiaridad con el Espíritu Santo, es muy posible que nuestro conocimiento esté basado principalmente en el Nuevo Testamento. Sin embargo, a lo largo del Antiguo Testamento también encontramos vislumbres de su presencia.

El Espíritu Santo en el Antiguo Testamento

Un contraste interesante que cabe destacar con respecto a la relación del Espíritu Santo con el pueblo de Dios en el Antiguo y en el Nuevo Testamento tal vez se observe mejor en el uso de las preposiciones. En el Antiguo Testamento, Él viene *sobre* ciertas personas para darles poder y equiparlos para tareas específicas. Cuando se completaba la tarea o cuando el Espíritu ya no utilizaba a esa persona, Él se iba. Es como si fuera y viniera sin un vínculo permanente.[1]

Su presencia sobre las personas

Los siguientes ejemplos del Antiguo Testamento nos muestran por qué su presencia descendía sobre una persona:

- Él le dio a los obreros las habilidades necesarias para construir la tienda de reunión.[2]
- Él le dio sabiduría a los ancianos de Israel para ayudar a Moisés a juzgar al pueblo.[3]
- Él favoreció a Gedeón frente a los ojos del pueblo de Dios y le dio el valor para derrotar al enemigo.[4]
- Él le dio fuerza física a Sansón.[5]
- Él le dio al rey David planos detallados para el templo que construiría su hijo Salomón.[6]
- Él ungió a Isaías para predicar.[7]
- Él levantó a Ezequiel de sus circunstancias y lo ubicó donde Dios quería que estuviera.[8]

Uno de los grandes ejemplos del Antiguo Testamento donde la presencia del Espíritu Santo viene *sobre* alguien es el de Saúl, hijo de Quis. Cuando el profeta Samuel lo ungió como el elegido de Dios para ser el primer rey de Israel, "el Espíritu de Dios vino con poder sobre Saúl",[9] y eso le permitió pasar de ser un cuidador de burros a ser el líder de una nación. La presencia del Espíritu de Dios sobre Saúl era evidente, ya que se convirtió en un guerrero valiente que libró a Israel de algunos de sus enemigos más poderosos.

Un día, Dios le habló al rey Saúl por medio del profeta Samuel y le encomendó que derrotara por completo a un enemigo en particular, el pueblo amalecita. Saúl obedeció, pero solo a medias. En lugar de destruir todo como Dios había dicho, guardó las cosas de más valor para él y para sus hombres.[10] Las consecuencias fueron terribles. Dios rechazó a Saúl como rey y le quitó su Espíritu Santo.[11]

Saúl continuó siendo el rey de Israel, pero sin la presencia del Espíritu de Dios. Como resultado, perdió en gran parte la cordura; no pudo defenderse ante el gran guerrero de sus enemigos, el gigante Goliat; fue humillado por un joven pastor de ovejas que obtuvo la victoria frente a Goliat y frente a todo el ejército filisteo con una honda; la popularidad de la que había disfrutado ahora pertenecía al muchacho que había derrotado a Goliat; y, por último, fue derrotado en una batalla donde perdió la vida.[12]

Su presencia sobre David

Cuando el Espíritu se fue de Saúl, casi instantáneamente vino *sobre* el joven pastor de ovejas, David, al ser ungido por Samuel como segundo rey de Israel.[13] Sin embargo, la presencia del Espíritu Santo no era garantía de una vida tranquila y sin problemas. Se estima que pasaron entre quince y veinte años desde que David fue ungido hasta que asumió el trono. Años y años de pelear batallas, de huir de Saúl, de participar en el enfrentamiento de guerrillas y de entrenar hombres fuertes que, luego, serían los líderes de su ejército de élite.[14] Sin embargo, en medio de todas las dificultades y las decepciones, la Biblia habla de David como un hombre conforme al corazón de Dios.[15] Todos los reyes que lo sucedieron fueron medidos por los estándares que David había establecido.

Las oraciones y cánticos que David escribió en los Salmos eran verdaderamente inspirados por el Espíritu de Dios, por eso tienen un lugar permanente en la Palabra de Dios. Los salmos de David revelan su gran amor por el Señor y su confianza absoluta en Él. Por generaciones, han sido utilizados como modelo para las oraciones del pueblo de Dios. David habla con palabras que parecen expresar nuestra propia desesperación, angustia, miedo, esperanza, enojo, gozo y confianza.

Sin los salmos, nos empobreceríamos espiritualmente. Piensa en las conocidas líneas que escribió David en los campos, cuidando las ovejas de su padre, mientras observaba un amanecer o un atardecer espectacular: "Los cielos cuentan la gloria de Dios, el firmamento proclama la obra de sus manos". En otra ocasión, mientras guiaba a las ovejas a pastar, meditó: "El Señor es mi pastor, nada me falta". Cuando los filisteos vinieron contra él, escribió: "El Señor es mi luz y mi salvación; ¿a quién temeré?". Cuando estaba viviendo uno de los peores momentos de su vida, reveló, por su propia experiencia: "El Señor está cerca de los quebrantados de corazón, y salva a los de espíritu abatido". Huyendo de sus enemigos, escondido entre cuevas y rocas oró: "En ti, Señor, busco refugio; jamás permitas que me avergüencen; en tu justicia, líbrame. Inclina a mí tu oído, y acude pronto a socorrerme. Sé tú mi roca protectora, la fortaleza de mi salvación".[16]

La sensibilidad y la madurez espiritual de David eran extraordinarias. Él era un gran hombre entre los hombres, un líder de líderes, un rey cuyo Hijo más importante un día se sentaría en su trono para siempre.[17] Todo eso hace que la perdición de David sea aún más devastadora.

Después de varios años de haberse consolidado en el trono, en un tiempo en que los reyes iban a la guerra, David decidió quedarse. Estaba satisfecho consigo mismo, cómodo, con la guardia baja, vulnerable a la tentación. Esta vino en forma de una mujer hermosa que estaba bañándose a plena vista cuando el rey observaba la ciudad desde la azotea de su palacio. Cuando preguntó, le dijeron que era la esposa de uno de sus hombres más poderosos, Urías, quien estaba luchando en ese momento contra los enemigos del rey. David la mandó a llamar, se acostó con ella, la embarazó, manipuló las circunstancias para que Urías muriera y luego la tomó por esposa.[18] Fue una caída tan sorprendente que envió una advertencia que resuena a través de los siglos. Si David pudo caer en las profundidades del pecado y la deshonra, puede sucederle a cualquiera. Sobre todo, cuando somos autocomplacientes espiritualmente, cuando estamos cómodos, con la guardia baja y tenemos tiempo en nuestras manos. ¡Ese es el momento de estar atentos!

A pesar de lo terrible que fue el colapso moral de David, parecía no darle importancia. La mujer le dio un hijo y, por un tiempo, aparentemente todo estaba bien. Pero por debajo de la fachada, su espíritu estaba en agonía por haber perdido la paz y cayó en un estado de debilidad física, emocional y espiritual. En el Salmo 32, dio una visión seria de su condición como una advertencia a todos los pecadores que no se arrepienten: "Mientras guardé silencio, mis huesos se fueron consumiendo por mi gemir de todo el día. Mi fuerza se fue debilitando como al calor del verano, porque día y noche tu mano pesaba sobre mí".[19] Aunque simulaba que todo estaba bien, día y noche se sentía miserable y apenas podía llevar la carga de su culpa.

Dios tuvo misericordia de David y no lo dejó ahogarse en su culpa o marchitarse en su angustia. Mandó a su vocero, Natán, para consolarlo.[20] El pecado de David finalmente estaba al descubierto. David tiene el mérito de no haber negado lo que había hecho: no puso excusas ni le echó la culpa a otro. Con el rostro ardiendo de vergüenza y el corazón destrozado, se hizo cargo. Ante la acusación de Natán, él respondió: "¡He pecado contra el SEÑOR!".[21]

Si tú también has tenido un nudo en el estómago por causa de la culpa y no encuentras alivio, puedes hacerte eco de las palabras de David en tu oración: "Yo reconozco mis transgresiones; siempre tengo presente mi pecado. Contra ti he pecado, solo contra ti, y he hecho lo que es malo ante tus ojos".[22] Dios es misericordioso y perdona a quienes se acercan con verdadero arrepentimiento. No juegues con las etiquetas que le pones al pecado para que parezca menos grave. Llámalo por lo que es. Es fornicación, no es sexo seguro. Es adulterio, no es una aventura amorosa. Es mentira, no es exageración. Es asesinato, no es un derecho a elegir. Es robar la reputación de una persona, no es un chisme. Es calumnia, no es un pedido de oración. Dios nos promete que, si tú y yo confesamos nuestros pecados de forma honesta, sincera y humilde, llamándolos por lo que son frente a sus ojos, Él nos perdona y nos limpia.[23]

Tres mil años después de la oración sincera de confesión de David en el Salmo 51, los pecadores arrepentidos siguen utilizando sus palabras para buscar el perdón y la misericordia de Dios, teniendo en cuenta esto: "El sacrificio que te agrada es un espíritu quebrantado; tú, oh Dios, no desprecias al corazón quebrantado y arrepentido".[24] ¡Alaba a Dios! Él recibe a todos los que se le acercan con un corazón humilde y quebrantado.

Pero veamos la súplica conmovedora de David en el versículo 11: "No me alejes de tu presencia ni me quites tu santo Espíritu". David sabía que, así como le había sido dado, el Espíritu Santo podía quitársele. Él había visto de primera mano lo que había ocurrido con Saúl cuando Dios le quitó su Espíritu. Él sabía que no merecía la presencia del Espíritu Santo, por eso específicamente le suplica a Dios que le dé lo que no merecía.

Dios, que es misericordioso con los pecadores, responde a la confesión honesta de David y a su súplica. Por eso, aunque permitió que David viviera las consecuencias de sus terribles acciones, el Espíritu de Dios permaneció en su vida.

No puedo evitar preguntarme si tú también has cedido frente a la tentación que llevó a David a la ruina. Tal vez fuiste tentado a buscar placer sexual fuera de tu matrimonio, y lo hiciste; cediste a seguir a la multitud que te rodeaba y buscaste experiencias sexuales antes de casarte; eres adicto a la pornografía y necesitas cada vez más imágenes perversas para satisfacer ese deseo que se ha vuelto insaciable; tal vez cediste a la tentación de derrochar, comer o beber en exceso…, de mentir, engañar, robar, sobornar, traicionar, abusar…, de ____________________ (completa el espacio).

Al adoptar la actitud del mundo de que está bien y todos lo hacen, ¿estás ocultando la carga de la culpa y eso te roba la verdadera felicidad? ¿Has llegado a odiarte a ti mismo y a esa telaraña de pecados y mentiras que has tejido y ahora te tiene atrapado, sin embargo, la cubres con una expresión casual como si nada pasara?

¿Tienes miedo, como David, de perder tu salvación? ¿Vives con una sonrisa falsa en el rostro para cubrir el vacío que sientes por dentro? ¿Estás convencido de que tu pecado y tu culpa te descalifican para recibir el privilegio supremo de tener al Espíritu de Dios en tu vida, de que no eres digno de Él? En el Antiguo Testamento, esto hubiera sido lo más probable; pero todo cambió completamente luego de la muerte, resurrección y ascensión de Jesús al Cielo. Nuestra relación con el Espíritu Santo cambió para siempre hace poco menos de dos mil años durante la festividad de Pentecostés cuando Él entró en la historia de una forma completamente nueva.

El Espíritu Santo en el Nuevo Testamento

Justo antes de la muerte de Jesús en la cruz, después de cenar esa misma noche de jueves en que fue traicionado, Él comenzó a preparar a sus discípulos para su partida. En el aposento alto, cerca del templo de Jerusalén, cuando caía la noche, dijo algunas verdades a su pequeño grupo de seguidores amados y escogidos. Les enseñó sobre la humildad en el servicio al lavarles los pies, e incluso lo hizo con Judas antes de despedirlo de la mesa. Luego, a los once que quedaban, Jesús les enseñó sobre el Cielo, al que llamaba la casa de su Padre, un lugar que prepararía para ellos. Les habló de cómo podían entrar allí, de las persecuciones que sufrirían por la relación con Él y acerca de cumplir con el mandato del Padre para dar frutos eternos si permanecían en Él como una rama de la vid.[25]

Los rostros de los once hombres deben haber cambiado de color cuando comenzaron a entender lo que Él estaba diciendo. ¡Se estaba preparando para irse! Muy afligidos, también comenzaron a comprender que Jesús esperaba que ellos continuaran con su ministerio cuando Él no estuviera físicamente. Por dentro, deben de haber estado clamando: *¡No! ¡No! ¡No! Es imposible que sigamos sin ti. ¡No nos dejes! ¡Por favor!*

Al ver sus expresiones de queja y dolor, rápidamente Jesús les asegura: "No los voy a dejar huérfanos; volveré a ustedes. [...] Pero les digo la verdad: Les conviene que me vaya porque, si no lo hago", Él "no vendrá a ustedes; en cambio, si me voy, se lo enviaré a ustedes".[26] ¡Qué increíble! Lo que declaró Jesús me hace detenerme a pensar. Él dijo que sería mejor para los discípulos que Él, Jesús, *se fuera*. ¿Cómo es posible? ¿Qué podría ser mejor que tener a Jesús físicamente con ellos? Aparentemente, ¡tener al Espíritu Santo! Una y otra vez esa noche, Él les dijo que volvería a ellos en forma del Espíritu Santo, a quien el Padre enviaría.

Dado que el Espíritu Santo ha estado presente desde antes de que comenzara todo y que estuvo presente a lo largo del Antiguo Testamento sobre ciertas personas para prepararlos para la responsabilidad que Dios les había dado, ¿cómo vendría diferente esta vez? ¿A qué se refería Jesús?

Su venida en Pentecostés

Jesús hablaba de un día tan importante históricamente como el día de su nacimiento en Belén, como el día en que fue crucificado en el Calvario, como el día en que se levantó de la tumba y como el día en que regresó al Cielo. Él hablaba de un momento específico, cincuenta días después de su muerte y resurrección y diez días después de su ascensión, en el que el Padre enviaría al Espíritu Santo, pero no vendría *sobre* su pueblo, vendría a vivir *en* ellos.

Luego de su resurrección, Jesús continuó fomentando las expectativas de sus discípulos para la llegada especial de la tercera persona de la Trinidad. Él les había dado una medida temporal de su Espíritu para ayudarlos en su ausencia antes de Pentecostés; les había dicho que no se fueran de Jerusalén hasta que el Espíritu viniera y los había alentado diciéndoles que cuando viniera, les daría el poder para continuar con su ministerio en todo el mundo.[27]

Pero después de que Jesús ascendió al Cielo, no sucedió nada. Durante diez días, ciento veinte de sus seguidores se reunieron a orar en un aposento alto que, probablemente, era el mismo en el que los discípulos se habían reunido para cenar con Jesús la noche en que fue traicionado. Aunque la Biblia nos dice: "Todos, en un mismo espíritu, se dedicaban a la oración",[28] no nos dice por qué motivos oraron o cómo lo hicieron. Sin embargo, podemos suponer que estaban orando fervientemente, sinceramente, casi desesperadamente, sin cesar, para que Jesús cumpliera su promesa y viniera a ellos en forma de Espíritu. Lo que sí sabemos con seguridad es que Dios respondió a sus oraciones en el día de Pentecostés.

Según la descripción de Hechos 2, mientras avanzaba la mañana de ese día, sus seguidores estaban sentados juntos en el aposento alto. Tal vez estaban orando, leyendo las Escrituras o hablando de las últimas indicaciones que Jesús les había dado. A las nueve de la mañana, sin advertencia, sintieron el ruido de un viento fuerte. Los árboles no se curvaban, la ropa no ondeaba y las cortinas que cubrían las ventanas abiertas no se movían. Solo era el sonido de un viento con la fuerza de un huracán. Antes de que pudieran reaccionar por lo que oían, lo que vieron los petrificó: ¡una llama apareció en la cabeza de cada uno! Entonces, todos sintieron la presencia de Jesús. De hecho, nunca lo habían sentido tan cerca. ¡Deben de haberse sentido envueltos por Él! ¡Saturados de Él! ¡Llenos de Él!

Supieron, sin duda, que Jesús había venido a ellos como dijo que sucedería. Pero su presencia ahora estaba en ellos, en la persona invisible del Espíritu Santo. ¡El Padre había cumplido su promesa! Y sin ningún esfuerzo, el gran alivio, la alegría eufórica y la emoción electrizante que vivieron comenzaron a brotar de sus corazones y a desbordarse a través de sus labios en una sinfonía de alabanza.[29]

En ese estado de euforia, los seguidores de Jesús fueron hacia el templo más cercano. Enseguida los rodearon miles de personas que se congregaban en la ciudad para celebrar Pentecostés. La presencia sobrenatural del Espíritu Santo se reveló cuando los testigos se dieron cuenta de que los discípulos estaban hablando en el idioma de cada uno de los oyentes. "Desconcertados y maravillados, decían: «¿No son galileos todos estos que están hablando? ¿Cómo es que cada uno de nosotros los oye hablar en su lengua materna?» [...] «¿Qué quiere decir esto?»".[30]

Respaldado por los otros discípulos, Pedro tomó la delantera, se puso de pie y se dirigió a los testigos con autoridad. Les dijo claramente que Dios, en cumplimiento de las Escrituras, había derramado su Espíritu. Luego, en lo que fue la primera presentación pública y verbal del Evangelio, les habló de la vida, la muerte, la resurrección y la ascensión de Jesús, de la que él y los otros discípulos habían sido testigos.[31] Él termina diciendo que Jesús, "Exaltado por el poder de Dios, y habiendo recibido del Padre el Espíritu Santo prometido, ha derramado esto que ustedes ahora ven y oyen".[32]

Luego, Pedro proclamó la verdad...

... a algunas de las personas que habían visto a Jesús sufrir el peor crimen cometido en la historia de la humanidad y no habían hecho nada para evitarlo.

... a algunas de las personas que habían participado activamente de la multitud que pedía "¡Crucifícalo!".[33]

... a algunos de los hombres que habían clavado a Jesús en la cruz.[34]

Pedro gritó para que todos oyeran: "sépalo bien todo Israel que a este Jesús, a quien ustedes crucificaron, Dios lo ha hecho Señor y Mesías".[35]

Increíblemente, la multitud no estalló en furia, ni se lanzó enojada sobre Pedro, ni lo arrastró para apedrearlo. En lugar de eso, se conmovieron y preguntaron qué podían hacer. La respuesta de Pedro marcó un giro en la historia: "Arrepiéntase y bautícese cada uno de ustedes en el nombre de Jesucristo para perdón de sus pecados [...], y recibirán el don del Espíritu Santo".[36] ¡Casi tres mil personas respondieron, se arrepintieron y recibieron al Espíritu Santo! ¡La Iglesia nació en ese día histórico!

Por eso, querido pecador, ¿cuál de tus actos sientes que te ha alejado del perdón y la redención de Dios?

Jesús pudo perdonar...

... a las personas que estuvieron allí y no hicieron nada cuando lo arrestaron, lo juzgaron, lo torturaron y lo crucificaron;

... a los que consintieron su muerte y pidieron que lo ejecutaran;

.... a los que se reunieron en el juicio del gobernador y gritaron: "¡Crucifíquenlo!";

... a los mismos romanos que llevaron a cabo la sentencia de muerte y lo clavaron en la cruz;

... a la multitud que fue culpable del peor crimen de la historia de la humanidad pasada, presente y futura.

Entonces, ¿qué te hace pensar que no te perdonará a ti? Simplemente, clama a Él, como lo hizo la multitud en esos escalones del templo. Entrégate a su misericordia. Si no tienes palabras, tal vez esto te pueda ayudar:

Dios misericordioso:

Clamo a ti. Ahora. Sé que soy un pecador. He justificado mi pecado, lo defendí, puse excusas y lo negué, pero no puedo quitarme la culpa. Aunque me muestro seguro en público, por dentro estoy avergonzado…, vacío…, sin esperanza. Pero ya no quiero fingir más. Estoy agotado de llevar la carga de esta culpa. Mi pecado sigue en mi mente. Quiero ser libre…, genuino…, real… No quiero tener nada que ocultar ni ante ti ni ante los demás. Sé que no merezco tu atención y mucho menos tu perdón, pero ahora tengo una pequeña esperanza. Si tú perdonaste a los que crucificaron a Jesús, ¿me perdonarías a mí también? Has dicho que no despreciarás un corazón quebrantado y arrepentido.[37] *Así que por favor, Dios del rey David, no desprecies ni rechaces mi clamor.*

Te confieso mi ______________________ (completa el espacio).

Perdóname. Como David, sé que he pecado contra ti, no solo contra mí o contra los demás. Limpia mi interior. Quiero sentirme libre de culpa y del miedo de tu juicio. Crea en mí un corazón puro. Te invito a que entres a mi vida, me rindo ante tu autoridad. Redímeme, úsame para tu gloria.

Las palabras específicas no son tan importantes como el clamor de tu corazón y la sinceridad de tu fe cuando te acercas a Dios para pedir perdón y redención. Él te perdonará y te redimirá. Para eso envió a su único Hijo. Su propio nombre, Jesús, significa que te salvará de tu pecado.[38] Pero, además, como vives en este tiempo posterior a ese día de Pentecostés, consigues algo mucho mejor.

10

SU PRESENCIA EN LA HUMANIDAD

En el principio, Adán y Eva tenían cuerpos perfectos, trabajos perfectos, salud perfecta, recursos perfectos, relaciones perfectas, un ambiente perfecto, y así y todo no estaban satisfechos. Querían lo único que les habían dicho que no podían tener. Ellos desobedecieron a Dios y lo tomaron. Esta falla moral y espiritual abrió paso a todo el pecado. El pecado entró no solo en sus vidas, sino en la de todos los seres humanos que nacieron después de ellos, excepto en Jesús.

Después de que Dios juzgara a nuestros primeros padres y antes de que los echara de su presencia, Él mató, o sacrificó, un animal y los vistió con su piel.[1] Siempre me he preguntado si había lágrimas en sus ojos mientras lo hacía, porque Él sabía que era un arreglo temporal. Él sabía que el remedio permanente para el pecado del mundo, la única forma en que las personas podrían volver a tener una relación personal cercana con Él, sería mediante la sangre derramada del Cordero, su propio Hijo, que ocurriría miles de años después.

Dios dejó bien claro que sin derramamiento de sangre no habría perdón.[2] Si bien no entiendo completamente por qué se necesitaba, y aún se necesita un sacrificio de sangre, un escritor puritano lo expresó así en su oración:

Ante tu cruz me arrodillo y veo
la crueldad de mi pecado,
mi iniquidad te hizo "una maldición",
el mal que agita la ira divina.

Muéstrame la grandeza de mi culpa con
la corona de espinas,
los agujeros en tus manos y pies,
las marcas en tu cuerpo,
los gritos agonizantes.

Tu sangre es la sangre del Dios encarnado,
su valor es infinito, mucho más de lo que pensamos.
Infinitos deben ser el mal y la culpa
que demandan un precio tan alto.[3]

¡Alabado sea Dios por la sangre preciosa del Cordero! Porque si no hay perdón, no podemos tener una relación cercana con Dios.

Mientras tanto, después del pecado de Adán y Eva y antes de la cruz, Dios estableció un sistema que le pedía a cada pecador acercarse a Él mediante un sacrificio de sangre. Cuando Dios dio la ley en los tiempos de Moisés, la forma de sacrificio se hizo más clara. La ley establecía que cuando alguien pecaba, debía traer un sacrificio a la tienda de reunión que estaba en medio del campamento de los israelitas en el desierto.[4] Más tarde, el lugar designado sería el templo de Jerusalén. La ofrenda de sacrificio podía ser un toro, una cabra, una oveja, una paloma o un pichón; este último, para los más pobres. Sin embargo, el principio era el mismo para todos los animales grandes que mataban: el pecador debía colocar su mano en la ofrenda. Era como si su pecado viajara por su brazo y pasara al animal por medio de su mano. El pecador entonces tomaba un cuchillo y mataba al animal para dejar en claro que él era responsable por la muerte del animal. Entonces el sacerdote tomaba la sangre, la esparcía en el altar y así obtenía la expiación por el pecado de la persona. De ese modo, el pecador quedaba libre de culpa y se reconciliaba con el Dios santo.

Pasaron cientos de años, millones de animales fueron asesinados, se derramaron océanos de sangre; sin embargo, cuando los pecadores se alejaban del sacrificio, no tenían una garantía sólida de que sus pecados habían sido perdonados. Su malestar estaba arraigado a una lógica simple. ¿Cómo podría realmente la sangre de los toros, las cabras y los corderos liberarlos del pecado?[5] Pero ellos hacían los sacrificios por fe, como si eso hiciera referencia a algo (o a alguien) más que ellos no entendían completamente. Desde nuestra perspectiva, sabemos que ese sistema de sacrificios hacía referencia a Jesús.

En el Antiguo Testamento, a los pecadores realmente arrepentidos que hacían sacrificios en obediencia a la Palabra de Dios se les daban unas notas, como un pagaré, en las que se les garantizaba que un día Dios perdonaría todos sus pecados. Luego llegó ese día trascendental en que un hombre aparentemente ordinario caminó por la orilla del río Jordán. Él llamó la atención de Juan el Bautista, el primer vocero de Dios en más de cuatrocientos años en aparecer en Israel. El papel profético que Dios le había dado a Juan era el de preparar el camino para el Mesías llamando a la gente al arrepentimiento. Centenares de personas se acercaban a escucharlo y respondían bautizándose como señal de que estaban dispuestos a arrepentirse y alejarse de su pecado. Ese día, con las multitudes prestando atención a cada palabra que decía, Juan gritó: "¡Miren!", y señaló a Jesús de Nazaret como el Cordero de Dios que quita el pecado del mundo.[6]

Tres años después, ese mismo hombre, Jesús de Nazaret, que había sido reconocido como el Cordero de Dios, sería clavado en el altar de la cruz y sacrificado por Dios por el pecado del mundo.

El pecado pasado, el presente y el futuro. Todo el pecado fue perdonado por la sangre que Jesucristo derramó y cada uno de esos pagarés fue completamente saldado.

Estoy muy agradecida de que hoy los pecadores no tengamos que ir a un lugar designado a sacrificar un animal, con sangre esparcida por todos lados. En lugar de eso, debemos ir al altar de la cruz y tomar al Cordero de Dios en nuestras manos de fe. Cuando confesamos nuestros pecados, es como si nuestra culpa se transfiriera al Cordero de Dios. Le agradecemos porque, incluso aunque el resto de las personas no hubieran pecado, Él habría muerto igual solo por nuestro pecado y por eso le pedimos perdón y prometemos alejarnos de lo malo. Como resultado, Él nos libera con su sangre, nos perdona, nos permite tener una relación cercana con Él y nos da vida eterna.[7]

¡Alabado sea Dios! Si clamas a Él utilizando la oración del capítulo anterior, o cualquier otra oración de arrepentimiento, Él te perdona, te redime y limpia tu corazón. Ahora puedes tener una relación con Dios por medio de tu fe en su Hijo, Jesucristo, y estás en paz con Él. Tómate un momento ahora para decirle: "¡Gracias! ¡Gracias! ¡Gracias por escuchar mi clamor, por perdonar mi pecado y por redimir mi vida!".

La presencia del Espíritu Santo en nosotros

La cruz se posiciona en el centro del tiempo. Antes de la cruz, las personas eran perdonadas por sus pecados y conducidas a la comunión con Dios mientras esperaban un futuro Salvador, y ejercitaban su fe participando del sistema de sacrificios que Dios demandaba. Hoy Dios nos perdona y nos acerca a Él cuando miramos hacia atrás a la cruz y ponemos en práctica la fe al proclamar a Jesús como el Cordero de Dios que se sacrificó por nuestros pecados.

Sin embargo, de este lado de la cruz, nuestra salvación tiene una nueva dimensión. Ahora también tenemos al Espíritu Santo morando en nosotros. Esta es la gran diferencia que marcó Pentecostés. El Espíritu Santo ya no viene *sobre* ciertos elegidos, ahora viene a vivir *en* todos y cada uno de aquellos que ponen su fe en Jesucristo.

Esto significa que todos podemos recibir su perdón, todos podemos tener una relación con Dios y disfrutar de su compañía, y todos podemos nacer de nuevo. Podemos volver a empezar. Y lo mejor es que todos podemos disfrutar de la presencia de Jesús en nosotros. Hasta tú y yo. ¡Aleluya! ¡Qué grande es nuestro Salvador!

Este milagro asombroso y sobrenatural se ilustra en la experiencia de la virgen María. Ella era una joven que vivía en el pequeño pueblo de Nazaret. Creemos que era como cualquier otra joven de su pueblo: pobre, sin una gran educación, pero con las pequeñas esperanzas y sueños de cualquier adolescente de casarse, tener un hogar y criar a sus hijos. Sin embargo, ella también debe de haber sido distinta a las demás en su inocencia, su pureza, su devoción y su deseo por los asuntos de Dios. Es posible que también se hubiera aferrado a un profundo deseo de que el Mesías llegara mientras ella viviera. Si bien ella sabía, por la conocida profecía de Miqueas 5:2, que no vendría de Nazaret y, por lo tanto, no debía tener muchas expectativas de conocerlo, nada le impedía soñarlo.[8]

Cuando alcanzó la edad de casarse (aproximadamente los trece o catorce años), se comprometió con un hombre honesto llamado José. Una vez comprometida, se le consideraba casada con José en todos los aspectos, menos en la intimidad sexual. El compromiso duraba cerca de un año y, durante ese tiempo, debían vivir separados. José debía utilizar ese tiempo para preparar el hogar que compartirían luego de la ceremonia formal de bodas. Durante años, o siglos, así lo había hecho su pueblo de acuerdo con las tradiciones judías. En el compromiso de María todo era normal…, tradicional…, como de costumbre… *hasta que vino el ángel.*

¿Qué estaba haciendo María ese día que cambiaría la historia? ¿Estaba sembrando trigo? ¿Cosechando uvas? ¿Ordeñando una vaca? ¿Preparando queso? ¿Horneando pan? ¿Sacando agua? ¿Estaba realizando sus tareas diarias cuando Dios irrumpió en su vida? Sospecho que María nunca antes había visto un ángel, sin embargo, no fue su aparición lo que la asustó y preocupó, sino la forma en que él la saludó: "¡Te saludo, tú que has recibido el favor de Dios! El Señor está contigo".[9] Al ver su expresión, el ángel inmediatamente intentó tranquilizarla diciéndole que no se asustara, pero lo que le dijo después debió haberla asombrado muchísimo: "Dios te ha concedido su favor [...]. Quedarás encinta y darás a luz un hijo, y le pondrás por nombre Jesús. Él será un gran hombre, y lo llamarán Hijo del Altísimo. Dios el Señor le dará el trono de su padre David, y reinará sobre el pueblo de Jacob para siempre. Su reinado no tendrá fin".[10]

Hay que reconocer a María de por vida por no haberse desmayado en el acto o haber huido aterrada o haberse reído ante algo tan absurdo. En lugar de eso, con gran entereza y sinceridad preguntó: "¿Cómo podrá suceder esto [...], puesto que soy virgen?".[11]

Observa bien la respuesta del ángel, porque su explicación a María de lo que le sucedería físicamente es similar a lo que nos ocurre espiritualmente cuando recibimos a Jesucristo por fe. El ángel respondió de esta manera: "El Espíritu Santo vendrá sobre ti, y el poder del Altísimo te cubrirá con su sombra. Así que al santo niño que va a nacer lo llamarán Hijo de Dios. [...] Porque para Dios no hay nada imposible".[12]

A pesar de las noticias sorprendentes…,

… del cambio rotundo que esto traería a su vida,

… de la humillación pública que enfrentaría,

… del posible rechazo de José,

... de la destrucción inmediata de todas sus esperanzas, planes y sueños,

... de todo lo que le costaría,

María inmediatamente se sometió a lo que reconoció que era la voluntad de Dios para ella y respondió: "Aquí tienes a la sierva del Señor [...]. Que él haga conmigo como me has dicho".[13]

En ese momento, María aceptó todo lo que Dios tenía para ella, que era completamente diferente de cualquier cosa que pudiera haber imaginado antes. Su fe en la Palabra de Dios que había recibido a través del ángel y su sumisión a la voluntad de Dios al dejar su vida para recibir la suya dieron lugar a la milagrosa concepción de la vida física de Jesús dentro de ella.

Y hay una similitud entre la vivencia de María y la nuestra.

Cuando tú y yo ponemos nuestra fe en la Palabra de Dios, que dice:

... que todos somos pecadores,

... que el precio del pecado es la muerte física, espiritual y eterna,

... que Dios envió a su único Hijo, Jesús, a morir en una cruz para que todos los que pongan su fe en Él no perezcan, sino que tengan vida eterna,

... que la sangre de Jesús es suficiente para perdonar cualquier pecado,

... que si confesamos nuestro pecado, Dios es fiel para limpiarnos y perdonarnos,

... que Él nos da vida eterna, la cual no solo significa ir al Cielo cuando morimos, sino tener una relación personal y cercana con Dios ahora,

... que tenemos el derecho de ser hijos de Dios y de nacer sobrenaturalmente en su familia si creemos en el nombre del Señor Jesucristo y lo recibimos en nuestros corazones,

... que, si oímos la Palabra de verdad, que es el Evangelio que acabo de relatar, y creemos en ella, se aplica en nosotros,

... que, si aceptamos a Jesús como nuestro Salvador y Señor personal, tomamos al Cordero de Dios con nuestras propias manos de fe, confesamos nuestros pecados y culpas, Él los recibe y nos limpia con su sangre.

En el momento en que creemos todo esto, engendramos espiritualmente la vida de Jesús en nosotros mediante la persona del Espíritu Santo. ¡Y eso es un milagro![14]

La Biblia describe esto como el milagro del renacimiento.[15] Cuando su vida se engendra en ti, te vuelves una nueva criatura por dentro.[16] Aunque siempre tendrás tu mente, sentimientos y voluntad antiguos y pecaminosos; y será de esa manera hasta que te unas a Jesús en la gloria y Él te dé su mente para tener sus pensamientos, sus sentimientos para amar a aquellos que no te agradan y su voluntad para hacer lo correcto, incluso aunque tengas una tendencia a hacer lo incorrecto.

La presencia permanente del Espíritu Santo

Como hemos visto, desde el día de Pentecostés hasta hoy, todos los que estén dispuestos a arrepentirse de sus pecados y confesar públicamente su fe en Jesús como Señor, Salvador y Mesías reciben el perdón por todo lo que han hecho.[17] Además, los pecadores que se arrepienten entran en una relación cercana con Dios y reciben personalmente al Espíritu Santo, que no solo viene *sobre* ellos, sino que viene a vivir *en* ellos.[18] ¡Para siempre! Al contrario de lo que le sucedió al rey Saúl, Él nunca te dejará, y al contrario de lo que sucedió con el rey David, nunca deberás tener miedo de perderlo. Él nunca te abandonará.[19]

Cuando naces de nuevo verdaderamente, ya no hay vuelta atrás. Piensa en esto. Si no hiciste nada para ganar tu salvación o el don del Espíritu Santo, ¿qué podrías hacer para perderlo? Si Dios te ha dado vida eterna, pero hay alguna manera en que pudieras perderla, entonces sería temporal, no eterna.

Cuando era una niña de aproximadamente nueve años, experimenté por primera vez el gozo de saber que Jesús es mío y yo soy suya. No recuerdo el año exacto, pero sí recuerdo ese día. Era un Viernes Santo. Durante varios años, con motivo de la Pascua, en televisión transmitían una película muda titulada *El rey de reyes*. Mi madre nos reunía a mis hermanos y a mí para ver la presentación especial como familia y la utilizaba para recordarnos la importancia de los eventos que se representaban en la película.

En el Viernes Santo de ese año, por alguna razón, no recuerdo haber visto la película con mi familia. Tal vez ellos estaban distraídos con otros asuntos, así que la vi sola, o tal vez la hayamos visto todos juntos, pero a mí me pareció como si su mensaje fuera solo para mí. Aunque la había visto muchas veces en el pasado, cuando llegó la escena de la cruz, ese día en particular tuve la certeza de que Jesús había muerto por mí. Al terminar la película, subí a mi habitación, me arrodillé junto a mi cama y le dije a Jesús que sabía que había muerto por mis pecados. Le dije que lo sentía, le pedí que me perdonara y que me limpiara con su sangre. Le pedí que fuera mi Salvador. Recuerdo que quería que Él se sintiera feliz de haber hecho ese sacrificio…, que sintiera que todo el dolor, el sufrimiento, la sangre, la tortura, la humillación y la agonía que había visto representados en la pantalla habían valido la pena desde su punto de vista por la respuesta de una pequeña niña. Luego, con lágrimas corriendo por mis mejillas, lo invité a entrar en mi corazón y estoy convencida de que ese día Jesús vino a mi corazón en la persona del Espíritu Santo.

Si bien no entendía, o en realidad no sabía, quién era el Espíritu Santo, sí sabía que algo en mí era diferente. Recuerdo que, en silencio, bajé las escaleras para contarle a mi madre lo que había hecho y que me sentía más limpia, más liviana, como si me hubieran quitado una carga invisible. Esa carga, que hoy sé que es la culpa que llevamos por ser pecadores, incluso aunque el pecador solo tuviera nueve años, nunca regresó y el Espíritu Santo nunca se fue.

Una bendición muy importante de la presencia del Espíritu Santo en mí es que nunca estoy sola, ni lo estaré. Después de vivir con mi esposo por cuarenta y nueve años, la abrupta transición a la soltería era algo para lo que no estaba preparada. Mis preciados hijos me facilitaron la viudez estando muy presentes. Como te conté antes, mi hija menor se quedó conmigo mientras Danny estaba internado y el día en que le quitaron la reanimación, mi hija mayor, Morrow, y su esposo, Traynor, se mudaron a mi casa y vivieron conmigo durante quince meses.

Pero luego a Morrow y Traynor les llegó la hora de mudarse a su hermosa casa propia. Lo hicieron de forma gradual, con mucha consideración, y la mayor parte de la mudanza la hicieron mientras yo estaba lejos con mi padre durante el día de Acción de Gracias. Cuando regresé, entré a una casa vacía. Realmente vacía por primera vez desde que Danny se había ido al Cielo. Mientras cruzaba la puerta, envuelta en silencio y quietud, sentí la presencia del Espíritu de Dios, y aún la siento.

Cuando regreso de un viaje y no hay nadie que me reciba en la puerta, sé que no estoy sola.

Cuando me siento a cenar, no estoy sola.

Cuando me acurruco en una silla para leer junto al fuego un domingo por la noche, no estoy sola.

Cuando suena el timbre inesperadamente a las dos de la mañana, no estoy sola.[20]

Cuando me arropo por las noches en la misma cama que compartí cuarenta y nueve años con mi esposo, sé que no estoy sola.

Sin embargo, anhelo tener una fe más fuerte para ver lo invisible, oír lo inaudible y entender lo incomprensible. Una fe que sea tan fuerte como para sostenerme en los desafíos de la soltería. Una fe tan fuerte que puedan heredar mis hijos, mis nietos y las generaciones que sigan. Una fe que contagie a los que me rodean. Una fe constante en la presencia del Jesús invisible en mí. Una fe que disfrute la presencia del Espíritu Santo que, desde el principio, fue enviado como un regalo del Cielo para vivir en mí. ¡Para siempre!

¿Tú también anhelas esa fe que realmente funciona? Es una fe que estará en los momentos solitarios de dolor, que se hace más fuerte frente a la adversidad, que no se mueve cuando las circunstancias prácticas se destrozan, que brilla como una luz en la oscuridad y guía a otros a Jesús. Si anhelas esta fe, entonces recibe al Espíritu Santo con una confianza absoluta, total y sin reservas y experimenta su presencia constante… dentro de ti.

Tercera parte

CONFIAR EN EL PODER DEL ESPÍRITU SANTO

Pero, cuando venga el Espíritu Santo sobre ustedes, recibirán poder...

HECHOS 1:8

Danny Lotz y yo nos casamos el 2 de septiembre de 1966, en la misma capilla de la montaña donde se habían casado mis padres, treinta y tres años antes, y donde yo había crecido. Cualquier domingo de mi infancia, podías encontrarnos a mi familia y a mí sentados al frente, en el lado derecho de la iglesia presbiteriana de Montreat. Es la misma capilla en la que me bauticé y donde hice público mi testimonio por primera vez. Tengo miles de recuerdos importantes cuando pienso en todo lo que ha ocurrido dentro de esas paredes de piedra salpicadas de mica.

Celebramos nuestra boda en la noche de un hermoso fin de semana del Día del Trabajo y fue tal cual la había soñado. La capilla de piedra antigua y paneles de madera estaba llena de flores que adornaban la pared frontal, caían en cascada desde el techo y cubrían con elegancia el final de cada banco de la iglesia. El pasillo estaba cubierto con la misma tela blanca por la que mis padres habían caminado cuando se casaron.

Mientras estaba de pie junto a mi papá, agarrada a su brazo, esperando para caminar hasta el frente y decir mis votos, él me susurraba al oído alentándome. Luego vi a ese hombre alto que pronto sería mi esposo de pie en el frente, esperándome con una sonrisa de oreja a oreja. Cuando los padrinos y las damas de honor tomaron sus lugares, la música se detuvo. Con un ambiente tan dramático como el que solo un órgano antiguo puede generar, comenzó la marcha nupcial y papá y yo comenzamos a caminar lentamente hacia el altar.

Mi suegro, un pastor de la ciudad de Nueva York, dirigió la primera parte de la ceremonia y preguntó:

— ¿Quién entrega a esta mujer para que se case con este hombre?

Mi padre respondió con su voz de predicador, fuerte y segura:

—Su madre y yo.

Luego besó mi mejilla, puso mi mano en la de Danny, se paró frente a nosotros y continuó la ceremonia, dirigiéndonos en los votos mutuos de compromiso. En esa breve ceremonia me convertí en esposa y supe que había asumido un compromiso de por vida.

Antes de que hubieran transcurrido veinticuatro horas de la ceremonia, ese compromiso fue desafiado de una forma que, hoy en día, resulta graciosa, pero en ese momento fue horrible.

A la mañana siguiente, debíamos tomar un avión en Atlanta que nos llevaría a San Diego, donde pasaríamos el resto de nuestra luna de miel. Después de un desayuno rápido, subimos al convertible Oldsmobile Starfire color azul celeste de Danny y tomamos la Interestatal 85 hacia el sur para ir hasta Atlanta.

Después de una hora aproximadamente, noté que la aguja de la gasolina indicaba que el tanque estaba casi vacío y se lo dije a Danny con una voz muy dulce. Él no le dio importancia y dijo que todo estaba bien. Diez minutos después, volví a mirar y la aguja indicaba directamente que estaba vacío. Como no quería parecer terca o dominante en mi primer día como su esposa, lo dije de la forma más agradable que pude:

—Danny, cariño, ¿no crees que deberíamos ir a echar gasolina? La aguja dice que el tanque está vacío.

Otra vez su respuesta fue que la aguja funcionaba mal y que todo estaba bien.

A los pocos minutos, sentimos que el auto dio un tirón, el motor hizo un ruido y luego todo se silenció. Danny condujo el auto con su último impulso hacia la orilla de la carretera. ¡Nos habíamos quedado sin combustible! Para empeorar las cosas, esa zona de la interestatal parecía desolada. Ninguno de los dos recordaba cuándo habíamos pasado por última vez cerca de una gasolinera.

Mi flamante esposo, alto, buen mozo, bronceado y atlético, dijo:

—Anne, no hay problema. Iré a buscar gasolina. Quédate aquí.

Subió las ventanillas, aseguró las puertas para que estuviera a salvo y salió trotando por la carretera. Ahora tenía varios problemas: el auto no tenía combustible, mi esposo se había ido, fuera había por lo menos noventa grados y estábamos estacionados junto a un terreno que olía como si todas las alcantarillas del país desembocaran allí, lo que me obligaba a mantener las ventanillas cerradas.

Cuarenta y cinco minutos después, vi que una grúa venía en dirección contraria con las luces encendidas. Hizo un giro en "u" y se detuvo detrás del auto. De allí bajó mi esposo con un bidón de gasolina. Rápidamente, vertió el contenido en el tanque del auto, le agradeció al conductor de la grúa, le dijo adiós con la mano mientras se iba, abrió la puerta, giró la llave y no sucedió nada. Volvió a intentarlo. ¡Nada! ¡La batería estaba muerta!

A su favor, mi reciente esposo puso lo mejor de sí y me aseguró:

—Anne, está bien. Ahora sé dónde está la gasolinera.

Dicho esto, subió las ventanillas, aseguró las puertas y salió corriendo por la carretera. Otra vez. En esta ocasión, esperé unos treinta minutos hasta que vi las luces venir hacia mí. La grúa giró para quedar de frente al auto. Danny salió y, con la ayuda del operador de la grúa, abrió el capó, unió con cables las baterías de los dos vehículos, se deslizó hasta el asiento del conductor y giró la llave. Esta vez el motor aceleró.

Cuando estaba desconectando los cables de la grúa, un auto que pasaba frenó de golpe, se detuvo al costado del camino y retrocedió hasta donde estábamos. Las cuatro puertas se abrieron a la vez y salió el hermano mayor de Danny, Sam, con tres amigos que habían estado en la boda y ahora regresaban a Atlanta.

Muy preocupado Sam exclamó:

—Danny, ¿qué sucede?

Y Danny le contó. Luego Sam, el hermano soltero de Danny, le preguntó con una gran sonrisa:

— ¿Cómo va la vida de casado?

A lo que mi esposo respondió con entusiasmo:

—¡Genial, Sam! ¡Deberías intentarlo!

Me alegré de que Sam no me hubiera preguntado a mí. Estaba asqueada por el olor del pantano junto al camino y sudando por haber estado encerrada en un auto con ese calor sofocante, y si alguien me hubiera ofrecido una anulación, ¡la hubiera aceptado en el acto!

En ese primer día de casados, aprendí una lección simple, pero muy valiosa: nadie se puede quedar vacío. Tú y yo no podemos quedarnos vacíos en un auto, en un matrimonio o en la vida. Por eso Dios nos ha dado a su Espíritu Santo. Él es el "combustible", el poder, que nos permite vivir la vida cristiana.

Aunque hayas hecho tus votos de compromiso al Señor Jesús y, por lo tanto, hayas comenzado una relación personal con Él, ¿sientes que te estás quedando vacío? ¿Estás intentando ser un "buen cristiano" esforzándote más por agradar a Dios y te das cuenta de que lo que deseas es muy difícil de alcanzar? ¿Te estás moviendo solamente por inercia? ¿Estás yendo a la iglesia y a los estudios bíblicos, pero cada vez vives más detrás de una fachada, fingiendo ser más espiritual de lo que eres? Tal vez finges una sonrisa y con las palabras "apropiadas" intentas continuar una semana más..., un día más…, una hora más…, un paso más, y tienes la esperanza de que nadie lo note. Quizá piensas: *No puedo hacer esto. No estoy hecho para la vida cristiana.*

No te desanimes. ¡Hay esperanza! Aquel que está en ti te ayuda a vivir el compromiso que has hecho. La clave es aprender a depender de su poder.

II

SU PODER PARA TRANSFORMAR

El poder del Espíritu Santo es imposible de medir humanamente porque es el mismo poder de Dios. Aparte de la cruz, la resurrección, la ascensión y el regreso de Jesús, no hay, ciertamente, mayor demostración de su poder en toda la Biblia que la que leemos en Génesis 1, los mismos versículos que leyeron los astronautas del Apolo 8.

El segundo verso de Génesis 1 describe el planeta Tierra como algo sin forma, sin ninguna materia y sin sentido, falto de luz y cubierto por agua en una condición fluida e inestable. Básicamente, era bueno para nada. Solo un desperdicio de espacio…, una masa flotando en la oscuridad… hasta que el Espíritu de Dios comenzó a merodear en él. Mientras que el planeta estaba en ese estado inútil y sin sentido, el Espíritu Santo comenzó a prepararlo, hasta que estuvo listo para responder al mandato de Dios: "¡Que exista la luz!".[1] Cuando se dio la orden, sorprendentemente, ¡se creó la luz!

A lo largo de Génesis 1, leemos los cambios que sucedieron día tras día mientras el Espíritu de Dios continuaba sobrevolando el planeta y la Palabra de Dios avanzaba. Al segundo día, Dios dividió las aguas para darle a la Tierra una dimensión con un cielo y espacio para respirar. Al tercer día, la Palabra de Dios ordenó que hubiera un fundamento y apareció la tierra seca. A la tierra seca, Dios le añadió árboles y plantas que dieran semillas. Al cuarto día, a este planeta que no tenía un objetivo o una dirección, Dios le dio la luz del sol durante el día y la luna y las estrellas por la noche para que sirvan como señales y para distinguir las estaciones. Al quinto día, el mar se llenó de peces y el aire se llenó de aves para comenzar a dar vida al planeta.

Al sexto día, la tierra se llenó de todo tipo de animales y criaturas. En ese momento Dios dijo: "Hagamos [nótese el plural, apuntando a que Dios Padre; Dios Hijo, que es la Palabra viviente; y Dios Espíritu hablaban como uno] al ser humano a nuestra imagen y semejanza. [...] Y Dios creó al ser humano a su imagen [singular]; lo creó a imagen de Dios".[2] ¡Así lo hizo Dios! Hombre y mujer los creó, y así comenzó la raza humana.

Cuando Dios evaluó el resultado de todo lo que había hecho, declaró su satisfacción y vio que era muy bueno, creando un contraste drástico con el planeta que se describe en Génesis 1:2, cuando aún estaba desordenado, vacío y oscuro.[3]

El mismo poder del Espíritu Santo que transformó al planeta Tierra en el principio está disponible para transformar la vida humana de hoy. Algunas veces su transformación es repentina y de forma drástica, otras veces es más gradual y puede tardar días, meses o hasta años. Sin embargo, su poder para transformar se mantiene intacto e inquebrantable. Hoy es el mismo que al principio de los tiempos: capaz de todo y completamente suficiente.

La expectativa de transformación

Las pruebas del poder del Espíritu Santo para transformar son muy evidentes en la vida de uno de los discípulos de Jesús. Simón Pedro era un pescador que tenía la tendencia de decir y hacer lo incorrecto en el momento incorrecto. Si bien era un seguidor de Jesús muy comprometido, su discipulado se vio empañado por varios errores. Como nos pasa a ti y a mí, para él no era fácil mantener sus votos.

La relación de Simón con Jesús comenzó cuando su hermano, Andrés, exclamó: "Hemos encontrado al Mesías".[4]

Él debe de haber estado desconcertado, preguntándose cómo su hermano supo que había encontrado al Mesías, pero siguió a Andrés con obediencia y fue presentado a Jesús. El Salvador lo miró y no vio quién era, sino en quién se convertiría.[5] Jesús cambió su nombre a Pedro para reflejar la transformación que viviría a través del Espíritu Santo. Sin embargo, luego de eso, Simón Pedro regresó a pescar. Al parecer, no estaba tan impresionado.

Varios días después, Simón Pedro y Andrés estaban lavando sus redes cuando vieron un gran amontonamiento de gente junto a la orilla. Jesús estaba en medio de esa multitud, intentando enseñarles. Mientras Andrés, Simón Pedro y los otros pescadores observaban la conmoción, Jesús se le acercó a Pedro y ¡se subió a su barca vacía! Le pidió que lo alejara un poco de la orilla y luego comenzó a predicar, utilizando la barca como una plataforma flotante. Cuando terminó de enseñar, miró a Pedro y, básicamente, le dijo: "¡Vamos a pescar!".

Pedro protestó y le dijo que había estado trabajando toda la noche y no había pescado nada. Los peces no picaban. Al ver la expresión de Jesús, que seguramente estaba confiada y expectante, dejó de resistirse y accedió a intentarlo nuevamente: "como tú me lo mandas...".[6]

Cuando Simón Pedro siguió las instrucciones de Jesús y pescó a su manera, recogió tantos peces que su red comenzó a romperse. Otra barca se detuvo junto a él para ayudarlo a arrastrar los peces, pero eran tantos que ambos botes comenzaron a hundirse. La reacción de Pedro mostró que ahora estaba de acuerdo con Andrés, Jesús era mucho más que un simple hombre. Pedro cayó de rodillas y le suplicó a Jesús que se fuera de su vida. Nunca antes se había sentido tan sucio y pecador. Sentía que no era digno de Él. Pedro sabía que se encontraba en la presencia de Dios y estaba aterrado.

De inmediato, Jesús lo tranquiliza y le dice que no tema, que a partir de ese día Él lo convertiría en un pescador de hombres. A la expectativa de esta promesa de transformación, Pedro dejó sus redes, salió de su barca y dejó todo para seguir a Jesús.[7]

La necesidad de transformación

Aunque Pedro siguió a Jesús sin dudarlo y sin reservas, tropezaba estrepitosamente al intentar vivir ese compromiso. Un día, Jesús les preguntó a sus doce seguidores más cercanos lo que la gente decía de Él y ellos le contaron los rumores que habían oído: que era Juan el Bautista, Elías, Jeremías o uno de los otros profetas que había vuelto de la muerte. Con una mirada penetrante, para aclarar sus ideas y fortalecer su fe, Jesús cortó los rumores y los guio directo a la verdad al preguntarles: "Y ustedes, ¿quién dicen que soy yo?".[8]

El liderazgo de Pedro quedó a la vista de todos, así como su gran inteligencia, cuando respondió por los otros once hombres: "Tú eres el Cristo, el Hijo del Dios viviente".[9] Debe de haberse sonrojado y emocionado cuando esa confesión provocó un halago de parte de Jesús: "Dichoso tú, Simón, hijo de Jonás [...], porque eso no te lo reveló ningún mortal, sino mi Padre que está en el cielo".[10] Pedro se elevó a lo más alto de su fe. Luego, igual de rápido, cayó en picada a un fracaso muy profundo.

Poco después de la confesión de Pedro, Jesús les confió a sus discípulos que pronto sufriría, lo matarían y luego resucitaría. Pedro, que acababa de declarar que Jesús era el Hijo de Dios, Dios hecho carne, Dios en forma humana, ¡tuvo el descaro de contradecir a Jesús! Insistentemente dijo: "¡De ninguna manera, Señor! ¡Esto no te sucederá jamás!".[11] Puedo imaginarme el rostro del Hijo de

Dios con su mirada en llamas ordenándole a Pedro: "¡Aléjate de mí, Satanás! Quieres hacerme tropezar; no piensas en las cosas de Dios, sino en las de los hombres".[12]

Ante tal regaño, sería lógico creer que Pedro nunca volvería a contradecir al Señor. Pero lo vemos hacerlo en la misma noche en que Judas traicionó a Jesús. Jesús les dijo a sus discípulos que todos lo abandonarían cuando a Él lo mataran; sin embargo, Pedro se creyó más sabio y declaró: "Aunque todos te abandonen [...], yo jamás lo haré". Cuando Jesús lo miró y reveló que Pedro esa misma noche negaría tres veces toda asociación con Él, rotundamente contestó: "Aunque tenga que morir contigo [...], jamás te negaré".[13] Pero antes de que cantara el gallo, negó tres veces incluso conocer a Jesús.[14]

También cometió otros grandes errores, como cuando salió de su barca para caminar sobre la superficie del lago junto a Jesús y luego se hundió en las olas.[15] O como cuando estaba con Jesús, Santiago y Juan en un monte y vio la transfiguración gloriosa de Jesús como el Hijo de Dios, y como si eso no fuera lo suficientemente increíble, luego vio que Moisés y Elías aparecieron para hablar con Jesús. Es difícil imaginar que alguien pueda siquiera susurrar al observar una escena sobrenatural como esa; sin embargo, Pedro dijo, con entusiasmo y en voz alta, que debían construir tres tabernáculos, uno para Jesús, uno para Moisés y uno para Elías. Su comentario abrupto era ridículo por múltiples razones; una de las más importante fue el hecho de que sugiriera tratar a Jesús como un simple hombre, como un profeta más del montón. En esta ocasión, Dios Padre se asomó desde el Cielo y le dijo a Pedro que tuviera calma y escuchara a su Hijo.[16]

Cada una de estas escenas nos dice que, si bien Pedro estaba muy comprometido en ser un discípulo, luchaba contra un patrón de errores. Su espíritu obviamente estaba dispuesto, pero su carne era débil.[17] Él necesitaba el poder transformador del Espíritu Santo.

¿Tu experiencia ha sido como la de Pedro? Tal vez sientes que por cada paso que avanzas en la vida cristiana, parece que das dos hacia atrás y caes repetidamente en tu antigua forma de pensar, de caminar, de actuar y de ver la vida. Aunque sabes que eres salvo, que eres un seguidor de Jesús, no siempre actúas como tal. ¿Eres inconsistente al intentar cumplir tus votos y te das por vencido? ¿Te has convencido de que no estás hecho para ser un "buen cristiano"? Si te sirve de algo, tarde o temprano casi todos los cristianos tienen ese momento de crisis.

Ese sentimiento frustrante de estar en el límite de tu paciencia o de solo encontrar obstáculos mientras luchas con tus errores es lo que sucede cuando se intenta cortar un gran árbol con una motosierra sin primero encender el motor y activar su potencia. Los errores repetitivos pueden ser bendiciones disfrazadas que te llevarán hasta el límite. Finalmente, llegas a un punto en el que reconoces que necesitas más que tu propia fuerza de voluntad, más que tus propias elecciones, algo más que todo lo que puedes hacer.

Necesitas el poder transformador del Espíritu de Dios.

La experiencia de transformación

Todo cambió para Pedro en Pentecostés, cuando el Espíritu Santo se derramó en él y los otros discípulos. En el momento transformador, se activó el poder de Dios en Pedro. La diferencia fue evidente de inmediato. Aunque antes de Pentecostés él tenía mucho miedo de la opinión de los demás —como le sucedió con esa sirvienta, a la cual le negó que conocía al Señor—, después de Pentecostés él proclamó públicamente, con valentía, a Jesús como el Mesías de Israel, el Salvador de los pecadores, el Señor resucitado y el único Hijo de Dios. Utilizando las escrituras del Antiguo Testamento, habló del Evangelio con claridad y relevancia. Miles respondieron a las fuertes declaraciones de Pedro arrepintiéndose de su pecado y proclamando a Jesús como Mesías, Señor y Salvador.[18]

¿Podría la valentía de Pedro haber sido provocada por una reacción emocional a Pentecostés, y no por el poder genuino del Espíritu Santo? Puede ser, pero cuando la emoción se desvaneció, también debería haberlo hecho la valentía de Pedro. Sin embargo, él continuó viviendo y predicando con una autoridad y un poder sorprendentes.

Poco tiempo después de Pentecostés, Pedro y otro discípulo, Juan, subieron a orar al templo. Entraron por la puerta llamada Hermosa, donde un hombre de unos cuarenta años, que había estado lisiado toda su vida, pedía limosna. Si él había estado allí por años, como dice el texto, y si Pedro y Juan habían caminado por allí, como seguramente lo habían hecho muchas veces, ¿cómo es que no lo habían visto antes? ¿O es que lo habían visto, pero sabían que no tenían el poder en ellos para ayudarlo y siempre lo ignoraban? Sin embargo, esta vez fue diferente. En lugar de esquivarlo, como solemos hacer cuando vemos a un necesitado porque también sabemos que no tenemos el poder para ayudarlo, Pedro y Juan se detuvieron y lo miraron. Luego Pedro le dijo: "¡Míranos!". Esperando recibir una moneda o dos, el hombre los miró, pero en lugar de darle dinero, Pedro le dijo: "No tengo plata ni oro [...], pero lo que tengo te doy. En el nombre de Jesucristo de Nazaret, ¡levántate y anda!".[19] No se necesita mucho esfuerzo para imaginar la reacción eufórica del antiguo mendigo lisiado. Comenzó a caminar, luego a saltar y corrió hacia el área del templo con Pedro y Juan.

Como al hombre lo veían casi todos los días de su vida tendido en esa puerta mendigando, inmediatamente la gente lo reconoció y comenzó a juntarse una multitud. Todos estaban sorprendidos, perplejos y maravillados. Una vez más, Pedro aprovechó la oportunidad para enseñar el Evangelio con valentía y les preguntó a los observadores curiosos: "Pueblo de Israel, ¿por qué les sorprende lo que ha pasado? ¿Por qué nos miran como si, por nuestro propio poder o virtud, hubiéramos hecho caminar a este hombre?".[20] Luego les habló de Jesús. Les probó a través de las Escrituras que Él era el verdadero Mesías. Luego les hizo entender a sus oyentes que era necesario actuar y los desafió a salir de sus caminos malvados y poner su fe en Jesús.

Cuando miles de personas respondieron al llamado de Pedro, los sacerdotes, el capitán de la guardia del templo y los líderes religiosos se alarmaron. Seguramente habían pensado que ejecutando a Jesús de Nazaret habían silenciado a sus seguidores de una vez y para siempre. Sin embargo, aquí estaban los antiguos cobardes declarando con valentía su nombre y su mensaje. No eran solo sus palabras las que impactaban, era imposible negar lo que decían cuando sus palabras iban acompañadas de milagros. Por eso, las autoridades tomaron una decisión que creyeron que sería una buena forma de disuadirlos. Arrestaron a Pedro y a Juan y los llevaron a prisión. Sin embargo, a la mañana siguiente, cuando los presentaron frente a los gobernantes de Israel, de los ancianos y los maestros de la ley (los mismos hombres que habían llevado a Jesús a un juicio, lo habían declarado culpable de blasfemia y lo habían entregado al gobernador romano para que lo ejecutara), estos hombres recibieron una gran sorpresa.

Pedro había negado a Jesús cuando lo confrontó una pequeña sirvienta, ¿cómo iba a enfrentar un interrogatorio frente a frente con los líderes religiosos más poderosos de Israel, que ya habían demostrado ser enemigos de Jesús? Hubiera sido entendible que Pedro suavizara sus declaraciones o le dijera a Juan: "Ocúpate tú". Pero en lugar de eso, frente a esos rostros arrogantes y acusadores, Pedro, lleno del Espíritu Santo y de su poder, les dijo: "Gobernantes del pueblo y ancianos: hoy se nos procesa por haber favorecido a un inválido, ¡y se nos pregunta cómo fue sanado! Sepan, pues [...] que este hombre está aquí delante de ustedes, sano gracias al nombre de Jesucristo de Nazaret, crucificado por ustedes, pero resucitado por Dios. [...] en ningún otro hay salvación".[21]

¡Los líderes religiosos quedaron deslumbrados! ¡Perplejos! ¿Qué había sucedido con Pedro? ¿Por qué no les tenía miedo, no se sometía ni se sentía intimidado por ellos? Al deliberar entre sí en privado, llegaron a la conclusión de que la única explicación para la diferencia en Pedro era que él había estado con Jesús. Entonces, este grupo de líderes religiosos hostiles y asesinos, que tenían la autoridad legal para castigar severamente a Pedro y a Juan, los volvieron a llamar y forzaron a los discípulos a no hablar o enseñar en el nombre de Jesús nunca más.

En la respuesta de Pedro a esta orden, casi podemos ver al Espíritu Santo sobrevolando sobre él, dándole poder y valentía, actuando a través de él mientras Pedro los desafiaba: "¿Es justo delante de Dios obedecerlos a ustedes en vez de obedecerlo a él? ¡Júzguenlo ustedes mismos! Nosotros no podemos dejar de hablar de lo que hemos visto y oído".[22] ¡Los líderes quedaron asombrados! ¿Cuándo alguien los había desafiado de esa manera? ¿Cuándo alguien se había atrevido a decir la verdad frente a ellos? Si se hubieran tomado el tiempo de pensarlo, hubieran recordado a ese hombre que se había parado frente a ellos hacía unos dos meses con total tranquilidad y confianza. Un hombre tan digno y con tanta autoridad que les causó la sensación de que ellos eran los acusados, no Él. Aunque no sabemos si alguno de ellos lo vivió como un *déjà vu*, sí los escupieron y los amenazaron. Al final, liberaron a Pedro y a Juan. No podían arriesgarse a enfurecer a las multitudes que alababan a Dios, fascinadas por la evidencia milagrosa del poder del nombre de Jesús.

Cuando Pedro y Juan regresaron al grupo de seguidores de Jesús y les contaron lo que había sucedido, todos comenzaron a alabar y a orar. "Después de haber orado, tembló el lugar en que estaban reunidos; todos fueron llenos del Espíritu Santo, y proclamaban la palabra de Dios sin temor alguno".[23] Como cuando enciendes una motosierra, ¡la Iglesia rugió de vida!

El testimonio de Pedro es una muestra del poder del Espíritu Santo para transformar la debilidad en fortaleza; el miedo, en coraje; la timidez, en valentía; la impulsividad, en autocontrol; la estupidez, en sabiduría y los errores, en un éxito eterno y resonante.

¿Cuál es tu testimonio? Honestamente, ¿dirías que te has esforzado mucho por vivir la vida cristiana, pero resultó tan efectivo como intentar cortar un árbol con una motosierra apagada? Siendo totalmente honesto, ¿quieres decirle a Dios que ser un cristiano no es algo que funcione para ti? Me pregunto si el problema es que no estamos viviendo de acuerdo con la vida cristiana que Él diseñó para nosotros. ¿Puede ser que el problema lo tengas tú?

Si bien tienes el poder del Espíritu Santo en ti, se necesita entrega, obediencia y fe para activarlo. Tal vez es hora de que "tires de la cuerda" para encenderlo.

12

SU PODER PARA TRANSFORMARNOS A TI Y A MÍ

Aunque el poder transformador del Espíritu Santo en mi vida no fue tan evidente como en la vida de Pedro, sí puede ser visto por los demás.

Mi cambio se refleja en muchos aspectos:

De alguien que tenía tanto miedo de hablar en público que se enfermaba antes de estar frente a un podio, me transformó en alguien que puede caminar en una plataforma sin problema.

De alguien que era tan tímida que ni siquiera iba de compras sola, me transformó en alguien que puede sentarse frente a una cámara de televisión y dar una entrevista.

De alguien que dudaba en dar su opinión si creía que era diferente a la de otros, me transformó en alguien que ha presentado el Evangelio a hindúes, judíos y musulmanes.

De alguien que se sentía atada en una casa insignificante con niños pequeños, me transformó en alguien que consideró como el mayor privilegio de su vida quedarse en casa a cuidar de su esposo.

De alguien que estaba tan consumida por las preocupaciones que tenía distintos problemas estomacales, me transformó en alguien que ha aprendido a descansar en la voluntad del Padre y confiar en Él. Especialmente cuando no lo entiendo.

Si bien el Espíritu Santo ha hecho muchos cambios en mi vida, no todos sucedieron a la vez. Han sido más bien como los ocurridos en el planeta Tierra que se relatan en Génesis 1. Fueron graduales, progresivos, día tras día, a medida que crecía en mi fe, profundizaba mi relación con Jesús, me rendía más a su autoridad absoluta y aprendía a descansar en el poder del Espíritu Santo. Se dice que "la conversión de un alma es el milagro de un momento, pero la creación de un santo es la tarea de toda una vida".[1] Aunque los cambios suceden por medio de la presencia y el poder del Espíritu Santo, se necesita nuestra cooperación para activar su poder con las decisiones que tomamos.

Cualquier observador puede ver con claridad el cambio drástico en la vida de Pedro y es obvio que sucedió no solo porque la presencia del Espíritu Santo estaba en él, sino por algo más. En varias ocasiones, en las Escrituras dice que fue lleno del Espíritu Santo.[2] La pregunta entonces es: ¿qué es la plenitud del Espíritu Santo y cómo podemos experimentarla? Es vital que encontremos la respuesta porque no es una opción de la vida cristiana. Dios nos manda a ser llenos, o plenos, del Espíritu Santo.[3]

Seguramente hay respuestas teológicas más complejas a la primera pregunta, pero una analogía simple puede ayudarnos a entenderlo: te invito a mi casa, pero me aseguro de que las habitaciones a las que entres sean solo las que están presentables. Te invito a pasar a la sala de estar, al comedor o al invernadero, pero me avergonzaría si vieras o entraras al cuarto de lavar, que es un caos. No me gustaría que entraras a mi habitación y a mi baño, los cuales considero que son privados y prohibidos. No me gustaría que subieras las escaleras porque, como casi nunca lo hago, pocas veces limpio o aspiro la planta alta. En otras palabras, eres bienvenido en mi casa, pero no eres libre de sentirte "como en casa", de deambular o de andar por donde quieras.

Esto mismo puede hacerse en el sentido espiritual. Podemos invitar a Jesús en la persona del Espíritu Santo a vivir en nosotros, pero luego le decimos, de cierto modo, que se quede allí junto a la puerta o en las áreas abiertas al público. Le negamos el acceso y el control de esas áreas sensibles que deseamos mantener en privado o esas áreas desordenadas con recuerdos amargos o resentimientos antiguos y llenos de polvo. Tal vez no lo invitamos a esas "habitaciones" llenas de ropa sucia de pecados que no queremos confrontar.

Si queremos experimentar la totalidad del poder transformador del Espíritu Santo, primero debemos estar dispuestos a abrir de golpe la puerta de cada área de nuestra vida e invitarlo a que entre y nos llene.

La confesión de nuestros pecados

Comencemos por el montón de ropa sucia, que sería el pecado con el que debemos lidiar, pero muchas veces nos falta el coraje para enfrentarlo. Un aspecto importante de la llenura del Espíritu Santo es este: Él puede llenar una vasija pequeña o una grande, una vasija vieja o una nueva, una pobre o una rica, una instruida o una sin educación, una hermosa o una sencilla, pero como es un Dios santo y perfecto, no puede llenar una vasija sucia, nuestro pecado no se lo permite.

Para que el Espíritu Santo nos llene, tú y yo no podemos tener cuentas pendientes con Él, debemos confesar nuestro pecado tan pronto como lo identificamos y pedir que nos limpie.

"Ser llenos" del Espíritu Santo es un proceso diario y continuo que, de alguna manera, es similar a la abrumadora tarea de limpiar mi garaje para dos autos. Mantengo un lado del garaje limpio para poder guardar mi auto, pero el otro lado es para depositar las cosas grandes que no entran en el ático, muebles de mis hijos que guardo, bolsas de fertilizante que aún no he utilizado, cortadoras de césped, esparcidores, herramientas de jardinería, macetas, botes de pintura o cualquier otra cosa que no quiero guardar dentro de la casa. De vez en cuando, está todo tan abarrotado que casi no puedo caminar en ese sector. Cuando mi hijo, Jonathan, me preguntó recientemente qué deseaba para Navidad, le dije que deseaba un día de su tiempo para que viniera y me ayudara a limpiar el garaje. Él apareció un día de enero para enfrentar el desastre. Abrió las dos puertas del garaje para que entraran la luz y el aire fresco, luego comenzó con lo primero que encontró y fue abriéndose camino desde adelante hacia el fondo. Algunas pertenencias las apiló y las acomodó cuidadosamente, pero se deshizo de la mayoría de ellas. Cuando terminó, barrió todo y ambos lados del garaje quedaron limpios y ordenados. Desde entonces, cada vez que viene a casa revisa el garaje para asegurarse de que no lo he vuelto a llenar de cosas que no sirven.

Nuestros corazones y nuestras vidas a veces pueden ser como mi garaje. La idea de limpiarlos resulta estresante, pero en vez de enfrentar todo de una vez, tú y yo primero necesitamos abrir la "puerta" y dejar que entren la luz de la verdad de Dios y el aire fresco mediante la oración. Luego, debemos comenzar con lo primero que encontremos. Pídele al Espíritu Santo que te ayude a poner en orden todo lo que encuentres. Tal vez debas lidiar con algunas cosas y otras tengas que eliminarlas de una vez. El Espíritu Santo te ayudará a barrer tu corazón y tu vida para luego llenarlos con su presencia. Él estará revisando todo el tiempo para asegurarse de que te mantengas limpio para Él. Te hará saber si ve que tu corazón se desordena otra vez, como lo ha hecho conmigo en varias ocasiones.

Una de esas veces fue cuando estaba comprando el regalo de Navidad para una de mis hijas. Sabía que ella quería un pijama en especial. Cuando fui a la sección de ropa íntima de la tienda local, encontré exactamente el modelo que buscaba, pero no había la talla adecuada. Luego pensé en una solución inteligente, si me llevaba la parte superior de uno y la combinaba con la parte inferior de otro, tendría lo que buscaba. Miré a mi alrededor para asegurarme de que nadie me viera y cambié las dos perchas. Contuve la respiración mientras iba a la caja con miedo de que la empleada se diera cuenta del cambio que había hecho, pero no lo hizo. Ella registró mi compra, pagué y salí de la tienda satisfecha por haber obtenido un regalo que a mi hija le encantaría.

Mi placer no duró ni siquiera hasta salir del estacionamiento. Me sentí tan triste que apenas podía conducir. Sabía que había robado un pijama. ¡Listo! Lo dije. Robé algo. Al cambiar los pijamas engañé para poder comprar algo que la tienda no tenía en venta. Ya era casi de noche y sabía que debía regresar a casa para preparar la cena para mi familia. No pude regresar a la tienda esa noche, así que tuve que luchar con la vergüenza y la culpa por una noche entera. Te aseguro que no podía orar, no quería leer mi Biblia, me sentía terrible.

A la mañana siguiente, llegué a la tienda antes de que abrieran las puertas a las diez y esperé fuera. Cuando abrieron, fui directo a la sección de ropa íntima, busqué y encontré a la misma empleada. Antes de que me arrepintiera y quisiera retroceder, me acerqué a ella con la bolsa del pijama en una mano y el recibo en la otra. Mirarla a los ojos fue algo muy difícil, pero lo hice. Le dije lo que había hecho, me disculpé y le pregunté si podía devolver el pijama. La expresión de desconcierto de su rostro me decía que no entendía lo que acababa de decir o que nunca nadie le había confesado algo similar. Ella no dijo nada, solo encogió los hombros e hizo el papeleo para la devolución. Salí de la tienda sin el pijama que quería mi hija, pero con el corazón liviano, la conciencia limpia y entendiendo que el Espíritu Santo estaba librando mi vida del "desorden".

Cuando peco, el Espíritu Santo me disciplina con convicción, vergüenza y culpa hasta que siento que me asfixio espiritualmente. Casi no puedo pensar con claridad o respirar, soy consciente de que mi pecado lo aflige y lo lastima.[4] Alguien dijo una vez que Él consuela de la manera más incómoda que haya conocido. Sin duda, esa fue mi experiencia.

Una vez le mentí a mi vecina de al lado en una conversación casual. Ahora no recuerdo bien cuál fue la mentira, pero recuerdo que me sentí muy mal con la convicción del Espíritu Santo hasta que tomé el teléfono, la llamé y le dije que le había mentido, que lo sentía y le pedí que me perdonara. Ella me respondió amablemente que ni lo había pensado. Aunque tal vez ella había pasado por alto mi mentira, mi confesión humilde tuvo un impacto. Primero, tuvo un impacto en mí, pues fue tan doloroso que me sirvió como recordatorio para no repetirlo; pero también tuvo un impacto en mi vecina, que vio mi deseo sincero de hacer lo correcto delante de Dios y, como resultado, ella también quiso hacer las cosas bien con Él. Con el tiempo, ella comenzó a asistir a mi clase bíblica y puso su fe en Jesús. Su vida cambió y la mía también, ya que eso me ayudó a corregir cualquier tendencia a decir algo incorrecto o a disfrazar la verdad.

¿Hay algún pecado que el Espíritu Santo te esté incitando a corregir? (En el Apéndice C, al final de este libro, hay un listado que te puede ayudar para comenzar a confrontar y confesar tus faltas). El dolor, la vergüenza o la humillación total pueden parecer un precio alto, pero son muy efectivos. Lo que recibes por ese "pago" es que el Espíritu crezca dentro de ti.

Rendirse a su supremacía

Para ser llenos del Espíritu, las habitaciones de nuestra vida no solo deben estar limpias, sino que debemos dejar que Él tenga acceso a cada rincón, cada grieta, cada recoveco oscuro, cada recuerdo, cada ambición, cada relación, cada actitud, cada hábito, cada pensamiento y cada acción en nuestra vida. Todas las áreas deben estar bajo su autoridad suprema.

Una de las mejores definiciones de la llenura del Espíritu Santo me la dio un gran maestro de la Biblia que escuché hace algunos años. Alan Redpath era un predicador británico solemne y elocuente que escribió más de una docena de libros y sirvió como pastor en la iglesia bautista de la calle Duke en Londres y luego en la iglesia Moody en Chicago. En un mensaje que lo escuché dar a líderes de grupos de estudio bíblico, el Dr. Redpath definió brevemente la llenura del Espíritu como una entrega diaria al control constante del Espíritu Santo. Nunca he olvidado esas palabras.

La definición del Dr. Redpath implica, por supuesto, que esa llenura no dura para siempre, ya que es un poco como el océano Atlántico que fluye en el Mediterráneo. A medida que el mar Mediterráneo se evapora, el Atlántico fluye en él manteniéndolo lleno. Lo mismo sucede cuando el Espíritu Santo llena nuestras vidas.

Cuando tú y yo recibimos a Jesús en nuestro corazón y nuestra vida, Él viene a vivir en nosotros en la persona del Espíritu Santo, como ya hemos visto. Como el Espíritu Santo es una persona, cuando Él viene a habitar en nosotros, lo tenemos en su totalidad. En otras palabras, los nuevos creyentes tienen la misma porción del Espíritu que los antiguos creyentes, ya que no obtenemos a una persona en partes. Sin embargo, lamentablemente, Él sí parece obtenernos en partes. Nos rendimos a Él los domingos por la mañana cuando estamos en la iglesia, pero no lo hacemos los lunes cuando vamos a la oficina. Nos rendimos a Él los miércoles cuando vamos al estudio bíblico, pero no lo hacemos los sábados cuando salimos con amigos. Rendimos a Él nuestra familia, pero no nuestros negocios; nuestra diversión, pero no lo que comemos; nuestro ministerio, pero no nuestro matrimonio; nuestro pasado, pero no nuestro futuro, y así vivimos...

Piénsalo. Pregúntate si vale la pena el costo de privar al Espíritu Santo de algunas áreas de tu vida, ya que su poder se activa de forma directamente proporcional a lo que rindes y confías completamente a Él.

La Biblia relata que los seguidores de Jesús de la Iglesia primitiva experimentaron muchas llenuras. Sin embargo, es interesante notar que si bien otros describen cómo sus seguidores están llenos del Espíritu Santo, ellos no lo dijeron de sí mismos.[5] Quizá es porque la gente que lo vive está tan enfocada en Jesús y tan concentrada preocupándose por los demás que no tienen conciencia de sí mismos.

Esto hace que me detenga a reflexionar: ¿qué dicen de mí los demás? ¿Qué dicen de ti los demás? ¿Alguna vez alguien te describió como una persona llena del Espíritu? ¿Cómo nos podemos asegurar tú y yo de que hemos entregado cada parte de nuestra vida para poder ser inundados por el Espíritu?

Tómate un momento para realizar un inventario de tu vida. ¿Qué has entregado y qué no? Quizá la siguiente lista te pueda ayudar:

- Alimentación, ejercicio (o la falta de él), diversión
- Profesión, Iglesia, hijos
- Matrimonio, ministerio, recuerdos
- Dinero, motivaciones, métodos
- Placeres, pasatiempos, dolor
- Miedos, familia, fracasos
- Salud, hábitos, esperanzas
- Sueños, decisiones, dudas
- Reputación, relaciones, lecturas
- Estrés, éxitos, enfermedad

- Actitud, ambición, autoridad
- Pasado, presente, futuro

Vuelve a mirar la lista, pero con más detenimiento. Pídele al Espíritu Santo que te señale todo lo que aún no has rendido a su absoluta autoridad y hazlo ahora. Toma intencionalmente la decisión de dejar el control de tu vida en cualquiera de estas u otras áreas que Él te ponga en mente. Cédele la autoridad. No tengas miedo de entregarlo todo. No pienses que saldrás perdiendo, que estarás más triste o más insatisfecho, que no tendrás tanto placer o plenitud. En realidad, la entrega total es el camino a una vida completamente bendecida y llena del Espíritu. (En el Apéndice B, al final de este libro, he resumido los pasos a seguir para permitir que la libertad del Espíritu Santo nos llene sin ningún impedimento).

La decisión de rendirse a Él puede ser difícil porque va en contra de nuestro orgullo y sentido de autosuficiencia. El enemigo de nuestras almas también trabajará arduamente para que nos resistamos a esta decisión. Él sabe que una vez que lo elegimos, Dios nos inundará de una paz y un gozo indescriptibles y derramará una bendición tras otra. En el proceso, "somos transformados a su semejanza con más y más gloria por la acción del Señor, que es el Espíritu".[6]

Cuando lideré las campañas "Solo dame Jesús", desafié a los miles de personas que se reunían en los estadios a rendir todo a Jesús y si en ese momento estaban dispuestos a tomar esa decisión, los invitaba a ponerse de pie, tomar su bandera blanca, que podía ser desde un pañuelo hasta un trozo de papel o un pañal, y a cantar las palabras de un himno antiguo y conocido en forma de oración. Ahora quiero proponerte el mismo desafío. No tengas miedo. Utiliza las palabras de ese mismo himno como tu propia oración:

Todo a Cristo yo me rindo
con el fin de serle fiel;
para siempre quiero amarle,
y agradarle solo a Él.
Todo a Cristo yo me rindo,
y a sus pies postrado estoy;
los placeres he dejado,
y le sigo desde hoy.
Todo a Cristo yo me rindo,
sí, de todo corazón;
yo le entrego alma y cuerpo,
busco hoy su santa unción.
Todo a Cristo yo me rindo,
siento el fuego de su amor.
¡Oh, que gozo hay en mi alma!
¡Gloria, gloria a mi Señor!
Yo me rindo a Él,
yo me rindo a Él,
todo a Cristo yo me entrego,
quiero serle fiel.[7]
Amén.

Si esta es tu oración sincera, entonces alaba a Dios. ¡Alábalo! Él tomará en serio tu entrega. Tu vida acaba de comenzar en muchas formas, porque el poder del Espíritu Santo es más que suficiente para llenarte de sí mismo hasta rebosar.[8] Él te dará una bendición tras otra mientras te transforma en una persona que refleja la belleza de Jesús que vive en ti.[9]

13

SU PODER PARA TRANSFORMAR A OTROS

Mirando hacia atrás a la Iglesia del primer siglo, la única explicación para el impacto que hizo en todo el mundo en una generación es el Espíritu Santo. La tarea que tenían los discípulos era una misión realmente imposible. En su mayoría, eran un grupo ecléctico de hombres incultos y sin preparación de un área rural, totalmente insulsa, del mundo. ¿Cómo podrían convencer a alguien de que Jesús de Nazaret era importante? ¿Cómo podrían convencer a los eruditos judíos, que conocían las Escrituras, las profecías y las ceremonias, de que este Jesús era el Mesías tan esperado? ¿Cómo podrían convencer al público judío, que repetía todos los días: "Escucha, Israel: El SEÑOR nuestro Dios es el único SEÑOR",[1] de que Jesús de Nazaret era Dios hecho carne, el Redentor de Israel? ¿Cómo podrían convencer al mundo romano, que adoraba a muchos dioses, de que solo había un Dios real y vivo y su nombre era Jesús? ¿Cómo fue posible que ya en el año 380 d. C. los discípulos hubieran tenido tanto éxito que el cristianismo se convirtió en la religión oficial del Imperio Romano?

¿Cómo podemos nosotros convencer a alguien de que un hombre que vivió hace dos mil años, que fue sujeto a una ejecución criminal acusado de blasfemia, es importante hasta el día de hoy? ¿Cómo podemos convencer a alguien de esta verdad?

"Porque tanto amó Dios al mundo…". ¿Qué Dios es ese? Todos adoramos a nuestros propios dioses.

"… que dio a su Hijo unigénito…". ¿Un solo hijo? ¿No somos todos hijos de Dios?

"… para que todo el que cree en él…". Esto me suena exclusivo e intolerante.

"… no se pierda…". ¿No se pierda? ¿Juicio? ¿Infierno? ¡Qué medieval!

"… sino que tenga vida eterna".[2] No creo que haya vida después de la muerte.

¿Cómo puedes convencer a otros de que necesitan a Jesús cuando son más jóvenes que tú? Están pegados a sus teléfonos celulares, con auriculares, escondidos en sus capuchas y casi no parecen hablar tu idioma.

¿Cómo puedes convencer a otros de que necesitan a Jesús cuando son mayores que tú? Ellos tal parece que lo saben todo, que lo han oído todo y se las han ingeniado para llegar hasta aquí en la vida sin Él. Gracias, pero no, gracias.

¿Cómo puedes convencer a otros de que necesitan a Jesús cuando son tus pares? Trabajan muy duro y viven para el fin de semana o para esas vacaciones soñadas. Tal vez piensen en la idea de Jesús cuando estén establecidos en sus profesiones o cuando sus hijos vayan a la universidad o cuando sus hijos se casen o cuando su pareja se retire… Ya sabes, cuando sea más conveniente.

¿Cómo puedes convencer a la gente más adinerada que tú de que necesita a Jesús? Ellos tienen todo lo que necesitan y casi todo lo que quieren.

¿Cómo puedes convencer a la gente más pobre que tú de que necesita a Jesús? ¿Qué sabes tú acerca de pasar hambre y la verdadera necesidad?

¿Cómo puedes convencer a la gente que es más inteligente que tú de que necesita a Jesús? Ellos parecen saberlo todo. Además, su confianza en sí mismos es intimidante y hacen preguntas que no puedes responder.

¿Cómo puedes convencer a personas que realmente están heridas y dolidas de que hay alguien que las ama? Ellos encogen los hombros, apartan la mirada y murmuran: "Entonces, ¿dónde estaba Él cuando sucedió esto o aquello? ¿Por qué no lo detuvo? ¿Por qué deja que los inocentes sufran?".

¿Cómo se puede convencer a alguien más de la verdad? ¿Es con lógica? ¿Elocuencia? ¿Razonamiento? ¿Encanto? ¿Humor? ¿Simpatía? ¿Cómo podemos convencer a otra persona de que vea lo invisible, oiga lo inaudible y entienda lo incomprensible?

¡No podemos! Nadie puede. Jesús explica claramente que no es nuestra responsabilidad convencer a la gente cuando les dice a sus discípulos, hablando del Espíritu Santo: "Y, cuando él venga, convencerá al mundo de su error en cuanto al pecado, a la justicia y al juicio [...]. Pero, cuando venga el Espíritu de la verdad, él los guiará a toda la verdad".[3]

No nos han ordenado a ti y a mí que tengamos éxito al hablarles a otros de Jesús. No nos han mandado a llevar a otros a poner su fe en Él. Nos ordenaron simplemente que seamos fieles en declarar la verdad. ¡Alabado sea Dios! La carga de la responsabilidad es del Espíritu Santo cuando viene a convencer a otros de la verdad de su propio pecado y de su necesidad de un Salvador.

La transformación no es por nuestras fuerzas

He tenido el privilegio de compartir la verdad con muchas personas a lo largo de los años, algunas veces en encuentros personales y otras en grupos más grandes. Uno de mis recuerdos más bonitos es el de una hermosa señora mayor, una querida amiga que asistía a mi clase de estudio bíblico. Elizabeth siempre está impecable, perfectamente peinada, con una expresión encantadora y muy elegante. Ella es una auténtica dama sureña. Le compartí el Evangelio en muchas ocasiones, pero siempre se ofendía. Se enfurecía ante la idea de que necesitaba nacer de nuevo. Ella insistía en que era cristiana, iba a la iglesia, su esposo enseñaba en la escuela dominical y creía que Jesús era el Hijo de Dios…, pero no estaba segura de que Él fuese el único camino hacia Dios. Ella tenía muchas preguntas sobre la Biblia y defendía a las personas que seguían otras religiones. Debido a mi amor por ella, intenté una y otra vez convencerla de la verdad: que necesitaba nacer de nuevo.

Un día estábamos sentadas en mi patio frontal y le pregunté directamente si alguna vez había confesado su pecado, si se había arrepentido y le había pedido a Dios que la perdonara y la limpiara con la sangre de Jesús. ¿Podría señalar un momento donde hubiera abierto su corazón e invitado a Jesús no solo como su Salvador, sino también como su Señor? Hice énfasis en nuestro estudio bíblico reciente donde Jesús decía que ella debía nacer de nuevo si deseaba ver el reino del Cielo.[4] Para mi angustia, esta señora elegante, que siempre mostraba un perfecto autocontrol, se ofendió tanto que se puso de pie, subió a su auto y se fue de mi casa. Por el resto del día, me culpé por haberla presionado tanto, pero seguí orando por ella.

Varios días después, Elizabeth me llamó y me preguntó si podía venir. Por supuesto que le dije que sí, y luego comencé a inquietarme por su visita. ¿Vendría a hacer un escándalo? ¿Vendría con artillería pesada para utilizar en sus argumentos contra el Evangelio cuando se trata de ella? Cuando oí el timbre esa mañana, la invité a pasar y, muy preocupada, me senté con ella en la sala de estar. Ella comenzó a contarme que luego de irse furiosa la semana anterior, ese mismo día asistió a una reunión social. Otra amiga, que estaba en la misma clase bíblica, entró y Elizabeth, aún furiosa por nuestra conversación, se desahogó con ella acerca de su enojo y su frustración. Esta amiga la miró directo a los ojos y le dijo:

—Elizabeth, ¿por qué no haces lo que dijo Anne y ves si cambia algo? ¿Por qué no oras, confiesas tu pecado y le pides a Jesús que te perdone y venga a tu corazón? No le haces daño a nadie si lo intentas.

Mientras me contaba lo que sucedió después, la expresión de Elizabeth era cariñosa y sus ojos brillaban. Esa misma noche, ella y su esposo se fueron a la playa para pasar unos días de descanso y relajación. Era tarde en la noche y Elizabeth viajaba en el asiento trasero del auto para descansar mientras su esposo conducía. Le vinieron a la mente las palabras que su amiga le había dicho en la fiesta y las pensó bien. En ese momento, con su esposo distraído en el asiento delantero, ella decidió hacerle caso a la sugerencia de su amiga. Oró, confesó su pecado, pidió perdón e invitó a Jesús a vivir en su corazón. Nunca olvidaré su expresión maravillosa de alegría mientras decía:

—Anne, ¡sentí que me habían quitado una carga! ¡De repente se me quitó un peso que no sabía que estaba llevando! Anne, ¡*sé* que nací de nuevo! —¡Y así fue!

He podido ver la diferencia que Jesús, en la persona del Espíritu Santo, ha hecho en la vida de Elizabeth. Ella aún tiene dudas, porque su mente es curiosa, pero ya no discute. En lugar de eso, recibe las respuestas. Se ha convertido en una fuerte mujer de oración, que guía a otros a la presencia de Dios y comparte activamente su fe.

Una vez más, recuerdo que "No será por la fuerza ni por ningún poder, sino por mi Espíritu —dice el SEÑOR Todopoderoso—".[5] Todas mis palabras no sirvieron de nada hasta que Elizabeth, por voluntad propia, se volvió al Señor. Y estoy convencida de que, si bien mis palabras y las de otros la desafiaron, la única razón por la que lo hizo fue porque el Espíritu Santo la atrajo hacia Él.

Otro ejemplo del poder de convicción del Espíritu Santo es el de un muchacho al que llamaré Joe. Él nació y creció en un hogar religioso con padres muy estrictos. No parecían saber nada del amor de Dios, su gracia y su perdón; por lo tanto, Joe tampoco. Durante ocho años, su vecino abusó de Joe física y verbalmente y lo introdujo a la pornografía. Como resultado, Joe estaba convencido de que era indigno, pensaba que nadie podía amarlo y que no encajaba. Nunca dijo nada acerca del abuso o la adicción, simplemente, caminaba por la vida intentando escapar de las voces en su cabeza que lo condenaban.

Joe intentó escapar de su conflicto mental y emocional saliendo con chicas, luego con el deporte, el dinero (mucho dinero), las drogas, el alcohol, una casa que parecía un palacio, autos lujosos, ropa de diseñador, viajes a destinos exóticos. Llegó a ser el número uno en rentabilidad y el número dos en ventas dentro de su empresa, pero nada podía borrar su vergüenza.

Cuando aumentó la presión laboral y la demanda fue más grande, se volcó a la cocaína. Gastaba mil dólares por semana para alimentar este hábito, fumaba tres o cuatro paquetes de cigarros por día y bebía una pinta (casi medio litro) de licor todas las noches para intentar dormir. Luego, comenzó a apostar.

Al final, Joe se internó en cuatro clínicas de rehabilitación diferentes, pero no tuvo éxito. Se casó con su novia después de que ella quedara embarazada, pero luego ella tomó al bebé y se fue. Lo despidieron, perdió sus autos de lujo y quedó en quiebra. Ya había aspirado un cuarto de millón de dólares en cocaína y no tenía nada más que montañas de deudas. Debía los impuestos, las tarjetas de crédito y a los traficantes de droga. Se declaró en bancarrota y empeñó todo lo que tenía para comprar más droga. Les robó a sus amigos y se escapó de la ley y de los traficantes.

Joe terminó en la calle, sin esperanza, sin dinero, solo y con pensamientos suicidas. En su cabeza tenía voces que le decían que no merecía nada y que nadie podía amarlo, y cada vez las oía más alto.

Entonces, llegó el Espíritu Santo.

Un día, Joe se encontró con Ed, un chico con el que había salido de fiesta en el trabajo. Ed le dijo que ya no se iba de fiesta porque Dios había cambiado su vida y Joe se despidió. Durante un año más, siguió huyendo de la vida y robando para pagar sus hábitos. Luego, se volvió a topar con Ed. Cuando lo invitó a la iglesia, Joe fue y escuchó hablar del Evangelio por primera vez. Regresó dos veces más a la iglesia y, en su tercera visita, Joe fue hacia adelante al momento de la invitación, entregó su vida a Jesús y se arrepintió.

Tres meses después, Joe estaba limpio y sobrio. Había dejado de fumar y de consumir cocaína, ya no deseaba hacer ninguna de las dos cosas. Las cadenas de la adicción se cortaron. Con el tiempo, consiguió gente que lo ayudó con las deudas, devolvió todo lo que debía y restauró su relación con la familia de su antigua esposa y su hijo. No recuperó su antiguo trabajo, pero Dios le abrió una puerta en otra empresa, donde le va muy bien.

La única explicación para el cambio rotundo en la vida de Joe es el poder del Espíritu Santo. Jesús lo hizo libre. Él descubrió que alguien lo amaba y que era valioso para alguien, ya que Jesús había dado su vida por él. También descubrió que su identidad estaba en lo que Jesús pensaba de él, no en lo que su vecino le había dicho.

La transformación es por su poder

¿Conoces a alguien que necesita cambiar? ¿Un adolescente desobediente que muestra signos tempranos de rebeldía? ¿Un compañero de clase que se emborracha? ¿Un compañero de trabajo cuyo lenguaje obsceno contamina el ambiente de la oficina? ¿Un líder de la iglesia que ejerce la autoridad sin compasión? ¿Un hermano que es adicto a la pornografía? ¿Una hermana soltera que visita una clínica abortiva, por tercera vez? ¿Un padre buscando emociones durante una crisis de la mediana edad?

¿Cuántas veces le has dicho a una persona que necesita cambiar? Tal vez la has llamado, le has mandado un mensaje, escrito o hablado, intentando mostrarle las consecuencias extremas del camino que él o ella han escogido, y ha sido en vano. Tal vez te has enojado o frustrado al punto de que tu relación está un poco tensa y quizá ya esté hasta rota. Piensa si tal vez tu amor y tu preocupación genuinos, pueden llegar a verse como soberbia o como una crítica.

Sin darnos cuenta, podemos estar intentando hacer el papel del Espíritu Santo en la vida de los demás. Especialmente, en la vida de nuestros hijos adultos, sus esposas o nuestros nietos. Una cosa es dar una sugerencia o un consejo, pero otra muy distinta es intentar convencerlos del pecado. No funciona. Lo sé porque lo he intentado. Cuando he buscado convencer a alguien de su mal comportamiento, no solo no he podido ayudarle, sino que he terminado complicando la relación al punto de que no escucha nada de lo que tenga que decir.

Es un gran alivio saber que no es mi trabajo convencer a nadie sobre el pecado, esa es la tarea del Espíritu Santo. Eso me da la libertad de amar a las personas tal como son. Sí, puedo aconsejarlas o darles una sugerencia si están abiertas a ello. Sí, puedo decirles la verdad del amor. Sí, puedo señalar las posibles consecuencias de su pecado. Sin embargo, al final, lo más efectivo que puedo hacer es orar por ellas con un corazón lleno de amor, porque el poder de transformar solo lo tiene Él.

El apóstol Pablo se preocupó tanto por los demás que, luego de su propia experiencia de salvación, dedicó su vida no solo a llevar a otros a la salvación por medio de la fe en Jesucristo, sino también a ayudarlos a madurar en su fe y su devoción. Lloró por ellos, les predicó, se jactó de ellos, pero, al final, los confió al único que era el guardián de sus almas.

¿Por quién estás llorando, como lo hizo Pablo? ¿A quién le estás dando testimonio? ¿A quién te estás dedicando a ayudar para que su fe crezca y madure? A veces es difícil saber hasta cómo orar por aquellos a los que queremos mucho. Escribe sus nombres y utiliza las palabras de la oración hermosa y sincera de Pablo por los creyentes efesios para orar por aquellos en los que deseas ver un cambio:

> Le pido que, por medio del Espíritu y con el poder que procede de sus gloriosas riquezas, los fortalezca a ustedes en lo íntimo de su ser, para que por fe Cristo habite en sus corazones. Y pido que, arraigados y cimentados en amor, puedan comprender, junto con todos los santos, cuán ancho y largo, alto y profundo es el amor de Cristo; en fin, que conozcan ese amor que sobrepasa nuestro conocimiento, para que sean llenos de la plenitud de Dios.[6]

Cuarta parte

ABRAZAR EL PROPÓSITO DEL ESPÍRITU SANTO

Así, todos nosotros, que con el rostro descubierto reflejamos como en un espejo la gloria del Señor, somos transformados a su semejanza con más y más gloria por la acción del Señor, que es el Espíritu.

2 Corintios 3:18

Como yo, tal vez alguna vez has pensado en tus prioridades de la misma forma en que planeas los propósitos de Año Nuevo. Esa lista puede ser algo así:

- Perder peso
- Empezar a hacer ejercicio
- Beber menos gaseosa dietética
- Beber más agua
- Comer menos azúcar
- Leer más libros
- Acostarme más temprano
- Levantarme más temprano

De la misma manera en que, al utilizar una escopeta para dispararle a una mosca, esperamos que al menos uno de los cientos de perdigones le dé, definimos estos propósitos esperando cumplir al menos uno de ellos para sentirnos mejor al final del año. La realidad es que pocas veces los mantenemos hasta el mes siguiente, mucho menos durante los doce meses.

Lamentablemente, muchos de nosotros vivimos con esta misma filosofía. Nos falta claridad para dar prioridad a nuestros días porque no tenemos bien definido nuestro propósito en la vida. Esto nos deja simplemente reaccionando a los desafíos y oportunidades. Al final, nos encontramos con una vida que, en el mejor de los casos, está dispersa, como un perdigón, con pocas cosas que valen la pena mostrar de ella o, en el peor de los casos, está desperdiciada y carece de importancia eterna. Lo que todos necesitamos es un propósito bien definido por el cual vivir.

¿Cuál es el propósito de tu vida? Para ser honesta, cuando era joven, nunca pensé mucho hacia dónde iba mi vida. Mi meta solo era terminar el año escolar para poder comenzar el siguiente. Tenía la motivación para hacer todo lo mejor que podía, pero, en realidad, solo quería graduarme para terminar ese grado de educación. Nunca tuve un gran deseo de llegar más alto. Al poco tiempo, Danny Lotz llegó a mi vida y me llevó al altar.

No sé bien en qué momento los sentimientos de vacío comenzaron a carcomerme por dentro, pero recuerdo estar en la cama una noche, mirando por la ventana con mi esposo durmiendo silenciosamente a mi lado. Miraba hacia el cielo salpicado de estrellas y sentía que deseaba algo más. Era un deseo que no estaba completo con el nacimiento de nuestro primer hijo o con el estudio bíblico de los domingos que dábamos a los atletas en nuestra casa o el estudio de los martes que compartía con muchas otras mujeres jóvenes de mi edad. En realidad, la rutina de las responsabilidades solo intensificaba mi deseo (la rutina era hacer la cama, preparar el desayuno, lavar los platos, ir a trabajar, lavar la ropa, preparar la cena, lavar los platos, acostarme, dormir y repetir esa misma secuencia completa al día siguiente).

Mirando hacia atrás, sé que ese anhelo en el fondo de mi ser era un deseo por una vida que tuviera un significado, un motivo para vivir que fuese más grande que yo. Anhelaba tener un propósito.

¿Qué hay de ti? ¿El propósito por el que vives aún continúa desafiándote y llenándote? ¿O también sientes un vacío que te inquieta por dentro? ¿Deseas vivir por algo más? ¿Algo más grande? Si es así, tal vez nos pueda alentar el hecho de que muchas personas buscan un sentido al igual que nosotros. Podemos verlo en las grandes ventas del popular libro *Una vida con propósito*, en el que el autor, Rick Warren, se centra en una pregunta que es casi universal: ¿para qué estoy aquí en la tierra?

Este deseo de sentido también se ve en la gran popularidad de las *selfies*, Snapchat, Instagram y Facebook. Hoy la gente hace cosas extravagantes que la generación anterior hubiera considerado vergonzosas e inaceptables. Se desnudan, insultan, marchan, ostentan y, en general, suplican reconocimiento, popularidad y notoriedad. ¿Por qué? ¿De dónde viene ese deseo por algo más grande? ¿Por qué nos estimula desear una vida que sea más que ordinaria?

Puede haber dos respuestas: una es que estamos creados a imagen de Dios, y poseemos la capacidad de conocerlo en una relación personal y permanente, con el propósito de darle gloria. Hasta que no consigamos ese propósito, estaremos insatisfechos y descontentos, tratando de llenar el vacío con cosas sustitutas.[1]

Pero ¿qué hay de aquellos que hemos desarrollado una relación personal y permanente con Dios por medio de la fe en Jesucristo? ¿Por qué algunos aún estamos inquietos e insatisfechos, deseando algo más? La única respuesta viable parece ser el Espíritu Santo, que comienza a formar en nosotros un deseo de vivir con un propósito mayor que nosotros mismos.

Hace unos años tuve el gran placer de asistir a un concierto sinfónico al aire libre en Viena, Austria. Una amiga y yo nos sentamos en sillas plegables acomodadas en semicírculo alrededor del escenario de una pequeña concha acústica. Era fascinante ver a los músicos ubicarse y escuchar sus notas disonantes mientras afinaban los instrumentos. Luego de unos momentos, todo quedó en silencio. En medio de una atmósfera expectante, un hombre pequeño subió al escenario y alzó una batuta en su mano derecha. Cuando la movió, agitándola, señalando y dirigiendo a los músicos frente a él, el sonido fue algo maravilloso. Aunque no soy experta, sé que sin el director, tal vez hubiésemos oído sonidos, pero no esos valses increíblemente hermosos de Johann Strauss que llenaban el parque.

En algunos aspectos, nuestra vida es como una sinfónica y el Espíritu Santo es el director. Él es quien lleva adelante la hermosa música de una vida que glorifica a Dios. Como el director con su batuta, el Espíritu Santo nos aviva, nos guía, nos enciende, nos forma y nos equipa hasta que nuestras vidas resuenan con la gloria del Señor.[2]

14

ÉL NOS DESPIERTA

Cuando estaba recién casada, mirando al cielo por la noche y deseando algo más en la vida, supe que el Espíritu Santo estaba sobrevolando mi corazón y mi mente para despertar mi vida espiritual, como cuando sobrevoló la Tierra en el principio para darle vida física. Creo que Él motivó mi espíritu y despertó mi deseo de salir de esa fe mediocre y mundana para seguir a Dios. No hay otro motivo para justificar la pasión intensa que aún siento de darle la gloria a Dios al cumplir su voluntad para mi vida. Mi padre decía: "La única explicación para Anne, es el Espíritu Santo", y creo que papá tenía razón.

Para transformarnos a la imagen de Jesucristo y darle gloria al reflejar su imagen y carácter cada vez más, el Espíritu Santo motiva, o despierta, nuestra vida espiritual.[1]

Él nos despierta a la vida

El Espíritu Santo nos despierta cuando no somos salvos, no creemos o estamos fuera de la familia de Dios, para llevarnos al punto donde reconozcamos que somos pecadores, renunciemos a nuestro pecado, vayamos a la cruz y proclamemos a Jesús como nuestro

Salvador y Señor. Nuestro renacimiento es el resultado de su milagro vivificador en nosotros.[2] Cuando era niña, supe sin duda que Él me había despertado a la vida espiritual cuando confesé mi pecado, pedí perdón, invité a Jesús a mi corazón como mi Salvador y le rendí mi vida a Él como mi Señor. Ahí supe que había nacido de nuevo en la familia de Dios, que tenía su vida dentro de mí.

Aunque este despertar espiritual es difícil de describir, es similar al despertar físico que experimenta una mujer cuando tiene un bebé en el vientre. Luego de atravesar meses de infertilidad y haber tenido dos abortos espontáneos, nunca voy a olvidar cuando me dijeron que estaba embarazada nuevamente y lo que fue llevar en mi vientre al bebé que pronto comencé a sentir dentro de mí. Cualquier mujer que haya tenido a su hijo sabe la emoción de sentir ese primer aleteo que confirma todo lo que el doctor viene diciendo: ¡un bebé está en camino! Ya no le queda duda de que una vida está creciendo en su interior.

Él nos despierta al crecimiento

Cuando nacemos de nuevo y tenemos su vida en nosotros, el Espíritu continúa despertándonos o estimulándonos para madurar en la fe.

Nuestra conciencia del despertar del Espíritu en nosotros puede comenzar con un pequeño aleteo. Solo un simple deseo, una pequeña chispa de fe, una pequeña decisión. Jesús lo explica así: "El espíritu es el que da vida; la carne para nada aprovecha; las palabras que yo os he hablado son espíritu y son vida".[3] En mi experiencia, el despertar de la vida espiritual ha venido junto con la lectura y el estudio de la Palabra de Dios.

Esto fue lo que yo viví como una madre joven con tres niños pequeños. El Espíritu ya había estado despertándome y motivando en mí el deseo de ser una mejor madre y esposa. Había observado la paciencia de mi propia madre y su devoción para criar cinco niños sin la presencia de mi padre todos los días en casa, y quería lo que ella tenía. Llegué a la conclusión de que su fuerza interior y su belleza venían del tiempo que ella pasaba con el Señor en oración y leyendo la Biblia. Aunque quería lo mismo, me faltaba la voluntad para hacer de esa disciplina un hábito constante. Mirando al pasado, sé que fue el Espíritu Santo el que plantó ese deseo en mi corazón y luego me motivó hasta que comencé a actuar.

La primera vez que me hablaron del programa de grupos de estudio bíblico, lo vi como una respuesta posible a mi propia necesidad. Cuando nadie más accedió a comenzar la clase y enseñar, yo tomé ese papel. Sabía que, si yo la daba, la preparación de la lectura semanal me obligaría a estar más tiempo con las Escrituras. Tenía razón, fue así. Como resultado, creo que con el tiempo me convertí en una mejor esposa y madre; no tanto como mi madre, pero mucho mejor de lo que hubiera sido sin la responsabilidad de llevar a cabo esas clases.

En el primer año nos asignaron el libro de Génesis. Si bien amaba cada enseñanza y aplicación que tienen los primeros once capítulos, mi meta de vida tomó forma al comenzar con el capítulo doce. Al estudiar la vida de Abraham, él parecía salir de las páginas de la Biblia y meterse en mi vida. Lo veía como a un hombre común que vivió una vida extraordinaria con propósito, fundamentalmente porque siguió a Dios en fe y obediencia, un paso a la vez, durante toda su vida. Él no era perfecto. A veces fallaba de forma terrible. Sin embargo, Abraham nunca se rindió. Nunca volvió a su antigua manera de vivir. El resultado no solo fue que Abraham y sus descendientes fueron bendecidos ricamente con una relación comprometida con Dios, sino que también Abraham forjó una amistad con Dios.

Abraham no dijo que Dios era su amigo, pero Dios lo dijo tres veces en las Escrituras.[4] Eso para mí es increíble, inspirador. Si yo te dijera que soy amiga de la reina de Inglaterra, te reirías de mí, creyendo que estoy exagerando un poco. Sin embargo, si la reina dijera que Anne Lotz es su amiga, eso sería diferente.

Así que, en ese momento, luego de haber enseñado por solo unos meses, sabía que ese era mi deseo. Quería, y aún quiero, tener tal relación con Dios que un día Él me llame su amiga. Mi razonamiento era que, si Abraham pudo conocer a Dios en una relación que Él mismo describió como amistad, ¿por qué no podría hacerlo yo?

Si bien ningún ser humano con mente finita podrá entender la altura, la profundidad, la anchura y la longitud de quién es Dios, tomé la decisión de conocerlo cada día más. Hoy quiero conocerlo un poco más que ayer, y mañana, más que hoy.

Mientras pensaba en lo que significa conocer a Dios, pensaba en aquellas personas de la Biblia que lo conocieron y decidí que quería conocerlo como ellos lo hicieron.

Noé lo conoció como su refugio en la tormenta y su salvación del juicio.

Abraham, como su amigo.

Agar, como el Dios que nos ve.

Moisés, como el libertador y el que rompe las cadenas de la esclavitud, el que abre caminos donde no los hay.

Josué, como el capitán de los ejércitos del Señor.

Elías, como el que da el fuego, manda la lluvia y un susurro apacible y delicado.

David, como el pastor.

Isaías, como el Señor de gloria que está sentado en el trono.

Mesac, Sadrac y Abednego, como el Hijo de Dios que estaba con ellos en el fuego.

Daniel, como el que les cierra la boca a los leones.

María, como un bebé en su humanidad.

María, Marta y Lázaro, como la resurrección y la vida.

Pedro, como el perdonador y restaurador.

Pablo, como el redentor que tiene poder para transformar.

Juan, como el Rey de reyes y Señor de señores que reina para siempre.

¿Por qué tú y yo no podemos conocer a Dios de la misma forma en que lo hicieron ellos? Si Dios es el mismo ayer, hoy y siempre, como dice la Biblia, eso significa que no ha cambiado.[5] Así que si no lo conocemos como lo hicieron las personas de la Biblia, no hay nada de malo con Dios, pero sí hay algo mal en nosotros.

Cuando entendí eso, me dispuse a buscar esa amistad con Dios paso a paso, por el resto de mi vida.[6] La única explicación válida para haber llegado a esa decisión, en primer lugar, y luego mantenerla es el despertar del Espíritu Santo. Él me ha dado un deseo insaciable de crecer en mi fe y en mi relación con Dios, para conocerlo, amarlo, obedecerlo y servirlo. Aunque ese deseo me ha motivado a lo largo de mi vida, también me llevó a encontrar eso que buscaba: una vida con propósito, una vida que haga una diferencia positiva y eterna en la vida de otros, una vida que glorifique a Dios diariamente mientras persigo la meta de crecer en la fe y en el conocimiento de Él.

¿Qué hay de ti? Si estás seguro de que eres salvo y por lo tanto sabes que tienes una relación personal y permanente con Dios, ¿has frenado el privilegio de llegar a conocerlo de verdad? ¿Cuánto conoces su carácter? ¿Sabes lo que quiere, lo que lo complace? ¿Conoces sus planes, la grandeza de su poder, lo que piensa de ti y de tu familia? ¿Has experimentado el cumplimiento de sus promesas?

¿Qué metas te has puesto para cumplir el propósito de tu vida? Como veremos con más detalle en el próximo capítulo, el propósito principal de nuestras vidas es glorificar a Dios y disfrutarlo en el proceso. En otras palabras, debemos vivir de tal manera que cuando otros nos vean, nos oigan o nos conozcan, sean atraídos hacia Dios y quieran conocerlo también.[7] Para lograr ese propósito, necesitamos colocarnos en nuestros papeles específicos. Ahora, literalmente, soy una viuda y una huérfana. Quiero que otros vean cómo sería Jesús si Él también fuera viudo y huérfano, y darle gloria a través de la forma en que desempeño esos roles. También soy una madre y una abuela, quiero vivir de tal manera que cuando otros me vean, puedan ver cómo sería Jesús si fuese una madre para mis hijos y una abuela para mis nietos, con el fin de que ellos quieran conocerlo por sí mismos. Si eres doctor, entonces tu meta es mostrarle a la gente cómo sería Jesús si fuese un doctor, para que quieran conocerlo ellos mismos. Si eres maestra, tu meta es mostrarle a la gente cómo sería Jesús si fuese una maestra, para que quieran conocerlo ellos mismos. Si eres un abogado, muéstrale a la gente cómo sería Jesús si fuese abogado, con el mismo fin. Si eres un cocinero, un político, un empleado de comida rápida, un trabajador del correo, una niñera, un agente inmobiliario, un conserje…, no importa lo que seas, tu meta es acercar a las personas a Jesús a través de lo que eres, haces y dices para que quieran conocerlo ellos mismos. Lograr esa meta te ayuda a cumplir el propósito de tu vida de glorificar a Dios.

Él nos despierta al servicio

Si bien todo lo anterior es verdad, tú y yo también tenemos un papel específico que cumplir relacionado con el propósito de nuestra vida.[8] Este es el servicio.

Cuando nuestra relación con el Padre crece al punto de que lo amamos con todo nuestro corazón, mente, alma y fuerzas; cuando experimentamos el gozo profundo, la paz constante y la gratitud de saber que somos miembros de su familia y que su hogar celestial es nuestra herencia, es entendible que nos motivemos a vivir de tal manera que busquemos devolver la deuda suprema de amor que tenemos con Él.[9]

El *amor* no es solo un sustantivo, es un verbo, y el Espíritu Santo despierta, o estimula, nuestro amor por Dios a tal punto que deseamos hacer algo por Él. Eso es el servicio. No es algo que debemos hacer, es algo que queremos hacer. Es un desborde de nuestro amor y adoración por aquel que conocemos. El apóstol Pablo lo expresa así: "Dios ha derramado su amor en nuestro corazón por el Espíritu Santo que nos ha dado".[10] "Dios es quien produce en ustedes tanto el querer como el hacer para que se cumpla su buena voluntad".[11]

Una forma de descubrir el servicio específico que Dios tiene planificado para ti es mirar hacia atrás en tu vida. ¿Qué ha puesto Dios en tu almacén de experiencia?[12] Dios no actúa por capricho, Él es muy intencional con lo que nos permite vivir, así que piénsalo bien. Si tus padres han sido abusivos o alcohólicos, tal vez Él quiera usar y redimir tu sufrimiento para que puedas ayudar a otros que tienen un trasfondo similar. Si has atravesado un divorcio, cáncer, bancarrota o algún desastre similar, tal vez Dios te ha preparado para ministrar a otros que han pasado por experiencias similares. Si has sido un vagabundo o el gerente de una de las mayores empresas del país, tal vez Dios te quiere usar para alcanzar a otros que están en la misma posición.

¿Lo ves? ¡Esto hace que la vida sea emocionante! ¡Nada se desperdicia! Todas tus experiencias de vida valen la pena y pueden utilizarse para lograr un impacto eterno en la vida de alguien más. Entonces, el Espíritu Santo nos puede llenar de gracia para despertarnos a mirar más allá de nosotros, de nuestro propio dolor, sufrimiento, felicidad o éxito, para alcanzar y ayudar a alguien más.

Viví esto de una forma poderosa cuando me diagnosticaron cáncer. De inmediato sentí una paz profunda y una gran sensación de expectativa que nunca se fue. Uno de los motivos, además de las oraciones por mí de miles de personas, fue que el Espíritu Santo me despertó a mirar más allá de mí misma y a ver a decenas de miles de personas que sufrían como yo. Personas que quizá dudaban de su amor, su presencia y su bendición debido a lo que estaban atravesando. Me sentí honrada, y privilegiada, por sufrir con ellos, solo para mostrarles el amor de Dios, su presencia, su bendición, su total devoción y su compañía constante.

En la tercera parte te conté la historia de Joe, a quien Jesús redimió y transformó por el poder del Espíritu Santo luego de trece años de adicción a la cocaína y al alcohol, y de haber sufrido todas las consecuencias físicas, prácticas, emocionales y profesionales que le trajo el pecado. Pero su historia no termina allí, Joe comenzó a alcanzar personas que estaban como había estado él. Comenzó a alimentar a los que no tenían hogar e inició un ministerio de recuperación para aquellos que luchaban contra el abuso de sustancias y contra sus propias voces que les decían que eran insignificantes e indignos. También se involucró en el ministerio en la cárcel y, como resultado, Joe descubrió un propósito mayor para su vida que nunca creyó posible, un propósito que lo ha llevado de vuelta a las calles de la ciudad y a las cárceles para compartir la esperanza y la libertad que encontró en el perdón y la gracia de Jesucristo.

Mientras me siento a escribir la historia de Joe, él me cuenta que, en una visita reciente a la cárcel, un preso le confesó que mató a su esposa y al novio con quien lo engañaba. En ese momento, Joe le contó su propia experiencia luego de su conversión y la transformación por el poder del Espíritu Santo. Joe se había casado por segunda vez, en esta oportunidad, se comprometió a ser un esposo piadoso y semejante a Jesús para esa mujer a la que se dedicaría. La sirvió como hubiera servido al Señor, no solo dándole lo que necesitaba, sino también haciendo su mejor esfuerzo para hacer su vida más fácil, realizando las tareas tediosas de limpieza. Durante quince años, todo pareció perfecto y ambos servían juntos al Señor. Hasta que un día ella se fue a vivir con otro hombre con el que jugaba al tenis. Joe hizo todo lo que pudo para recuperarla, pero dos años después se divorciaron. En sus propias palabras: "Durante ese tiempo me acerqué más a Dios. No hui, ni intenté escapar. Por su gracia y su misericordia pude mantenerme firme durante ese dolor, pero Dios estuvo allí".

Mientras Joe le contaba su propia experiencia al preso, el hombre corpulento cayó en sus brazos y lloró como un bebé. Luego le entregó su corazón a Jesús. Al darle vida a alguien que había sufrido algo similar a lo que le había sucedido a él, Joe pudo sentir el propósito de Dios de una forma nueva. Una vez más experimentó en primera persona que el Espíritu Santo puede utilizar nuestras piezas rotas para llevar bendición y vida a otros, ¡y para glorificar a Dios!

Tómate un momento para reflexionar. ¿Qué hay en el depósito de tu experiencia de vida? ¿Cómo puedes utilizarlo para cumplir el propósito de glorificar a Dios aprovechando tus experiencias para ayudar a alguien más? ¿Quién se beneficiaría al conocer la fidelidad de Dios para redimirte y acompañarte? Piénsalo. ¿El Espíritu Santo te está despertando para abrazar su propósito en ti utilizando tus vivencias, por más difíciles y complejas que sean, para ayudarte a cumplirlo?

15

ÉL NOS GUÍA

Para evitar una vida mal encaminada, los institutos de liderazgo y los seminarios dicen que necesitamos determinar cuál es nuestro propósito y fijar metas para cumplirlo. Luego, las prioridades que establecemos son escalones que utilizamos para alcanzar esas metas y, finalmente, alcanzar el propósito. Para poner esto en práctica como seguidores de Jesucristo, necesitamos determinar nuestro propósito universal, fijar metas claras y definidas que nos ayudarán a cumplirlo y luego establecer prioridades que nos permitan alcanzar las metas que hemos fijado.

Necesitamos una guía personal y consistente que nos mantenga enfocados.

Cuando era niña, crecí en las montañas. La aparición del azulejo índigo, un pájaro pequeño azul cobalto con alas negras, anunciaba el comienzo del verano. Solía posarse en lo más alto del arce justo fuera de la cerca que delimitaba nuestro patio delantero. El inconfundible sonido de su canción resonaba en Little Piney Cove (nombre que mi madre le daba cariñosamente a nuestra casa). Al escucharlo, yo corría a buscar los binoculares de mi padre, que guardaba en una gran bolsa de cuero color café en su estudio, los sacaba de la bolsa muy cuidadosamente, iba hasta el pórtico, presionaba los binoculares contra mi rostro y luego apuntaba en dirección al sonido del pájaro. Pero todo se veía borroso..., las montañas, los árboles, la cerca y el césped. Entonces, giraba la pequeña rueda entre los oculares y, al hacerlo, todo se volvía nítido. Allí estaba él, balanceándose en lo más alto del arce, con su pico hacia el cielo cantando con todo el corazón.

De la misma forma, cuando decidimos fijar nuestros ojos en Jesús, buscar la justicia, vivir por la verdad y cumplir el propósito de Dios para nuestra vida, el Espíritu Santo nos guía y refina nuestro enfoque en medio de las distracciones y las confusiones de la vida.

Si has tomado esta decisión, ¿en qué has enfocado tu vida entera? Si eres honesto, ¿dirías que tu enfoque es multifacético? ¿Un poco borroso por todas las responsabilidades y exigencias? ¿El propósito de tu vida es ser bueno? ¿Ser santo como Él? ¿Estar lleno del Espíritu Santo? ¿Guiar a otros a la fe en Jesucristo? ¿Mantener tu fe a través de las pruebas de la vida? ¿Aprender a orar con poder? ¿Llegar al Cielo con abundantes recompensas para dejar a sus pies? Aunque esas pueden ser metas increíbles, ninguna llega a ser ese propósito universal por el que valga la pena vivir. Tal vez es tiempo de pedirle al Espíritu Santo que gire la "rueda" y ajuste nuestro enfoque.

Antes de bautizarme a los nueve años en la iglesia presbiteriana de Montreat, tuve que memorizar el Catecismo Menor de Westminster. Años después, me di cuenta de que el Espíritu Santo usaría eso para guiarme en mi propósito personal. Él me dio el propósito al enfocarse en la única pregunta y respuesta que realmente puedo recordar: "¿Cuál es el fin principal del hombre? El fin principal del hombre es glorificar a Dios y gozar de Él para siempre".[1] En ese momento no comprendí la importancia de esa breve declaración, pero ahora entiendo que señala nuestro propósito, nuestro "objetivo principal" como seguidores de Jesús: glorificar a Dios. Simple y claro. En todo lo que hacemos, en todo lo que decimos y en todo lo que somos.

Ese propósito universal enfoca todo en nuestra vida. De hecho, es el mismo propósito por el cual Jesús vivió y murió.

Enfocados en glorificar al Padre

En la magnífica oración que hizo Jesús la noche que lo traicionaron, en Juan 17, Él declara el propósito de su vida claramente: "Yo te he glorificado en la tierra". Su propósito era glorificar a su Padre, mostrándolo en todo lo que decía y hacía a tal punto que otros se acercaran a adorarlo y se reconciliaran con Él.

Si el propósito de su vida era glorificar a Dios, ¿cuál fue la meta que lo ayudó a cumplir su propósito? Él lo reveló en esta oración: "he llevado a cabo la obra que me encomendaste".[2] Llevar a cabo la obra que su Padre tenía para Él incluía buscar la voluntad de Dios a través de la oración y luego someterse a ella y obedecerla en todo momento, todos los días.

Esto nos muestra sus prioridades. Si Jesús iba a alcanzar la meta de completar la obra de su Padre, no sería un accidente. No sería una coincidencia. No sería por buena suerte. Él actuaría de manera intencional, enfocado. Para alcanzar la meta de completar la obra de su Padre y, por lo tanto, cumplir su propósito mayor de glorificar a Dios, tuvo que establecer prioridades específicas. Podemos observar que todo esto ya estaba al principio de su ministerio.

Jesús y sus discípulos estaban caminando desde Judea, en el sur, hacia Galilea, en el norte. Una ruta los llevaba por la región de Transjordania. Aunque había otra ruta, muchos judíos evitaban viajar por ese camino porque los llevaba por el territorio de los odiados samaritanos. Sin embargo, la Biblia claramente dice que Él "tenía que pasar por Samaria".[3] Teniendo en cuenta que su propósito principal era glorificar a Dios, la conclusión es que, en ese día en particular, Él tenía una meta específica. Para cumplir esa meta debía establecer una prioridad, que, en este caso, era pasar por Samaria.

En efecto, en el pozo de Jacob, en Sicar, Jesús se encontró con una mujer samaritana que tenía un corazón hambriento del Dios viviente. Después de su conversación, ella corrió al pueblo para decirles a otros que había conocido a alguien que le dijo todo lo que ella había hecho en su vida.[4]

Los discípulos habían vuelto con comida, pero Jesús les explicó: "Yo tengo un alimento que ustedes no conocen".[5] Sorprendidos, los discípulos se preguntaron dónde había sido capaz de encontrar algo de comer en medio de la nada. Jesús les dijo explícitamente: "Mi alimento es hacer la voluntad del que me envió y terminar su obra".[6] Claramente, no estaba hablando del almuerzo. Él estaba hablando del propósito de su vida, el cual no era comer, ni dormir, ni descansar, ni disfrutar la vida, ni ser popular o famoso, ni vivir bajo las expectativas de los demás, ni ninguna otra cosa que no fuese llevar a cabo la obra que Dios le había encomendado. ¿Por qué? Porque al cumplir esa tarea, su Padre sería glorificado, y ese era su propósito principal.

Enfocados con una decisión firme

Nota la claridad del propósito de Jesús y cómo este se vuelve nítido cuando fija una meta y determina sus prioridades. Increíble, ¿no? Comprendemos lo que se necesitó para que Jesús lograra el propósito de su vida y alcanzara su meta cuando leemos en Isaías la profecía del Mesías: "Por eso endurecí mi rostro como el pedernal".[7] Se necesitó una decisión firme para lograr su propósito, un enfoque claro en su meta y el compromiso fiel de establecer prioridades a diario y de perseverar, costara lo que costara, hasta el día en que ascendió nuevamente al Cielo.

Intentemos poner esto en perspectiva. Jesús había dejado todo lo que había conocido en el Cielo con el fin de venir a la tierra para hacer la voluntad de su Padre. Como Hijo de Dios, Creador de todo, Jesús había vivido toda la eternidad rodeado de la gloriosa presencia del Padre y del Espíritu Santo. Desde el comienzo del tiempo y del espacio, había recibido la adoración de todo el universo. Sin embargo, se levantó del trono del Cielo, se despojó de sus vestidos de gloria y vino a la tierra para nacer en un establo, rodeado de suciedad, pobreza y amenazas contra su pequeña vida. Durante su ministerio en la tierra, nunca tuvo un hogar que sintiera como propio o un lugar donde pudiera recostar su cabeza. En vez de adorarlo, lo traicionaron, blasfemaron, despreciaron y rechazaron. Finalmente, lo crucificaron. Pero se levantó de entre los muertos para salvar a todos los que se acerquen a Él, para perdonarles sus pecados y, en vez del juicio y el infierno, darles la vida eterna y el Cielo. Mediante el sacrificio de su propia vida, Él puede llevarnos a una convicción profunda de nuestros pecados, a confesarnos y a reconciliarnos con Él.[8]

Él glorificó a su Padre, logró su meta de llevar a cabo su obra y las prioridades que había establecido le permitieron alcanzar todo lo que Dios tenía para Él. Para que no haya duda, Él puso un signo de exclamación a todo lo anterior cuando gritó desde la cruz: "Todo se ha cumplido".[9] ¡Alabado sea Dios! Entonces, Jesús volvió a ponerse sus vestidos de gloria, no solo como el Hijo de Dios, sino además como el Hijo del Hombre. Él nunca habría alcanzado y logrado todo lo que hizo si hubiera perdido el enfoque, aunque fuera por un momento. El autor de Hebreos lo describe mejor: "Fijemos la mirada en Jesús [mantente enfocado], el iniciador y perfeccionador de nuestra fe, quien, por el gozo que le esperaba, soportó la cruz, menospreciando la vergüenza que ella significaba, y ahora está sentado a la derecha del trono de Dios".[10]

Piensa conmigo por un momento mientras te pregunto una vez más: ¿en qué estás enfocado? ¿Cuál es el propósito de tu vida, que determina tus metas y prioridades? Si tu propósito es estar físicamente en forma y saludable, ¿qué ocurre cuando te diagnostican cáncer? Si vives para tus hijos o tu matrimonio, ¿qué ocurre cuando ellos se van y te abandonan? Si vives para hacer todo el dinero que puedas, ¿qué ocurre cuando la bolsa de valores entra en crisis y pierdes los ahorros de toda una vida? Si vives por tu reputación, ¿qué ocurre cuando te difaman? Si vives por tu profesión, ¿qué ocurre cuando pierdes tu trabajo?

¿Qué ocurre si tu propósito es hablar, viajar, escribir libros, dar entrevistas, dirigir seminarios, grabar videos y audios, liderar un equipo organizativo y entonces la salud te obliga a apartarte de todo eso y quedarte en casa? Este no es un simple desafío retórico, sino que me sucedió a mí. Cuando recibí el diagnóstico de cáncer de mama, que luego significó cirugía, quimioterapia y radiación, tuve que dar un paso al costado del ministerio, de todas las charlas, viajes, medios de comunicación, seminarios, videos y todo lo que demandara una agenda y compromisos fuera de mi ciudad. Si esas actividades hubieran sido mi propósito, entonces yo estaría devastada. Pero no fue así, nada de eso. Entendí verdaderamente que hacerme a un lado no interfería de ninguna manera con el propósito de mi vida. No me molestó, no lo enfrenté, no lo odié, no luché contra eso, no lloré, no me quejé ni sentí pena por mí. ¡Para nada! Solo me relajé y acepté el nuevo camino en el que Dios me había puesto, segura de que Él me daría muchas oportunidades únicas de darle gloria. Ese es el único propósito de mi vida.

¿Qué hay de ti? Si el propósito principal de tu vida es glorificar a Dios, tú también puedes lograrlo sin importar si estás sano o luchando contra una enfermedad, si tienes una familia feliz y leal o te han abandonado, si eres millonario o vives de la beneficencia, si tienes una reputación admirable o te la han quitado, si estás en la cima de tu profesión o has caído al escalón más bajo. Eso no importa, tú y yo podemos glorificar a Dios en cualquier estado en el que nos encontremos. Ese es un propósito por el que vale la pena vivir.

Si el propósito de tu vida es otro, es menos, es diferente o es lo que tú erróneamente supones que es lo más adecuado, entonces, en el mejor de los casos, tu vida está borrosa espiritualmente, como fuera de foco. Pero, en el peor de los casos, estás corriendo el riesgo de desperdiciar tu vida desde la perspectiva del Cielo o de equivocarte de una forma devastadora. Como sucede en el efecto dominó, el propósito de tu vida determina tus metas, las cuales, a su vez, determinan tus prioridades.

Jesús hizo una promesa: El Espíritu Santo "los guiará a toda la verdad".[11] Así que pídele que guíe tu enfoque hasta que sea como un laser en la decisión firme de glorificar a Dios en todo lo que digas y hagas. Luego relájate. A pesar de lo que la vida ponga en tu camino, abraza el propósito del Espíritu.

16

ÉL NOS ENCIENDE

Cuando nos embarcamos en este viaje de fe, el Espíritu Santo nos aviva, nos estimula, nos motiva y nos guía a enfocarnos en nuestro propósito universal, el de glorificar a Dios, pero, además, nos inflama para cumplir ese propósito, porque el Espíritu Santo es el fuego de Dios.

La tradición dice que en la antigüedad, antes de las comodidades de la electricidad o el gas, si alguien quería tener luz, calor o una cocina, no existía un interruptor o un botón. En su lugar, en la plaza central de la mayoría de los pueblos, se mantenía un fuego encendido. Si la gente necesitaba luz, calor o fuego para cocinar, tomaban brasas del fuego central y las llevaban a sus casas para lo que necesitaran. El fuego central era tan importante para la vida del pueblo que contrataban a un guardián para que lo vigilara. Si, por alguna razón, el guardián permitía que el fuego se extinguiera (si lo apagaba un viento fuerte, lo mojaba la lluvia o el guardián se quedaba dormido y se apagaba por descuido suyo), él debía pagar con su vida.[1]

A lo largo de toda la Biblia, se utiliza el fuego para describir al Espíritu Santo.[2] Una de las cosas que Él hace es inflamar nuestro corazón por Dios, por el Hijo de Dios, por su Evangelio, por su Palabra, por las personas que Él ama y por el propósito de nuestra existencia, que es glorificarlo. ¡Tú y yo debemos mantener la llama ardiendo todo el tiempo!

Debemos ser guardianes del fuego. Dios nos encomendó: "No apaguen el Espíritu".[3] No extingan su fuego con el pecado y la desobediencia. No lo descuiden apresurando o evitando por completo su tiempo diario de oración y de lectura bíblica. Cuida tu corazón de la gran presión de complacer al mundo que te rodea. Pablo le enseñó a Timoteo: "Por eso te recomiendo que avives la llama del don de Dios que recibiste cuando te impuse las manos".[4] El don de Dios no era otro que el Espíritu Santo, a quien Timoteo recibió cuando el apóstol Pablo lo guio a la fe en Jesucristo. Timoteo tenía el "fuego". Su responsabilidad era no apagarlo ni entristecerlo, sino rendirle cada parte de su vida a Él para que el fuego lo llenara... y debía conservarlo intencionalmente.

Aviva la llama

Para conservar el fuego, necesitamos formar intencionalmente algunas disciplinas espirituales cotidianas. Son decisiones simples, pero no siempre son fáciles. Como, por ejemplo, orar y leer la Biblia a diario, compartir el Evangelio, obediencia constante al vivir lo que Dios dice en su Palabra, confianza al renunciar a tus expectativas y dejar que Él haga su voluntad, sumisión profunda a su autoridad, especialmente en los momentos de dolor y sufrimiento.

¿Qué disciplina te falta? ¿En cuál necesitas trabajar para desarrollarla más? Si tu corazón está frío o apático espiritualmente es porque hay algo en lo que estás desconectado del Espíritu Santo. No siempre está directamente relacionado con el pecado y la desobediencia, a veces puede ser por la falta de compañía de otros seguidores de Jesús.

Conozco la historia de un joven que se fue a la universidad, regresó a su casa por el receso de Navidad y, antes de volver a la universidad, fue a ver a su antiguo pastor. El pastor estaba encantado de verlo y lo invitó a su acogedor despacho en el que tenía un hogar encendido con un fuego cálido. Llenó al joven de preguntas acerca de sus estudios y él respondía con entusiasmo hablando de sus clases y sus amigos. Luego, el pastor quiso saber si había encontrado una iglesia a la que asistir y el estudiante, mirando al suelo, respondió:

—No, señor. Ya no siento la necesidad de ir a una iglesia. Mi fe es muy fuerte sin ella y, con mis estudios y actividades, no tengo tiempo.

El pastor se acercó silenciosamente, sacó un tronco encendido del fuego y lo dejó sobre el hogar. Luego juntó sus manos y se mantuvo en silencio. Finalmente, el joven creyó que el hombre mayor se estaba quedando dormido, así que se aclaró la garganta y se levantó para irse. El pastor reaccionó rápidamente, sonrió y preguntó:

—¿Creíste que me había quedado dormido? Solo estaba mirando ese tronco que quité del fuego. ¿Lo notaste? Cuando estaba en el fuego con los otros troncos, brillaba encendido. Pero ahora que lo he quitado, el fuego se apagó. Hijo, tú eres como ese tronco. Si esperas que tu fe se mantenga viva, necesitas estar en compañía de otros creyentes.

Lo mismo aplica para ti y para mí.

A medida que nuestro mundo se acerca a su fin, se vuelve cada día más difícil mantener la llama viva en nuestras vidas para agradar y glorificar a Dios, mantenernos enfocados en la meta, priorizar intencionalmente la forma en la que invertimos nuestro tiempo y dinero, dónde vamos y qué hacemos, con quién estamos y de quién nos apartamos. Ese estilo de vida será contrario al de casi todos los que nos rodean. Por eso, por nuestro bienestar espiritual,

Dios nos conseja: "No dejemos de congregarnos, como acostumbran hacerlo algunos, sino animémonos unos a otros, y con mayor razón ahora que vemos que aquel día se acerca".[5] ¡Nos necesitamos entre nosotros!

¿Has estado intentando mantenerte alejado del fuego? Si no estás acompañado de otros que piensan como tú, es difícil alcanzar tu propósito de glorificar a Dios, establecer metas y cumplirlas mediante las prioridades, y hacerlo todo con una pasión ferviente por Dios.

Ardiendo por su propósito

Déjame preguntarte, ¿arde en ti un fuego por las cosas de Dios? ¿Aún no estás seguro de lo que eso significa? Aunque es difícil definirlo con palabras, no significa que tengas energía ilimitada, que nunca te canses, que sirvas las veinticuatro horas, los siete días de la semana, que siempre estés feliz, que saltes de la cama cada mañana, que nunca pierdas la concentración en la oración, que entiendas todo lo que lees en la Biblia o que ____________ (completa el espacio con lo que hayas pensado que significaba). El fuego de Dios te afecta de manera más profunda que cualquiera de esas cosas. Aunque pueda ser difícil ponerlo en palabras, tengo la certeza de que, si tu corazón está encendido, ¡lo sabrás!

En la Biblia vemos destellos de eso...

... en Noé, que caminaba con Dios y trabajaba para Él cuando ninguna otra persona en el mundo lo hacía.

... en Abraham, que dejó su país, su parentela y la casa de su padre para seguir a Dios con una vida de obediencia y fe, incluso cuando no tenía idea de a dónde lo llevaba Dios.

... en Jacob, que, con su cadera dislocada, envolvió sus brazos alrededor del cuello de Dios y no lo soltó hasta que este lo bendijo.

... en David, que enfrentó al gigante Goliat con una honda en el nombre del Dios viviente.

... en Mesac, Sadrac, y Abednego, que estaban dispuestos a que los llevaran al horno de fuego en lugar de inclinarse ante una estatua de oro.

... en Daniel, que adoraba tres veces al día, sabiendo que sería arrojado al pozo de los leones.

... en la virgen María, que concibió al Hijo de Dios cuando sabía que su reputación y su posición social estaban en juego.

... en Jesús de Nazaret, "quien, por el gozo que le esperaba, soportó la cruz, menospreciando la vergüenza que ella significaba, y ahora está sentado a la derecha del trono de Dios".[6]

La siguiente estrofa de un poema nos puede ayudar a entrever un poco esta pasión indescriptible y consumidora. Úsala para examinar tu propio corazón.

¿Él te ha purificado con el fuego de lo alto?
¿Está primero en tus pensamientos, tiene todo tu amor?
¿Su servicio es tu elección y es dulce tu sacrificio?
¿Tu bebida y tu alimento es hacer su voluntad?
¿Corres a su llamado con pies ansiosos y contentos?[7]

¿Cuál es la temperatura espiritual de tu corazón? ¿Es fría, tibia o está en llamas? Si no está ardiendo de amor por Dios, su Hijo, su Espíritu, su Palabra, su Evangelio y la gente creada a su imagen, aunque esté separada de Él, ¿qué pasos prácticos darías para avivar la llama del fuego del Espíritu Santo?

17

ÉL NOS MOLDEA

Cuando llega el otoño cada año, disfruto yendo a la feria estatal de Carolina del Norte con mi familia. Siempre comenzamos en un pequeño puesto que hace los mejores pastelitos de manzana que puedas imaginar. Las manzanas son blandas, la corteza es crujiente y la salsa caramelizada está generosamente untada en la parte superior. Hemos aprendido que, si llevamos los bollos calientes por el camino pavimentado hacia otro puesto, donde el motor de un tractor de granja provee la energía para las máquinas caseras de hacer helado, podemos obtener una bola de helado de vainilla para el pastelito por solamente dos dólares. Es la mejor compra de la feria. Luego seguimos nuestro camino por la colina hacia el Pueblo de Antaño donde artesanos de todo tipo demuestran sus habilidades. Puedes ver tallar madera, pintar, tejer, bordar y fundir vidrio. Cada puesto es fascinante. Siempre me siento orgullosa de Carolina del Norte al ver las increíbles habilidades y talentos que tiene nuestra gente.

Un oficio en particular que siempre me sorprende es la alfarería. Los estantes alineados con platos, jarras, tazones, vasijas, tazas y muchos otros productos demuestran la habilidad del alfarero, pero lo que acapara la atención de todos es el torno del alfarero. Está ubicado al frente de la muestra, por el pasillo principal que rodea todo ese sector. El alfarero se sienta en un taburete con un pie en un pedal y, al presionarlo, el torno comienza a girar. Al principio, él tiene una masa deforme de arcilla húmeda que gira rápidamente en el torno. Mientras la arcilla gira, el alfarero coloca ambas manos en ella y, al presionarla con los dedos, la arcilla comienza a tomar forma. Es increíble ver una jarra emerger de las manos del alfarero o una hermosa vasija o un cáliz, todo producto de la misma arcilla, pero tomando distintas formas según el toque del alfarero.

El profeta Jeremías, en el Antiguo Testamento, describe a la nación de Israel como una pieza de arcilla que se resistió al toque del alfarero e incluso se dañó y tuvo que ser corregida. El Señor le enseñó algo a Jeremías y luego él contó su experiencia en la casa del alfarero:[1] "Entonces bajé a la casa del alfarero, y lo encontré trabajando en el torno. Pero la vasija que estaba modelando se le deshizo en las manos; así que volvió a hacer otra vasija, hasta que le pareció que le había quedado bien. En ese momento la palabra del Señor vino a mí, y me dijo: «Pueblo de Israel, ¿acaso no puedo hacer con ustedes lo mismo que hace este alfarero con el barro? —afirma el Señor—. Ustedes, pueblo de Israel, son en mis manos como el barro en las manos del alfarero»".[2]

Aunque Dios estaba hablándole a Israel, Él también nos describe a nosotros como arcilla en las manos del Alfarero.[3] El Alfarero es el Espíritu de Dios que mora en nosotros. Ya que el principal propósito del Espíritu Santo es glorificar a Dios, una de sus metas es formarnos a imagen del Hijo de Dios.[4] Él utiliza todo lo que llega a nuestras vidas, lo bueno y lo malo, para presionarnos y formarnos como Él desea.[5] Nosotros no tenemos que hacer nada, simplemente entregárselo todo al Alfarero. Nuestra única responsabilidad es asegurarnos de que seamos sumisos al toque del Alfarero, porque si nos endurecemos o nos resistimos a la forma que Él nos quiere dar, tendrá que rompernos para poder ablandar la arcilla de nuestra vida y volver a darnos la forma que a Él le agrada.

¿Qué presión ha ejercido el Alfarero en tu vida? ¿Te ayudaría saber que lo que estás viviendo no es algún problema casual que te estresa, sino que es el Alfarero obrando en ti?

Cuando mi segunda hija era pequeña, una mañana yo estaba sentada a la mesa de la cocina. Me había preparado una taza de café y tenía el periódico frente a mí. Solo deseaba unos minutos para disfrutarlos en paz. En su lugar, mi hija menor seguía interrumpiéndome. Ella no estaba siendo mala ni caprichosa, solo era una típica niña que necesitaba que su madre le prestara atención. Finalmente me cansó. La tomé de su pequeño brazo y le dije que dejara de interrumpirme. ¿No se daba cuenta de que quería leer el periódico y beber mi café? Sin embargo, me detuve a tiempo y me avergoncé de lo que había estado a punto de hacer. Así que me levanté, la llevé a la otra habitación, la ayudé a encontrar algunos juguetes para que se entretuviera y luego regresé a la cocina. Me postré de rodillas en el piso rojo de linóleo y, entre lágrimas, le dije a Dios lo arrepentida que estaba. En ese mismo momento y lugar, le entregué todo mi tiempo. Si Él veía que yo necesitaba un poco de tiempo para mí, confié en que Él me lo daría. Sin embargo, en ese momento decidí rendirme ante la presión de las interrupciones constantes y permitirle que me moldeara como una madre menos egocéntrica y más paciente.

Tal vez alguna de las otras maneras en las que Él me ha moldeado puedan servirte para identificar su toque en tu propia vida:

- La esterilidad me moldeó para aprender a orar y ayunar periódicamente.
- La falta de amor en mi matrimonio me moldeó para aprender a amar con el amor incondicional de Dios.
- Cuidar de otros me moldeó para ponerme de rodillas con humildad y paciencia.
- El miedo de estar frente a una audiencia me moldeó para permanecer fiel a su Palabra.

- La crítica por ser una mujer en el púlpito me moldeó para mantenerme enfocada en obedecer su llamado en mi vida.
- El cáncer de mi hijo me moldeó para confiar en Dios cuando no entendía el porqué.
- El hecho de ver el matrimonio de mi hijo desintegrarse sin poder hacer nada me moldeó para aceptar la voluntad de Dios para su vida, aunque fuese distinta de lo que yo soñaba.
- El cáncer que sufrí me moldeó para realinear mis prioridades y poder mantenerme enfocada en la meta de mi vida.
- Las oraciones sin respuesta me moldearon para desear lo que Dios deseaba, por encima de mis propios deseos.

Los tipos de presión que el Alfarero ha utilizado han variado en tamaño y alcance. Por ejemplo, a veces tener demasiado que hacer en un día me obliga a depender de Él para utilizar cada momento de la mejor manera; no alcanzar mis metas me presiona para reevaluar mis prioridades; la traición y las calumnias me presionan para vivir según su opinión y no la de los demás; la enfermedad me detiene en seco y me obliga a mirar hacia lo alto… La creatividad del Alfarero no tiene límites. Pero me conforta su promesa de que Él utiliza "todas las cosas para el bien de quienes lo aman, los que han sido llamados de acuerdo con su propósito".[6] Él usa todas las cosas sin excepción para mi bien, no solo algunas. Mi bien no es la salud, ni la riqueza, ni la prosperidad, ni la felicidad, ni las cosas que solemos asociar con lo "bueno". Mi bien es lograr el propósito de Dios de moldearme a la imagen de Jesucristo para darle gloria.[7]

Una vez que entiendo el propósito principal de las presiones de Dios, mi perspectiva cambia. Lejos de sentir pena por mí, tener un espíritu de queja, resentimiento, comparación o frustración, intento ver las cosas a través de los ojos del Cielo. Pero a veces no es fácil.

La única respuesta conveniente a las presiones que no entendemos es primero orar. Podemos pedirle al Espíritu Santo que nos alivie. Pero si la presión persiste, entonces simplemente podemos postrarnos en adoración ante aquel cuyas formas no son las nuestras. Su toque en la arcilla puede ser suave, a veces firme o a veces duro. Él nos moldea y nos forma conforme a su voluntad. ¿Por qué? Porque "tenemos este tesoro en vasijas de barro para que se vea que tan sublime poder viene de Dios y no de nosotros".[8] Al final, el propósito del Espíritu no es solo moldear la arcilla para hacer una vasija más útil, sino mostrar la gloria y el carácter de Dios que hay en ella. Mientras más ordinaria sea la arcilla, más grande es el contraste con la gloria para que quienes la vean puedan alabar, no a la arcilla, sino al Dios de gracia que puede transformar lo ordinario en extraordinario.

¿Qué presiones ha utilizado el Alfarero para moldear tu vida? ¿Un compromiso grande? ¿Una agenda caótica? ¿Un cambio de profesión? ¿Un diagnóstico de salud? ¿Ha usado a una persona? ¿Un colega incompatible? ¿Un matrimonio sin amor? ¿Una suegra criticona? ¿Un vecino vengativo? ¿Un pariente irresponsable? ¿Ha usado circunstancias? ¿Soltería? ¿Divorcio? ¿Pérdida de trabajo? ¿Infertilidad? ¿El nacimiento de un hijo? ¿La muerte de un ser amado?

El Espíritu Santo no es ajeno o indiferente a las presiones que estás viviendo. Él te conoce y te entiende. Él está íntimamente interesado en los detalles de tu vida como nadie y te hará soportar las presiones de su moldeado, ministrándote de distintas maneras mientras te transforma en una vasija que muestre la gloria de Dios. Él guiará tus decisiones, dirigirá tus pasos, confortará tu corazón, te enseñará los caminos de Dios, iluminará tu entendimiento y te liberará del pecado.

Por eso, ora en este momento. Derrama tu corazón ante el Alfarero y pídele que alivie tus presiones, sin importar de dónde vengan. Luego, dile también que confías en que Él sabe exactamente lo que hace. Por lo tanto, sin importar si las presiones se alivian o no, rinde tu corazón, tu alma, tu mente y tu vida a su toque, para que te moldee conforme a su voluntad en una vasija que Él pueda usar para mostrar la gloria de Dios. Luego, ¡prepárate para que lo ordinario se vuelva extraordinario!

18

ÉL NOS EQUIPA

Muchas empresas y negocios solicitan a sus empleados que realicen un test de personalidad, como el indicador de Myers-Briggs, ya sea durante la entrevista de trabajo o una vez que han sido contratados. El propósito es ayudar a los empleados a identificar sus fortalezas y debilidades, de esa manera, será más probable que sean ubicados según sus capacidades y, por lo tanto, sean más felices y más productivos. Cuando los empleados saben en qué son mejores y lo practican, aumenta su autoconciencia y su confianza en sí mismos.

Si bien esta estrategia parece útil para una compañía secular, me pregunto si esto puede llegar a limitar las posibilidades para un hijo de Dios. Por ejemplo, si realizamos un test de personalidad e identificamos nuestras fortalezas, tal vez caigamos en la comodidad de servir a Dios solo en las áreas donde las utilizamos y evitemos servirlo en las áreas en las que determinamos que "no podemos hacerlo".

Nunca he hecho un test de personalidad. Me conozco lo suficiente como para saber que mi naturaleza es tímida, cohibida, temerosa, propensa a la ansiedad, con un gran complejo de inferioridad. Cuando Dios me llamó a servirle de forma pública, mi primera respuesta fue: "No puedo". Y lo dije en serio. Pero Él me respondió: "Yo puedo".[1] Y también lo dijo en serio. Le discutí:

"Soy débil y tímida". Y lo soy. Pero Él me respondió de nuevo: "Yo soy fuerte".[2] Y lo es. Intenté con una excusa más: "No soy la indicada". No tenía una educación superior, ningún entrenamiento bíblico formal, ningún recurso a mi disposición, ninguna red de personas capaces de las cuales aprender; por ello, era lógico decir que no era la indicada para eso. Pero Él terminó la discusión diciendo: "Te basta con mi gracia".[3] En otras palabras, sentí que Él estaba diciéndome: "Anne, no te preocupes por quién eres o quien no eres. Soy todo lo que necesitas. Sígueme".

En ese momento crucial, tuve que tomar una decisión. Podía retroceder para ser quien ya sabía que era y hacer solo aquello de lo que me creía capaz, o podía tomar lo que parecía un gran riesgo y seguirlo más allá de mis habilidades y capacidades, de mi conocimiento y mi experiencia, de mi personalidad y mis preferencias, de mi comodidad y mi conveniencia. Sabía que, si me arrepentía de seguirlo, no podría llamarlo más mi Señor. Ese pensamiento me asustó tanto que me motivó a seguirlo. Si fallaba, según mi limitado modo de pensar, Él sería el responsable por haberme llamado a hacer algo que ambos sabíamos que no podía hacer.

Durante estos cuarenta años que he estado siguiéndolo fuera de mi zona de confort, he descubierto que el Espíritu Santo siempre me ha capacitado y preparado para todo lo que me ha llamado a hacer. He vivido maravillosas aventuras experimentando lo que el Espíritu Santo puede hacer en mí y a través de mí si yo simplemente me dispongo.

La singularidad de los dones

Aunque ya hemos hablado del poder del Espíritu Santo obrando en nosotros, también es emocionante prestar atención a sus dones. Él ha equipado de forma sobrenatural a todos los hijos de Dios que han nacido de nuevo para darle gloria y servirlo, y así extender la familia de Dios. Nadie tiene todos los dones, pero todos tienen al menos uno. Nosotros no podemos elegirlos, es el Espíritu Santo el que los distribuye.[4] Pero sí depende de nosotros recibirlos y ejercitarlos. En el Apéndice D, al final de este libro, encontrarás una lista de las tres categorías de dones que yo interpreto: dones de motivación, dones de manifestación y dones de ministerio.

Mientras ejercitamos nuestros dones, es importante reconocer y apreciar la singularidad de los dones de quienes nos rodean, que pueden ser completamente diferentes a los nuestros.

Varios años después de que Danny y yo nos casamos, vivimos una gran tensión en nuestra relación. Él me criticaba todo el tiempo y yo me sentía constantemente resentida por eso. Recuerdo que me sentaba y le explicaba que no podía cumplir sus expectativas. Él no podía entender lo que yo le decía y yo no era capaz de decirlo de una forma que él lo entendiera. La conversación aumentaba aún más la tensión en lugar de aliviarla.

Luego, un día escuché el programa de radio de un profesor de la Biblia muy conocido que hablaba acerca de los dones del Espíritu. Sus reflexiones no solo eran fascinantes, sino que también sentí que podía hallar en ellas la clave para mi relación con Danny. Encargué la grabación de ese programa de radio. Gracias a que Danny había sido bendecido por el ministerio de este profesor y también le gustaba mucho, accedió a escuchar la serie de mensajes que había encargado.

A medida que el profesor describía cada uno de los dones, el Espíritu Santo abría nuestros ojos frente a los dones que nosotros poseíamos, y a los que no. Resultó obvio que nuestros dones eran muy distintos. Parecía que la tensión venía del hecho de que Danny esperaba que yo me expresara según sus dones y yo, en cambio, esperaba que él fuese como alguien con los míos. ¡El impacto de este descubrimiento fue asombroso! Danny y yo terminamos de rodillas, agradeciéndole a Dios por los dones que Él nos había dado a cada uno, a la vez que reconocimos y respetamos las diferencias entre nosotros. No es suficiente decir que fue algo liberador, teniendo en cuenta lo que realmente sentimos. Durante los años siguientes de nuestro matrimonio, nunca volvimos a lidiar con esa tensión de esperar que el otro actuara conforme a nuestros dones.

¿Puede que esta sea la fuente de alguna tensión que estés viviendo con tu pareja, con tu compañero de trabajo, con alguien de tu iglesia o del estudio bíblico? Si bien el Espíritu Santo es la fuente de nuestros dones espirituales, los dones en sí mismos son increíblemente distintos. También son personalizados específicamente para nosotros y hacen que cada persona sea única e importante para glorificar a Dios.

Identificar nuestros dones espirituales

Esta es la pregunta del millón: ¿cuáles son tus dones espirituales? Me pregunto si tu respuesta es como la mía cuando oí por primera vez hablar de los dones del Espíritu. Estaba segura de ser la excepción a la regla. De hecho, habría discutido con cualquiera que dijera que yo tenía un don espiritual, porque estaba bastante segura de que no tenía ninguno. Pero no podía ignorar lo que la Biblia decía: a cada uno se nos dio uno o más dones para el bien común del pueblo de Dios.[5]

Motivada por esta idea, comencé a explorar cuáles podían ser mis dones y eso me llevó a la siguiente pregunta obvia: ¿cómo descubrimos nuestros dones espirituales?

Hay distintas formas de descubrir cuáles podrían ser tus dones:

- Una forma es *intentar ejercitarlos todos.* Puedes eliminar esos dones con los que no te va bien y empeoras. Cualquiera con el que te vaya bien y mejores puede ser uno de tus dones. Ten en cuenta que los dones espirituales son como semillas y no como plantas crecidas. Los dones se desarrollan y maduran cuando los ejercitamos fielmente en obediencia a la voluntad de Dios.

- Otra forma es *preguntarle a un amigo maduro espiritualmente*, o a tu pastor, lo que esa persona ve en ti. Entonces, asume una responsabilidad pequeña que permita que este don se haga evidente si es que lo tienes. Inténtalo a pequeña escala para que, si no tienes ese don en particular, no causes demasiado daño si fallas.
- Otra forma más es *realizar un test* diseñado para ayudarte a determinar tus dones espirituales. Así como la prueba de Myers-Briggs se utiliza para ayudar a las personas a identificar su tipo de personalidad, algunas iglesias y ministerios ofrecen estos cuestionarios para identificar los dones espirituales.

Aunque los mensajes que Danny y yo escuchamos nos permitieron señalar las diferencias en nuestros dones, no me ayudaron a revelar otros dones que tenía (véase el Apéndice D). La forma en la que los descubrí fue más simple que las tres que mencioné antes. Yo solo obedecí al Señor. He dado lo mejor de mí para hacer todo lo que Él me ha pedido que haga. Lo que he descubierto es que Él siempre..., siempre..., *siempre* me ha equipado para todo lo que me ha llamado a hacer. Cuando he necesitado un don que no tengo, Él me ha acercado a alguien que lo tiene. No solo eso, Él nunca me pedirá que haga algo para lo cual no me ha equipado. ¡Qué emocionante! Puedo confiar totalmente en que todo lo que Él me llame a hacer puedo lograrlo por medio de su gracia, su poder y conforme a los dones que me ha dado.

Ahora que sabes que el Espíritu Santo te ha equipado —sí, a *ti*—, ¿cuál es tu excusa para no descubrir tus dones? No te quedes allí parado mirando lo que el Espíritu te dio, no discutas ni lo delimites, no lo analices ni lo razones, no envidies lo de otros ni luches contra eso. En cambio, pruébalo, úsalo, ejercita cualquier don que el Espíritu Santo te haya dado hasta que florezca como un medio para bendecir a otros y glorificar a Dios.

Quinta parte

VIVIR EN LOS PRINCIPIOS DEL ESPÍRITU SANTO

Toda la Escritura es inspirada por Dios y útil para enseñar, para reprender, para corregir y para instruir en la justicia…

2 TIMOTEO 3:16

Siempre me ha encantado leer. Leo todo, todo el tiempo. Si estoy tomando el desayuno y no tengo un periódico o un libro en las manos, leo la etiqueta del yogur o busco mi computadora portátil para consultar los titulares del día. Hasta noveno grado, podía leer un libro por semana cómodamente. Una vez que llegué a esa etapa, mis estudios no me permitieron leer tanto como antes, pero siempre encontraba el momento para leer todas las novelas de Ayn Rand. Una compañera de clase me las prestaba de una en una. La secretaria de mi padre le dijo a mi madre que, probablemente, no era el tipo de novelas que le gustaría que yo leyera, pero mamá no me dijo nada, así que las leí todas.[1]

Mi amor por la lectura comenzó cuando era muy pequeña. Mi abuela me enseñó a leer cuando tenía cinco años. Durante mi infancia, ella y mi abuelo vivían frente a nuestra casa. Muchas veces tomaba mi almohada, caminaba por nuestro patio, saltaba sobre las piedras para atravesar el arroyo, miraba a ambos lados antes de cruzar la calle y corría por el camino empedrado de la casa de mi abuela, cruzaba el puente de piedra y entraba por el pórtico trasero a su cocina. Todavía me parece oír el timbre de su voz cuando me recibía en la casa. De hecho, no recuerdo si alguna vez me dio la bienvenida otra persona.

Pasé muchas horas acurrucada con ella en su lugar habitual, en un extremo de su sofá azul. Me enseñó a amar los libros por medio de la lectura. Y luego comenzó a enseñarme a leer. Cuando empecé el jardín de infantes, una maestra que enseñaba con el método Phonics reforzó mi habilidad lectora. Al inicio del primer grado, ya podía leer casi todo.

En retrospectiva, creo que esos momentos de lectura con mi abuela tenían una inspiración divina. A pesar de que no recuerdo el año exacto en que confesé mi pecado, declaré a Jesús como mi Salvador y lo invité a vivir en mi corazón, sí recuerdo que, después de haber tomado esa decisión, comencé a sentir un profundo deseo de leer la Biblia. Entonces lo hice. La leí entera, desde Génesis hasta Apocalipsis. Y ese fue el inicio de una historia de amor para toda la vida con la Palabra de Dios.[2]

Mi abuela me enseñó a leer en general, pero mi madre y mi padre me enseñaron a leer la Biblia. Todos los días, sin excepciones, mi madre nos guiaba en los devocionales. Juntaba en la cocina a todos los que estuvieran en la casa, leía un pasaje de las Escrituras y oraba. Yo no disfrutaba esos momentos porque siempre llegaba tarde a la escuela, y era difícil concentrarme mientras intentaba tragar el desayuno, asegurarme de que los informes y los deberes estuvieran listos, y salir por la puerta a tiempo para llegar a la escuela antes de que sonara la campana. Sin embargo, la constancia de los esfuerzos de mi madre, así como su evidente amor por la Palabra de Dios y su convicción de que era pertinente que la escucháramos al comienzo del día, trajeron aparejados grandes resultados.

Cuando mi padre estaba en casa, él dirigía los devocionales familiares que, generalmente, se llevaban a cabo durante la tarde. También leía un pasaje de las Escrituras, pero luego se detenía, hacía preguntas, agregaba comentarios y creaba un debate acerca de lo que acabábamos de leer.

Mi madre me enseñó con su ejemplo a amar y leer la Biblia todos los días, preferentemente durante las mañanas. Mi padre me enseñó con su ejemplo a pensar sobre lo que estaba leyendo. Es probable que esas sean las dos lecciones de vida más valiosas que mis padres sembraron en mí.

Aunque tenía versiones de la Biblia para niños, mi primera Biblia "real" fue una versión del rey Jacobo, edición Scofield, encuadernada en cuero azul marino. Mamá y papá me la regalaron por mi bautismo. Es un tesoro que guardo hasta el día de hoy en mi biblioteca. En la guarda, mi madre escribió estas palabras: PARA ANNE (QUIEN, EL 13 DE ENERO DE 1957, CONFESÓ PÚBLICAMENTE A CRISTO COMO SU SALVADOR PERSONAL), ESTE LIBRO SERÁ TU GUÍA INFALIBLE EN ESTE MUNDO INESTABLE. LÉELO, ESTÚDIALO, ÁMALO, VÍVELO. ENCONTRARÁS UN VERSÍCULO PARA CADA MOMENTO. GUÁRDALOS EN TU CORAZÓN. Aunque mi madre escribió esas palabras hace más de sesenta años, su sabiduría trasciende las generaciones, las culturas, los acontecimientos históricos, el tiempo y las edades. Hago todo lo posible para seguir su consejo y vivir de esa manera.

El amor por la lectura, el estudio, la puesta en práctica y la obediencia de la Biblia han creado en mí la convicción de que es más que un gran libro. Tiene algo sobrenatural. ¡Funciona! ¡Irradia vida! ¿Cómo puede ser? ¿Qué es lo que la convierte en un libro único? La respuesta a estas preguntas nos dirige sin escalas hacia el Espíritu Santo.

19

SUS PRINCIPIOS SON VERDAD

Uno de los nombres del Espíritu Santo es "el Espíritu de verdad".[1] La Biblia da testimonio de que está inspirada por el Espíritu Santo. Al escribir acerca de las Escrituras del Antiguo Testamento, el apóstol Pedro lo dejó en claro: "Ante todo, tengan muy presente que ninguna profecía de la Escritura surge de la interpretación particular de nadie. Porque la profecía no ha tenido su origen en la voluntad humana, sino que los profetas hablaron de parte de Dios, impulsados por el Espíritu Santo".[2]

El rey David, quien escribió muchos de los salmos, testificó: "El Espíritu del SEÑOR habló por medio de mí; puso sus palabras en mi lengua".[3] Cuando Dios llamó a Jeremías para que lo sirviera como su profeta, Jeremías se resistió porque, aparentemente, sentía que era demasiado joven para semejante responsabilidad. Dios lo corrigió: "No digas: «Soy muy joven», porque vas a ir adondequiera que yo te envíe, y vas a decir todo lo que yo te ordene. [...] He puesto en tu boca mis palabras".[4] Ezequiel también dio fe de ello: "el Espíritu de Dios entró en mí, hizo que me pusiera de pie, y me dijo: «[...] cuando yo te hable, te soltaré la lengua y les advertirás: 'Así dice el Señor omnipotente'»".[5]

Mientras Jesús preparaba a los discípulos para su partida, les aseguró: "Pero [...] el Espíritu Santo, a quien el Padre enviará en mi nombre, les enseñará todas las cosas y les hará recordar todo lo que les he dicho".[6] Esta promesa se cumplió cuando los seguidores de Jesús escribieron los hechos de su vida y ministerio, lo que nosotros conocemos como los Evangelios. Después de esto, Jesús les prometió que el mismo Espíritu Santo los guiaría en toda verdad. Así fue, y entonces se escribieron el libro de Hechos y las epístolas.[7] Asimismo los animó diciéndoles que el Espíritu Santo "no hablará por su propia cuenta, sino que dirá solo lo que oiga y les anunciará las cosas por venir", una promesa que se materializó, esencialmente, en el último libro del Nuevo Testamento, la Revelación de Cristo Jesús.[8]

A pesar de que nadie conoce a ciencia cierta cómo fue que el Espíritu Santo inspiró a los escritores del Antiguo y Nuevo Testamento, sabemos que Él lo hizo. La prueba no es tan solo lo que la Escritura dice acerca de sí misma, sino también el efecto que ha provocado en las vidas de muchos a través de las generaciones. Su verdad resistió el paso del tiempo. Pero como seguidores de Jesucristo, nos corresponde decidir si creemos o no que la Biblia es la verdad.

La decisión de dudar

La primera tentación en la historia de la humanidad fue dudar de la veracidad de la palabra de Dios. En los albores de la creación, la primera mujer, Eva, caminaba por el Jardín del Edén. Parecía tranquila y disfrutaba, literalmente, del paraíso en la Tierra. Había sido creada con el cuerpo de una mujer, pero con la inocencia de una niña. Aunque a nosotros nos sea difícil creer que una serpiente luzca imponente, parece ser que en los comienzos de la historia sí lo era. Esta magnífica criatura, el animal más astuto de toda la creación, se acercó a ella.

El mismísimo diablo habitaba en esa serpiente y había elegido ese momento con mucho cuidado, ya que sorprendió a Eva cuando, aparentemente, estaba sola y tenía la guardia baja. La Biblia la describe de esta manera: "La serpiente era más astuta que todos los animales del campo que Dios el SEÑOR había hecho, así que le preguntó a la mujer: —¿Es verdad que Dios les dijo que...?".[9] Esa pregunta, que parecía inocente, zambulló a Eva en la duda y la confusión. En definitiva, lo que la serpiente estaba diciendo era: "Eva, ¿realmente fue eso lo que dijo Dios? ¿Estás segura de que escuchaste bien a Adán? ¿No habrá habido un error en la traducción o en la transmisión del mensaje? Incluso, si esas fueron, en efecto, las palabras de Dios, ¿crees que eso fue, literalmente, lo que quiso decir? Todos tenemos una manera diferente de interpretar lo que en verdad quiere decir con sus palabras. Quizá tú tienes una interpretación, Adán tiene otra, y yo tengo otra más. Con el correr del tiempo, te darás cuenta de que en la Palabra de Dios hay más ambigüedades de las que crees".[10]

Cuando Eva decidió dudar de la veracidad de la palabra de Dios, su vida cayó en decadencia hacia un torbellino de consecuencias devastadoras que continúan destruyendo el mundo hasta el día de hoy. Como no creía verdaderamente en la veracidad de la Palabra de Dios, la desobedeció. Su desobediencia condujo a su esposo a la desobediencia. Luego, sufrieron las consecuencias de sus actos: fueron separados de Dios, perdieron el paraíso, y el pecado y la muerte entraron en el género humano.

Durante milenios, el diablo no ha cambiado su estrategia. Todavía se esfuerza por hacer que las personas duden de la veracidad de la Palabra de Dios. Pero cuando una nación, como la antigua Israel o Judá, o una persona, como tú o yo, o la Iglesia dudan de la integridad de la Palabra de Dios, cuando la desacreditamos y elegimos en qué partes creemos y cuáles descartamos, acabamos en la decadencia moral y espiritual.

La decisión de creer

En lo que a mí respecta, he tomado la decisión de confiar en la Palabra de Dios. Creo que todo lo que dice es cierto, aunque admito que no lo entiendo todo. Sería muy peligroso usar mi mente limitada y mi comprensión humana para elegir lo que haré con las Escrituras y considerar que únicamente lo que puedo comprender es cierto y pensar que lo que no comprendo debe de ser mentira.

Jesús afirmó la importancia de nuestra decisión de creer cuando declaró con claridad: "Les aseguro que mientras existan el cielo y la tierra, ni una letra ni una tilde de la ley desaparecerán hasta que todo se haya cumplido".[11] Y, nuevamente, manifestó: "El cielo y la tierra pasarán, pero mis palabras jamás pasarán".[12]

Para ayudarnos a resistir frente a la tentación de no creer en lo que no comprendemos, Jesús hizo referencia a historias bíblicas que los críticos suelen considerar increíbles, tales como la creación de Adán y Eva por Dios, el rescate de Noé en un arca durante una inundación mundial y la estadía de Jonás dentro de un gran pez.[13] Sin embargo, Jesús no citó estas historias como parábolas o leyendas, sino como hechos reales de la historia. Piensa en esto. Si Jesús es el Hijo de Dios, si es la verdad encarnada, si él consideraba que estas historias eran objetiva e históricamente reales, ¿quién puede decir que no lo son? Creo que Jesús es quien dijo que era: el Hijo de Dios, la verdad. Por lo tanto, elijo humillarme y acercarme a Dios como un niñito, confiar en mi Padre celestial, permitir que trabaje en mí por medio del Espíritu de verdad y me diga la verdad.[14] Y lo ha hecho. Lo hace. Siempre dice la verdad.

Es tu decisión: ¿dudarás o creerás?

¿Qué piensas acerca de la Biblia? ¿Cómo se formó tu opinión? ¿Te han influenciado las personas que critican lo que se dice en ella? ¿Te han enseñado que es un gran libro que contiene la Palabra de Dios, pero no es la Palabra de Dios en su plenitud? ¿Te han dicho que la Biblia tiene errores o mitos? Piensa. Esas críticas son una ofensa hacia la integridad del Espíritu de verdad.

Independientemente de lo que pensabas hasta este instante, te desafío a que decidas, de una vez por todas, qué crees. En cuanto a la Biblia, sigue el consejo de mi madre. *Léela*, *estúdiala*, *ámala*, *vívela*. Por ti. Descubrirás que "funciona". Confía en la Palabra de Dios. Está respaldada por su naturaleza. Él no miente ni tergiversa la verdad. Él cumple su Palabra. Entonces, decide que confiarás que la Biblia es la verdad. No tiene errores. Está inspirada. Es infalible. Simplemente porque está inspirada en el Espíritu de verdad. Contiene el "hálito de Dios".[15] Es la Palabra de Dios.

20

SUS PRINCIPIOS SON DIGNOS DE CONFIANZA

Casi todas las compras importantes vienen con un manual. Un lavavajillas, un horno, una estufa, una lavadora, un secador de pelo, un automóvil, una podadora, un soplador para hojas, lo que sea. En algún lugar habrá instrucciones que ayudarán al usuario a aprovechar el producto y asegurarse de que funcione correctamente.

¿Alguna vez deseaste que tu vida también viniera con un manual? Sorprendentemente, ¡lo tiene! Pero no solemos consultarlo hasta que nos equivocamos e, incluso en ese momento, algunos de nosotros pensamos que no es necesario seguir las instrucciones. Esto me recuerda un regalo que le dimos a nuestra hija Morrow en una Navidad.

Cuando Morrow tenía alrededor de tres años, quería un triciclo. Danny y yo compramos un triciclo para armar. Le pedí a Danny que lo armara y que estuviera listo para la mañana de Navidad, pero él lo pospuso una y otra vez. Esperó hasta el momento en que los niños se fueron a dormir en Noche Buena para comenzar el proyecto. Cuando abrió la caja y sacó las piezas, comentó: "Esto es tan sencillo que cualquier tonto podría armarlo". Sin embargo, una vez que terminó de montarlo, cada rueda giraba para un lado distinto y el manubrio estaba torcido. Solo entonces, buscó en la caja y sacó un papel blanco con el siguiente encabezado: INSTRUCCIONES

DEL FABRICANTE PARA ARMAR EL TRICICLO: LEER ATENTAMENTE. Pero, por supuesto, ya era demasiado tarde. Ya no podía desenroscar las tuercas y los tornillos, así que el triciclo no rodaba en línea recta, como se supone que debe funcionar.

De la misma manera en que Danny adivinó cómo armar el triciclo, pareciera que muchas personas simplemente adivinan cómo conducirse por la vida. Cuando ya han provocado un desastre y su vida no funciona, comienzan a buscar el manual. Las instrucciones están en la Biblia, el manual del Creador para la vida. Debemos leerlo y cumplirlo atentamente para evitar los terribles desastres que se producen cuando intentamos adivinar qué hacer.

Confiable en la práctica

En primer lugar, fue Dios quien diseñó la vida. Él sabe cómo hacer que funcione de la mejor manera y nos ha dado instrucciones prácticas para que alcancemos la plenitud de gozo y felicidad. Sus instrucciones son como las señalizaciones viales en la carretera.

Cuando conduzco en la carretera, las líneas pintadas sobre el pavimento me guían. Una línea blanca punteada me indica que, si el carril de tráfico en dirección contraria está libre, puedo pasar a los demás automóviles. Una línea continua indica que esto no está permitido. Las autoridades encargadas de la carretera no están intentando quitarme la alegría de conducir. El propósito de las líneas sobre la carretera es mantenerme a mí y a los demás a salvo mientras nos dirigimos a nuestro destino.

Podemos sobrepasar los límites establecidos por Dios, pero lo hacemos bajo nuestro propio riesgo. Si salimos de esas "señalizaciones viales", es probable que nos lastimen y que nosotros lastimemos a los demás. En el mejor de los casos, experimentaremos la vida en un grado inferior al que Él deseaba. La alternativa es confiar en la Palabra de Dios, respetar sus límites y creer que Él sabe qué es lo mejor para nosotros.

Veamos algunas de sus señalizaciones viales:

- Dios nos dice que no tengamos otros dioses además de él porque sabe que los dioses ajenos (como el dinero, la fama, el sexo, el placer, el poder) nos esclavizan.
- Dios nos dice que no creemos ni adoremos ídolos porque sabe que detrás de ellos hay fuerzas demoniacas que nos debilitan, engañan y arrastran hacia actitudes, palabras, acciones y pensamientos de maldad que ni siquiera nos imaginábamos.
- Dios nos dice que no tomemos su nombre en vano porque sabe que, si no le rendimos reverencia, no tendremos ni una pizca de sabiduría para vivir y tomar decisiones.
- Dios nos dice que separemos uno de los siete días para concentrarnos en Él porque sabe que ese estilo de vida nos ayudará a seguir firmes en la fe y nos hará recordar que el mundo no necesita nuestro esfuerzo para seguir girando.
- Dios nos dice que honremos a nuestros padres porque sabe que eso nos conducirá hacia una vida más plena y larga.
- Dios nos dice que no matemos porque sabe que la vida del ser humano tiene mucho valor. Nuestra vida y la de los demás.
- Dios nos dice que no cometamos adulterio porque sabe que la infidelidad sexual destruye el vínculo matrimonial y destroza los fundamentos de la nación.
- Dios nos dice que no robemos porque sabe que si queremos que nos respeten y respeten nuestros bienes, debemos respetar a los demás y sus bienes. Es imposible tener relaciones seguras y sanas sin confianza mutua.
- Dios nos dice que no mintamos porque sabe que la integridad es esencial para una vida exitosa y una sociedad firme.

- Dios nos dice que no codiciemos porque sabe cuán peligroso es vivir sin estar satisfecho con lo que uno tiene, ya sea que se trate del cónyuge, de la casa o del trabajo, y sentirse dominado por la codicia, que demanda más y más hasta que nos sentimos fracasados e insatisfechos.[1]

Esta lógica simple e incompleta para acatar las señalizaciones viales de Dios demuestra que sus instrucciones prácticas y divinas para la vida son para nuestro bien. Quizá te estás preguntando qué tiene que ver el Espíritu Santo con los diez mandamientos que Dios le dio a Moisés, pero recuerda que toda la Biblia, tanto el Antiguo como el Nuevo Testamento, contiene el "hálito de Dios" y está inspirada por el Espíritu Santo.[2]

Cuando nos desviamos de sus instrucciones para la vida, sus señalizaciones viales, terminamos con menos de lo que Dios preparó para nosotros. Esto plantea una interrogante: ¿qué debo hacer si me desvié de las señalizaciones viales de Dios, me lastimé o dañé a otra persona y ahora quiero vivir conforme a sus instrucciones? El primer paso es decírselo. Sé honesto. Si no conocías su guía o si te rebelaste en su contra, dile lo que has hecho, en qué situación te encuentras y que quieres comenzar a vivir de la manera que Él manda. Luego comienza a leer la Biblia. Estúdiala, ámala y vive conforme a sus enseñanzas. Dios, el Espíritu Santo, te ayuda, ¿lo recuerdas? Te fortalece. Te consuela. Está esperando que acudas a Él y le des la libertad y la autoridad para traer orden en medio de tu caos.

Confiable en lo personal

Pero la Biblia es más que un simple manual para experimentar una vida plenamente bendecida. Es la Palabra viva de Dios. Nos habla por medio de ella de manera personal. Todos los días leo unos versículos de la Escritura e intento escuchar su voz. Aunque no oigo un sonido audible, a veces pareciera que un versículo resalta y me habla directamente al corazón. Su Palabra consuela, anima, regaña, fortalece, sostiene, trae paz y brinda esperanza. Como en los ejemplos siguientes.

Mi esposo era un gran atleta y tenía salud y músculos perfectos. Cuando nuestros hijos eran pequeños, nunca se contagiaba de los mismos virus y resfriados que tenía toda la familia. Pero cuando cumplió cincuenta años, de repente le diagnosticaron diabetes tipo 1 de aparición adulta. La diabetes comenzó a mostrar consecuencias alrededor de sus sesenta años. Cuando cumplió setenta, mi hija menor notó que estaba hablando incoherencias y se estaba comportando de manera extraña. Lo llevé al médico, quien ordenó una angiografía de resonancia magnética. Este examen confirmó que Danny había sufrido un accidente cerebrovascular. A la mañana siguiente, Dios me susurró a través de un libro de devocionales en el que se parafraseaba Filipenses 4:6: "No se inquieten por nada".[3] Cuando la enfermera me explicó lo que podía esperar, sonreí y se lo agradecí. Ella me miró fijamente e insistió: "Debes entender que esto afectará su personalidad". La miré, le agradecí de nuevo y le dije que Dios cuidaría de él… y de mí. Y Dios lo hizo. Danny tuvo que luchar contra algunas cuestiones durante varias semanas, pero luego recobró su personalidad entusiasta.

El 19 de agosto de 2015, tras haber sido mi esposo durante cuarenta y nueve años, partió a la presencia de nuestro Padre. A pesar de que estaba sinceramente convencida de que estaba seguro en el Cielo, me costó bastante despedirlo. Había cuidado de él las veinticuatro horas del día, los siete días de la semana durante tres años. Fue muy difícil ver cómo ese papel se acababa súbitamente. Aunque suene ridículo, estaba preocupada por él. ¿En verdad estaba bien? El Espíritu no me permitió debatirme con estos pensamientos emocionales mucho tiempo antes de intervenir. Me llamó la atención con Filipenses 1:21: "Porque para mí el vivir es Cristo y el morir es ganancia". ¡Claro! El morir era ganancia para Danny. ¡Por supuesto que estaba mejor! Me sentí un poco torpe por haberme preocupado. Pero luego, mi duda interna fue: *¿y qué sucederá conmigo?* Entonces, el Espíritu me guio al versículo que venía a continuación: "Pero si vivo, puedo realizar más labor fructífera para Cristo" [NTV]. Sentí que el propósito se arraigaba, una vez más, en la parte más profunda de mi ser. Sabía sin duda alguna que Dios había llevado a Danny a un lugar mucho mejor y que yo todavía tenía trabajo por hacer. Me llené de paz.

Una mañana, después de que mi esposo partiera al Cielo, sentí la carga de llevar adelante a la familia. Hasta ese momento, tomaba por sentado el liderazgo de mi esposo. No me daba cuenta de la gran responsabilidad que cargaba sobre sus hombros. A partir de entonces, debía encargarme de guiar, aconsejar, consolar, animar y ayudar a mis hijos, sus cónyuges y mis nietos como nunca antes lo había hecho durante la vida de mi marido. Sentía que no iba a lograrlo. Pero una mañana, mientras oraba por esto, el Espíritu me quitó la carga al susurrarme: "Anne, no estás sola, porque el Padre está contigo".[4] Aunque a veces siento que esta responsabilidad es una pesada carga, estoy tranquila porque sé que no estoy sola y que Dios será un padre para mis hijos y un esposo para mí.

Acostumbrarme a vivir sola después de haber vivido con mi marido durante cuarenta y nueve años también significaba que debía tranquilizar a mis hijos en cuanto a mi seguridad. A pesar de que mi esposo no hubiera podido protegerme durante los últimos años que estuvo en casa debido a su deterioro físico, su presencia les daba paz a mis hijos. Poco tiempo después de que empezara a vivir sola, el Espíritu susurró a mi oído una promesa de Oseas para que la compartiera con ellos: "[Haré] que todos duerman seguros".[5] Incluso cuando tocaron el timbre a las dos de la mañana, sabía que Dios cumpliría su promesa. Aunque estaba desconcertada, no tenía miedo. Mi perro, que había comenzado a ladrar muy fuerte, sumaba más caos y confusión. Me puse una bata, fui a la puerta junto con mi perro, que gruñía y ladraba, y vi que había un alguacil en mi pórtico. Había recibido una falsa alarma y quería ver si yo estaba bien. Dios me cuidó en ese momento y me cuida ahora de cosas que ni siquiera puedo imaginar.

En el capítulo 5, conté que el Consejero me había dado su sabiduría en Deuteronomio 29 para que pudiera contarle a mi familia que tenía cáncer de mama. Siguió susurrándome su Palabra a lo largo de mi tratamiento contra el cáncer. No sé si podría haber soportado todo lo que vino después del diagnóstico sin su apacible voz que me consolaba, animaba y guiaba. Varios acontecimientos me llaman la atención...

Después de mi intervención quirúrgica y antes de mi primer tratamiento de quimioterapia, me encontré con un farmacéutico que enumeró los efectos secundarios que podría experimentar: pérdida del cabello, llagas en la boca, dolores corporales similares a los de la gripe, dolores óseos, sabor metálico en la boca, pérdida del apetito, caída de las uñas... En ese momento, me costó seguir escuchando. Me abrumaba al pensar en todo lo que sucedería. Después de encontrarme con él, fui al cirujano cardiovascular para que me colocaran un dispositivo de acceso venoso semipermanente en el pecho. Sentía que estaba entrando en un pozo muy profundo, que no lo podía evitar y que no podría escaparme. A la mañana siguiente, la lectura de mi devocional era Job 42:12: "El Señor bendijo más los últimos años de Job que los primeros»".[6] Reflexioné acerca de que Job había alcanzado su herencia por medio del sufrimiento y el dolor. Me llené de paz cuando comprendí que el Espíritu me estaba mostrando que la experiencia del cáncer no era un pozo, sino un viaje con un propósito. Dios la usaría para guiarme hacia mi herencia: hacia donde Él quería que yo fuera.

A medida que concretaba las citas, los encuentros con los médicos, los farmacéuticos, los auxiliares de laboratorio, el cirujano cardiovascular, la quimioterapia, la radiación y los ratos interminables en las salas de espera, una vez más, el Espíritu reafirmó mi propósito al susurrar estas palabras de Zacarías: "Yo mismo los fortaleceré [a Anne], y [ella caminará] ellos caminarán en mi nombre, afirma el SEÑOR".[7] Caminaba por todo el hospital. Subía y bajaba escaleras. Usaba los elevadores. Caminaba entre los automóviles, por los pasillos y las diferentes alas del hospital. Pero comprendí el propósito: caminaría en su nombre. Una y otra vez, los pacientes o las visitas me reconocían y me saludaban, decían que estaban orando por mí o me preguntaban si podía orar por ellos. Tuve muchas oportunidades para compartir el Evangelio y orar con el personal de enfermería, los auxiliares, los médicos y muchas otras personas que formaban parte de mi tratamiento. Su susurro cambió mi actitud, si antes me sentía una víctima del cáncer, entonces comencé a sentirme parte de una misión como su embajadora.

Mientras oraba junto con mis dos hijas después de mi quinta quimioterapia, sentía que Dios me había sanado. Medité en mi corazón acerca de lo que creía que me había dicho. Los resultados del análisis de sangre previo al sexto tratamiento eran increíblemente buenos. Después de mi sexto tratamiento, comencé a preguntarme si debía o no continuar con la quimioterapia. La debilidad y el cansancio me estaban consumiendo. Los efectos secundarios eran abrumadores. No quería continuar con el tratamiento si no era necesario. Entonces, una mañana, oré y le pedí específicamente a Dios que me confirmara por medio de su Palabra si debía o no continuar con la quimioterapia. Dos horas después, Rachel-Ruth vino a sentarse conmigo. Me compartió algunas de las ideas sobre 2 Reyes 5 que iba a enseñar en la clase bíblica esa semana. Relató la historia del general sirio Naamán, quien tenía lepra. Una joven esclava israelita le habló a Naamán acerca de Eliseo, un hombre de Dios que podía sanarlo. Cuando Naamán buscó a Eliseo, le dijeron: "Ve y zambúllete siete veces en el río Jordán [...] y quedarás limpio".[8] Naamán se negó y dijo que en Siria había ríos mucho mejores que el Jordán. No quería pasar por los "efectos secundarios", como el estiércol y el lodo.[9] Pero, como su sirviente le insistió, Naamán se sumergió en el Jordán. Cuando salió después de la séptima vez, ¡estaba sano![10] *¡La séptima vez!* Y pude oír el inconfundible susurro del Espíritu que respondía mi oración y me confirmaba que debía seguir con la quimioterapia... Mi próximo tratamiento sería el último y el *séptimo*. Entonces, a pesar de que me oponía al "estiércol y el lodo", en obediencia a la guía de Dios, me comprometí a completar la séptima infusión.

En algunas ocasiones sentí que el Espíritu me había hecho promesas que luego no se cumplieron. Esos momentos han sido un desafío para mi fe. Volvía a la promesa, la analizaba y oraba por ella. ¿Será que la malinterpreté? ¿Será que leí entre líneas? ¿Habrá sido Dios quien me hizo la promesa o habré sido yo quien la declaró y reclamó? Hace poco tiempo, viví una crisis de fe debido a una promesa que pensaba que Dios me había hecho pero que, con el tiempo, no se había cumplido. Estaba devastada. Me sentía vacía, torpe y muy inocente en el área espiritual. Luego, el Espíritu me susurró: "Por eso el SEÑOR los espera, para tenerles piedad".[11] Y entonces comprendí que su promesa se cumpliría, pero no conforme a mis tiempos. Mi fe se recuperó cuando elegí confiar en sus caminos y sus tiempos.

Estos fueron tan solo algunos ejemplos de las veces en que el Espíritu susurró a mi corazón. ¿Habría tomado las mismas decisiones sin sus palabras? ¿Habría tenido la misma perseverancia, valentía, consuelo y guía si no hubiera leído mi Biblia y buscado su voz?

No lo creo. Sí, habría sobrevivido. Pero como muchas otras personas, estaría intentando adivinar qué camino tomar en la vida y temiendo dar un paso en falso, aunque muy probablemente lo daría de todas formas. En cambio, los susurros del Espíritu me han permitido vivir con una confianza dinámica y cometer pocos errores importantes.

Una vez más, recuerdo el consejo y el ejemplo de mi madre. Lee la Biblia. Todos los días. Estúdiala. Aprende a amarla. Vívela. Te animo a que obedezcas su sabio consejo y a que sigas el ejemplo de mi padre, es decir, reflexiona acerca de lo que lees. Presta atención a los susurros del Espíritu, quien habla por medio de las páginas de la Palabra que ha inspirado y de las palabras escritas en sus páginas, que tienen el hálito de Dios.

En la conclusión de este libro, en el Apéndice A, encontrarás un apartado en el que explico cómo leer la Biblia para que tú también puedas escuchar y discernir los susurros del Espíritu. Sigue las instrucciones y empieza a escuchar.

Sexta parte

REFLEJAR LA PUREZA DEL ESPÍRITU SANTO

... que los creyentes vean en ti un ejemplo a seguir en la manera de hablar, en la conducta, y en amor, fe y pureza.

1 Timoteo 4:12

Hace muchos años, me invitaron a una cena para que diera un discurso frente al personal y al claustro de profesores de un prestigioso seminario evangélico. Me sentía honrada y agradecida por esa oportunidad, así que acepté. Esa noche, me presentaron de manera informal a quienes habían hecho tiempo para ir a la recepción previa a la cena. Sabía los nombres de varios de los profesores a los que conocí en esa oportunidad gracias a los destacados libros que habían escrito. Algunos de estos libros eran parte del material de lectura de otros seminarios teológicos. Conocí al decano de los estudiantes, al decano de admisiones y a otros miembros del personal que habían establecido un modelo de liderazgo en el ámbito académico cristiano.

No recuerdo mucho acerca de la cena, solo que me sentía un poco intimidada por los expertos y brillantes miembros del público. Me presentaron con mucho cariño. Después de hacer algunos comentarios personales acerca del encuentro, oré y compartí un breve mensaje sobre el Espíritu Santo, quien nos guiará a toda la verdad y nos exhortará a compartirla con los demás. Durante el desarrollo del mensaje, dije que el Espíritu Santo es santo y que trabaja para hacernos santos. No hablé mucho acerca de este tema, porque parecía muy obvio.

Después de mi mensaje y la cena, un profesor se acercó para hablar conmigo. "Yo enseño aquí. Pero hoy aprendí algo. Nunca antes había pensado que el Espíritu Santo es santo". *¿En serio?* Espero que no haya notado mi cara de sorpresa. ¿Cómo puede ser que no se haya dado cuenta? ¿Es tan obvio que lo pasamos por alto? Después de eso, pensé que quizá no había entendido bien, pero nunca tuve la oportunidad de preguntárselo.

Tiempo después, el presidente de otro seminario teológico muy respetado me invitó a una cena. Mientras conversábamos, me contó que el problema principal entre sus estudiantes era la pornografía. Me sorprendí y esta vez quería asegurarme de haber entendido correctamente, así que le pedí que lo repitiera. ¿Se refería a los hombres y las mujeres que estudiaban en su seminario y se preparaban para ser pastores, líderes de jóvenes, directores de alabanza, maestros bíblicos, profesores del seminario y otros tipos de líderes dentro de la Iglesia como parte del servicio cristiano? ¿Estaba diciendo que esos hombres y mujeres miraban pornografía? ¿En su seminario? Su respuesta fue un "Sí". Luego me contó que habían descubierto el problema porque los estudiantes usaban las computadoras de la biblioteca que estaban escondidas detrás de las pilas de libros. Aprovechaban una zona que consideraban privada para satisfacer sus hábitos pecaminosos, pero no se daban cuenta de que sus búsquedas se podían localizar.

La confesión del presidente de este seminario aún me asombra. Pero he visto cómo esta raíz amarga crece en la vida de pastores con varios títulos académicos, pastores que están a cargo de megaiglesias, pastores que hablan en lenguas o evidencian otras manifestaciones del Espíritu y grandes oradores que luchan en secreto contra la inmoralidad o adicción sexual. A veces, Dios permite que los líderes cristianos tengan esa exposición para su bien, es decir, para que pidan ayuda y la Iglesia se purifique. Pero estos descubrimientos son devastadores para las congregaciones de las iglesias y menoscaban la credibilidad del Evangelio a los ojos del público.

Hace unos años, mi esposo habló con el gerente de uno de los hoteles para conferencias más grandes de Atlanta. Acababa de recibir a miles de delegados que habían asistido al encuentro anual de una congregación. Mi marido dijo que el hotel debía de haber perdido muchas ganancias en los bares, ya que suponía que los delegados no consumían tanto alcohol como los asistentes de las convenciones seculares. El gerente sonrió y respondió: "Es cierto. Pero compensamos las pérdidas con las películas para adultos que ofrecemos en los canales de entretenimiento de las habitaciones".

¿Qué ocurrió con la pureza? *¿Dentro de la Iglesia?* ¿En la vida de aquellos que se hacen llamar hombres de Dios? ¿Será la falta de pureza un indicio de que el Espíritu Santo se está retirando? Porque sabemos que una cosa es cierta: el Espíritu Santo es puro. Él es santo.

21

SU PUREZA SE EJEMPLIFICA EN JESÚS

Tú y yo vivimos rodeados por una cultura que ha caído en bancarrota espiritual y moral. El mal ha reemplazado al bien, y lo malo ahora es bueno. El infanticidio y el aborto, el suicidio asistido y la eutanasia, el matrimonio homosexual, la pornografía, los mensajes sexuales, el cambio de género, la trata de blancas, la violación en citas, la violencia al volante, la obscenidad, la obsesión con la imagen personal, la codicia, la crueldad, la glorificación de la violencia por medio de los videojuegos, las películas y la música. Es evidente que no hay respeto por la santidad ni la pureza.

Es alarmante ver como, al parecer, cada vez hay menos pureza dentro de la Iglesia. En términos generales, pareciera que estamos asimilando el mundo que nos rodea en lugar de apartarnos de este. La consecuencia es que no siempre reflejamos la santidad de Dios en la manera en que pensamos, hablamos y actuamos como cristianos.

Sin embargo, en el Antiguo Testamento, una de las características más notables de Dios es su santidad.

Lo vemos en la destrucción del mundo con una inundación en los días de Noé debido a una saturación de maldad;[1]

… en la destrucción de Sodoma y Gomorra por medio del fuego en los días de Abraham debido a su extrema maldad;[2]

... en el momento en que Dios ordenó a Moisés que se quitara las sandalias porque estaba pisando tierra santa;[3]

... en su juicio sobre Egipto debido a que el faraón se negó a obedecer y no dejó ir a su pueblo;[4]

... en su presencia aterradora en el monte Sinaí acompañada por truenos, relámpagos, fuego y el sonido de una trompeta;[5]

... en su diseño del tabernáculo y, luego, del templo, que especificaba restricciones estrictas respecto del lugar donde habitaría su santa presencia;[6]

... en el momento en que ordenó a Josué que, como Moisés, se quitara las sandalias porque había tenido un encuentro con Dios.[7]

Una y otra vez, a lo largo del Antiguo Testamento, podemos ver la aterradora santidad de Dios en su trato con las personas.

Pareciera que el amor y la gracia son las características de Dios que más se destacan en el Nuevo Testamento, pero su santidad no ha disminuido en el devenir de la historia de la humanidad. Él es tan santo como lo era al principio, y siempre lo será. De hecho, el nombre dado a su Espíritu pone en evidencia la importancia de la santidad: el Espíritu Santo.

La intolerancia y el odio de Dios al pecado son los motivos por los que existe la cruz. Su naturaleza santa, justa y recta exige juicio. Su santidad es tan real como su amor y gracia, lo que lo impulsó a intervenir y hacer propio el juicio por nuestros pecados por medio de la crucifixión de Jesús. Pero no debemos malinterpretarlo. El amor, la misericordia, la gracia, la bondad y la paciencia de Dios no contrarrestan ni atenúan su perfecta santidad. No existe una gama de santidad. Es blanco o negro. Tan solo una pizca de pecado, corrupción o imperfección trae aparejada la impureza.

Entonces, ¿por qué pareciera que los creyentes se están acostumbrando a la inmoralidad que nos rodea e incluso la adoptan? Ya no nos sorprende lo que vemos en las películas y la televisión, en las revistas, las descripciones gráficas de las novelas, las ventanas emergentes en las páginas de internet o lo que se glorifica en la alfombra roja. Antes, las personas que querían comprar revistas de mujeres con poca ropa debían pedirlas. Ahora vemos mujeres con el mismo tipo de atuendos haciendo las compras o viajando en los aeropuertos.

Aunque dudo antes de señalar al mundo secular, no puedo evitar angustiarme cuando veo lo que los cristianos toleramos, ignoramos o imitamos. Parece que hemos perdido de vista la santidad de Dios. Parece que tenemos una necesidad apremiante de participar de un curso de actualización sobre la pureza. Los estándares de la santidad y la pureza en nuestra cultura han sido rebajados al extremo, al punto que pareciera que ya no existen, pero los estándares de Dios no han cambiado. No han cambiado ni un poquito. Es tan santo el día de hoy como lo era en el monte Sinaí y cuando estaba en el lugar santísimo del templo. La Biblia lo deja muy claro. Nos ordena que nosotros también seamos santos: "Más bien, sean ustedes santos en todo lo que hagan, como también es santo quien los llamó; pues está escrito: «Sean santos, porque yo soy santo»".[8] Pero, en ocasiones, es necesario salir de nuestra autocomplacencia para ser realmente santos.

Piensa en la manera en que se hizo hincapié en la santidad de Dios en los tiempos de la incipiente Iglesia de Jerusalén. El sermón de Pedro en Pentecostés, la sanación del mendigo lisiado en la puerta Hermosa del templo, la persecución de Pedro y Juan por las autoridades: todo esto despertó la atención del público hacia el Evangelio, y miles de personas creyeron que Jesucristo era su Mesías, Salvador y Señor. La Iglesia se expandió nada más y nada menos que gracias al poder del Espíritu Santo a medida que el pueblo de Dios oraba y predicaba el Evangelio.[9] Los creyentes se ayudaban unos a otros por medio de sus oraciones, su compañerismo y sus posesiones, de manera que no había ningún necesitado.

Un día, un hombre llamado Bernabé vendió un terreno que poseía y llevó el dinero a la iglesia. Su acto de abnegación impresionó a todos y animó especialmente a Ananías y su esposa Safira. Querían el respeto y el reconocimiento que había recibido Bernabé, entonces también vendieron un terreno. Pero se pusieron de acuerdo para quedarse con parte del dinero, y les dijeron a los apóstoles que estaban dándolo todo. Cuando Ananías llevó el dinero a los apóstoles, Pedro se dio cuenta del engaño y les dijo: "¿Cómo se te ocurrió hacer esto? ¡No has mentido a los hombres, sino a Dios!".[10] Ananías cayó muerto en el acto. Unos jóvenes se acercaron y se llevaron su cuerpo. Unas tres horas más tarde entró Safira, sin saber que su esposo había muerto. Cuando Pedro se lo preguntó, ella también mintió. Cuando la recriminó, ella también cayó muerta. ¿Cuál fue el resultado?: "un gran temor se apoderó de toda la iglesia y de todos los que se enteraron de estos sucesos".[11] Es evidente que Dios consideraba que la Iglesia primitiva necesitaba un curso de actualización sobre su santidad.

¿Qué es la santidad exactamente? Una definición sencilla de *santidad* es "la separación del pecado". Jesús es el claro y supremo ejemplo de santidad, porque él estaba totalmente separado del pecado. A pesar de haber sido tentado tal como nosotros, nunca cedió a la tentación. No cometió pecado alguno.[12] Es el cordero sin mancha y sin defecto a los ojos de Dios.[13] Él es santo. En Él no hay maldad, grosería, egoísmo, crueldad, amargura, falta de perdón, resentimiento, mentira ni pecado. Sus maneras y sus motivaciones son completamente puras. Sus acciones y sus actitudes, también. Sus obras y sus decisiones, también. Sus pensamientos y sus sentimientos, también. Él es santo, santo, santo en su cuerpo, su mente, sus emociones y su Espíritu.

Cuando la muerte del rey Uzías conmovió al profeta Isaías, él levantó la mirada y tuvo una visión de la santidad del Hijo de Dios preencarnado. El apóstol Juan testificó que Isaías había visto la gloria de Jesús cuando lo vio sentado en el trono del universo.[14] El hecho de que Jesús estuviera sentado en el trono indicaba su posición de autoridad absoluta. Era, es y por siempre será supremo sobre todo. Al describirlo, Isaías dijo que era "excelso y sublime", lo que significa que nadie en todo el universo tiene más autoridad o poder que Él. En ese momento, además de los ojos de Isaías, sus oídos se abrieron y escuchó que los seres angelicales se decían uno a otros: "Santo, santo, santo es el SEÑOR Todopoderoso".[15] Como consecuencia, reconoció la profundidad de su condición pecaminosa y gritó: "¡Ay de mí, que estoy perdido!".[16] Gracias a este reconocimiento, experimentó un arrepentimiento profundo y un avivamiento personal y espiritual. Esto lo catapultó hacia un rol profético que muchos consideran el más importante del Antiguo Testamento.

Creo que la Iglesia tiene una necesidad imperiosa de experimentar un avivamiento. Un avivamiento real. No de una reunión en una carpa o una serie de cultos para salvar a los perdidos, sino un despertar espiritual que obligue al pueblo de Dios a arrepentirnos de nuestros pecados, regresar a la cruz y volver a comprometernos a reflejar su pureza con nuestras vidas.

Sin embargo, me pregunto qué hará falta para impartir una visión fresca de la santidad del Señor Todopoderoso a aquellos que se hacen llamar hombres de Dios. A ti y a mí. ¿Tendrá que morir alguien para que comprendamos que Dios es santo, como en los casos del rey Uzías o Ananías y Safira? ¿Tendremos que sufrir una desgracia? ¿Tendrá que atacarnos un enemigo? ¿Será necesario que vivamos una catástrofe para que levantemos la mirada? El Hijo de Dios está sentado en el trono. Sigue siendo el más excelso y exaltado de todo el universo. Todavía tiene el dominio supremo. Es tan santo como lo era cuando Isaías escuchó la adoración de los seres angelicales. ¡Y nos exige a ti y a mí que seamos santos como Él!

Por este motivo, necesitamos la ayuda de su Espíritu Santo, quien ha sido enviado en su nombre.[17]

22

SU PUREZA SE EMBELLECE EN NOSOTROS

Cuando el Espíritu Santo entra a nuestro corazón, todo cambia. Porque, no lo olvides, el Espíritu Santo es santo. Por lo tanto, es lógico que, a medida que nos llenemos de Él, reflejemos su santidad y pureza por medio de nuestra forma de ser, nuestras palabras y nuestras acciones. Como consecuencia, nuestra vida mostrará un marcado contraste con los que nos rodean.

El domingo previo a la Pascua, Jesús entró a Jerusalén sobre un burro.[1] Aunque puede parecernos extraño que se presente de esta manera públicamente, una profecía del Antiguo Testamento establecía que Él entraría de esta manera a la ciudad, y su gente comprendió que Él se acercaba a ellos como el Mesías.[2] Jesús de Nazaret se estaba presentando al pueblo de Dios como el Hijo de Dios, el Mesías, el Redentor de Israel.

Cuando juntamos los relatos de los cuatro Evangelios, descubrimos que, habiendo entrado en Jerusalén, Jesús fue directamente hacia el corazón de la ciudad: el templo. Y simplemente, echó un vistazo. Todos sabían que Él estaba mirando, y todos deben de haberse preguntado qué miraba. No tuvieron que esperar mucho para enterarse, porque a pesar de que había salido de la ciudad y dormido en Betania, regresó al templo al día siguiente. Esta vez lo inundaba la ira santa. Tomó un látigo y comenzó a echar a los comerciantes y a los cambistas, derribó sus mesas y soltó a sus animales. ¿Por qué? Seguramente entre los latigazos, explicó que el templo debía ser "casa de oración"; pero ellos lo estaban convirtiendo en una "cueva de ladrones".[3] Como las personas necesitaban los animales para los sacrificios, los comerciantes habían corrido sus puestos cada vez más cerca del templo hasta que comenzaron a armarlos allí dentro y a subir los precios de manera desmesurada. Jesús limpió el templo y exigió, por medio de sus acciones, que el templo fuera santo y puro, sin corrupción. Que los comerciantes estuvieran en las calles de Jerusalén era una cosa, pero que estuvieran dentro del templo era algo completamente distinto.

Además de echar del templo a los que cambiaban dinero, ¿no habrá sido esta una representación audiovisual de lo que hace el Espíritu Santo cuando entra al corazón de una persona? Cuando un corazón no le pertenece, es posible que Él permita que la persona haga lo que quiera. Pero cuando un corazón le pertenece, asume la responsabilidad de limpiarlo. ¿Has tomado conciencia de que el Espíritu Santo está echando un vistazo en tu corazón? ¿Has comenzado a preguntarte si está bien que continúes yendo a ese lugar? ¿Usando esas palabras? ¿Mirando esas películas? ¿Leyendo esos libros? ¿No te hace sentir un poquito incómodo que Él esté en tu corazón? ¿Durante cuánto tiempo disfrutaste de su presencia antes de que Él echara al pecado de tu vida? ¿Un hábito, una actitud, una relación, uno a la vez?

El Espíritu Santo echa al pecado

Una de las responsabilidades del Espíritu Santo es hacernos santos como Él. Nuestra responsabilidad es colaborar con Él si realmente queremos experimentar y reflejar su pureza. Una decisión detrás de la otra. Cuando Él te diga que te debes deshacer de algo, hazlo. Ahora. Cuando te diga que debes cortar lazos con una relación, hazlo. Cuando te diga que debes perdonar a alguien, hazlo. Cuando te diga que debes pedirle perdón a una persona, hazlo. Si te dice que rompas con un hábito, hazlo. Ahora mismo. No lo dejes para después. No te justifiques. No te excuses ni te defiendas. Haz lo que Él te diga, cuando te lo diga.

¿Cuál es el pecado que está manchando el reflejo de su pureza, ya sea mediante una acción o una reacción, un pensamiento o una palabra, una actitud o un hábito? Según mi experiencia, las primeras veces que me condena por algo, es bastante sutil. Si no respondo de la manera que Él quiere, se vuelve más firme. Si, por algún motivo, no suelto el pecado, es posible que sea muy duro. Pero no permitirá que continúe con el pecado en mi vida. A decir verdad, yo tampoco quiero seguir pecando. Quiero que Él quite el pecado que le resulta repugnante, que daña el reflejo de su belleza y hace que a los demás les cueste ver a Jesús en mí.

Un mensaje que proviene de la cruz es que Dios no tolera el pecado. Lo odia. Tenemos la libertad de elegir el pecado si queremos, pero no tenemos la libertad de elegir las consecuencias. Y pueden ser desastrosas, como vimos en la historia de Ananías y Safira.

El pecado es como un cáncer espiritual. Se puede expandir y acaparar distintas áreas de nuestro corazón, y sus tentáculos pueden poner en peligro nuestra vida. El Espíritu Santo desea que nos limpiemos continuamente de nuestro pecado para que gocemos de bienestar, protección y bendición.

He visto cónyuges que cedieron ante la tentación y tuvieron un amorío que destruyó su matrimonio y su familia. He visto parejas que codiciaban cosas que estaban fuera de su alcance y acumularon deudas hasta quedar enterrados en ellas. He visto madres que se dejaron convencer por el movimiento feminista, el cual aplaude a las mujeres que tienen carreras profesionales y menosprecia a las madres que se quedan en su casa, y que luego aprendieron por las malas que ninguna de estas formas de vivir garantiza una familia firme. ¿Y los niños? Hacen obscenidades durante su niñez. Hablan gráficamente del sexo durante su preadolescencia. Y tienen relaciones sexuales durante su adolescencia, incluso en la escuela. Y todo esto describe a adultos y jóvenes dentro de casas e iglesias "cristianas". ¿Por qué? ¿Dónde está el Espíritu Santo? ¿Dónde está el hombre con el látigo para convencer y corregir?

La Biblia dice que el Espíritu Santo hace su trabajo, pero que, aparentemente, nosotros no estamos haciendo el nuestro. No lo estamos escuchando ni prestando atención. En pocas palabras, no leemos, amamos, obedecemos ni vivimos la Biblia. Es como si quisiéramos agregar a Jesús a nuestras vidas, en lugar de entregarle todo para que Él sea nuestra vida. Cuando los que le pertenecemos nos negamos a responder a la convicción y la corrección del Espíritu Santo, podemos desarrollar lo que la Biblia llama una conciencia "cauterizada"[4]. Pareciera que se forma una costra gruesa alrededor de nuestro corazón que lo endurece frente a la convicción del Espíritu Santo, que un velo sobre los ojos no nos permite ver la verdad y que nuestra audición apagada amortigua el susurro del Espíritu. ¿Será que toda la Iglesia, en general, está padeciendo el endurecimiento espiritual?

Únicamente Dios lo sabe, pero creo que necesitamos con urgencia un derramamiento del Espíritu Santo para un despertar espiritual. No tan solo en cada iglesia de nuestro país, sino también en el corazón de cada creyente. Necesitamos un avivamiento. Pero la clave del avivamiento es el arrepentimiento. Esto comienza en mí. Y en ti. Ahora.

Convicción que conduce hacia la limpieza

Hace muchos años, Dios me llevó a un tiempo muy difícil de arrepentimiento que se desencadenó porque había leído un listado de pecados en un folleto sobre el avivamiento.[5] Durante siete días, fue como si Él hubiera sacado un látigo de convicción y corrección profundas y dolorosas a medida que me revelaba pecados que no sabía que estaban en mi vida.

Me pregunto si tú, al igual que yo, tienes pecados en tu corazón y en tu vida de los que no eres consciente. Pareciera que se filtraran por todos lados.

Como necesité ayuda para poder ver mis pecados, incluí un listado de pecados personales en el Apéndice C, al final de este libro, que te puede ayudar. Léelo en oración y pídele a Dios que lo use para traer la luz de su santidad a los recovecos más oscuros y remotos de tu corazón, así como usó un listado antiguo de pecados de un avivador para hacer brillar su luz en mi corazón. Pero en este momento, haz una pausa y ora conmigo:

Santo Señor:

Apartamos estos momentos para levantar la mirada. Vemos que eres excelso y sublime. Estás sentado en el trono de nuestro corazón. Reconocemos tu autoridad y tu grandeza. Nadie es más asombroso ni más alto que Tú. En el reposo, podemos oír el coro de adoración angelical: "Santo, santo, santo es el Señor Todopoderoso".[6]

Eres amoroso. ¡Sí, lo eres!
Eres misericordioso. ¡Sí, lo eres!
Eres bondadoso. ¡Sí, lo eres!
Eres fiel. ¡Sí, lo eres!

Te amamos por la belleza de tu persona. Pero no seríamos honestos si no reconociéramos también que no puedes negarte a ti mismo. Y también eres justo. Eres santo. Eres recto. Y un Señor justo, santo y recto exige el juicio por nuestros pecados. Ese es el mensaje de la cruz. Si no tuviéramos responsabilidad alguna por nuestros pecados, no sería necesaria. La cruz revela tu odio por el pecado. Tú moriste para que los pecadores pudiéramos vivir libres del castigo del pecado. Te levantaste de entre los muertos para que los pecadores estuviéramos muertos al pecado.

En la cruz vemos que Tú, el santo Cordero de gloria, das tu vida por personitas hechas del polvo, y nos asombramos ante la presencia del Salvador crucificado. La cruz no solo revela la atrocidad del pecado, sino también la belleza de tu infinito amor porque tomaste nuestro lugar e hiciste propio nuestro juicio.

Confieso que mi enfoque en la vida e incluso en la oración no ha estado en ti como la solución a mis problemas y la respuesta a mis necesidades. Confieso que, con frecuencia, he actuado como si yo fuera alguien y Tú no.

Me arrepiento.

Confieso que, a veces, me concentro tanto en los demás que no tengo una visión clara de mí mismo. Me acerco a ti y te pido que hagas brillar la luz de tu verdad en mi corazón y mis sentimientos, en mi mente y mis pensamientos, para verme como Tú me ves y arrepentirme de manera real y profunda de mis pecados.

Santo Señor, líbrame de todo orgullo, hipocresía o crítica. Enséñame a sacar la viga de mi ojo antes de intentar sacar la paja del ojo de mi hermano.[7] *Deseo que envíes un avivamiento al corazón de tu pueblo. Que comience aquí. En este instante. Conmigo. Quiero experimentar la santidad y reflejarte de adentro hacia afuera.*

Con ese fin, en este momento,

confieso ________________ *(completa el espacio en blanco con los pecados que vengan a tu mente).*

Me arrepiento de ________________ *(escribe, uno por uno, los pecados que rechazarás y dejarás fuera de tu vida).*

Límpiame, lávame, en el nombre de Jesús. Quiero ser una hermosa novia para Él.

Amén.

El autor del folleto que Dios usó para limpiarme sugería que el lector leyera el listado de pecados tres veces. Para seguirle la corriente, lo hice. La primera vez que leí el listado, me sentí un poco orgullosa porque veía que no tenía en mi vida ninguno de esos pecados. La segunda vez, me sentí espiritual porque, si cedía un poco, quizá había dos o tres cosas que debía modificar. Pero la verdad impactante se me reveló cuando leí el listado por tercera vez. Pude ver cada uno de los pecados en mi vida, de una manera u otra. No solo eso, sino que comencé a pensar en otros pecados. Cada vez que abría la Biblia, un versículo me llamaba la atención y me convencía de otro pecado que no sabía que había estado albergando. Para ser honesta, fue una experiencia dura, dolorosa y humillante.

Aprendí muchas cosas. En primer lugar, aprendí que no era tan maravillosa como creía ser. Y aprendí que hace falta mucha valentía para ser tan honestos como para ver lo que Dios ve y confesar nuestros pecados según el nombre que Él les da, uno por uno.

Mientras el Espíritu Santo me guiaba por esta experiencia, mi corazón y mi vida estaban cauterizados por la convicción, la vergüenza y la culpa. Pero una tarde, me susurró que había terminado su obra. Al menos, por ese momento. Cuando le pedí que se asegurara, ya que no quería atravesar otra vez ese proceso en un futuro próximo, me confirmó que había terminado. Y, en mi interior, lo sabía. Sentía que me había dado un baño por dentro. Mi corazón comenzó a brillar. Me sentí llena de gozo y vitalidad. El aire parecía más claro; los colores, más brillantes; los sonidos, más dulces. Me llevó un tiempo procesar lo que había vivido, pero ahora sé que fue un avivamiento. Un avivamiento personal.

En lugar de leer acerca del Espíritu Santo o hablar sobre el Espíritu Santo o estudiar al Espíritu Santo, ¿no será el momento de que experimentes la santidad del Espíritu? De ser así, ¿leerías el listado del Apéndice C con madurez y sinceridad tres veces? La tercera vez, ora por el listado en lugar de leerlo. Pídele al Espíritu Santo que te indique lo que no le agrada de tu vida. Escribe los pecados que no están en la lista y que Él te recuerde. Confiésalos. Repúdialos. Pídele que te limpie con la sangre de Jesús. Lo hará.

Tómate todo el tiempo que necesites para confesar tus pecados y arrepentirte. Luego, ora nuevamente conmigo:

Santo Señor:

Con lágrimas y vergüenza, rendimos nuestro corazón sincera y valientemente.[8] *Nos arrepentimos de nuestros pecados. No solo los llamamos como Tú los llamas, sino que nos alejamos de ellos.*

Reclamamos la promesa de que perdonarás nuestros pecados por medio de tu sangre.[9]

Reclamamos la promesa de que, si confesamos nuestros pecados, Tú serás fiel y justo para perdonarnos y purificarnos.[10]

Gracias por tu perdón.

Gracias por la sangre que nos limpia.[11]

Gracias porque nuestras lágrimas están en tu rostro.[12]

Gracias porque, como nuestro sumo sacerdote, comprendes de primera mano la vergüenza y la culpa del pecado.[13]

Gracias porque, aunque no cometiste pecado alguno, te hiciste pecado para que nosotros fuéramos justificados contigo.[14]

Gracias porque cuando tu sangre nos redime y ponemos nuestra vida en tus manos, somos nueva creación. Lo viejo ha pasado, ha llegado ya lo nuevo.[15]

Gracias por el Espíritu Santo, quien es santo y trabaja dentro de nosotros para hacernos santos como Tú eres santo.

Gracias por la culpa y la vergüenza abrumadoras y la convicción de pecado, que son evidencia del obrar del Espíritu Santo en nuestro corazón para purificarnos.

Gracias por la experiencia de la purificación, a pesar de que puede ser muy dolorosa.

Gracias por la bendita seguridad de que, una vez que nos has dado la convicción de nuestros pecados, que los hemos confesado y hemos sido purificados, podemos esperar una gran bienvenida a tu presencia y a tu morada celestial porque somos la novia a la que el Espíritu Santo está hermoseando para nuestro Novio…, nuestro Salvador…, el santo Cordero de gloria.

Oramos en el nombre de Jesús.

Amén.

Ahora, pídele a Dios que te llene del Espíritu Santo, a fin de que llegue el verdadero tiempo de restauración a tu vida.[16] Y para que la invisible belleza del Espíritu Santo se haga visible ante los que te rodean.

23

SU PUREZA SE MAGNIFICA EN NOSOTROS

La primera operación de cataratas por la que pasó mi esposo fue un desastre. Cuando le quitaron los vendajes, en lugar de ver con mayor claridad como él esperaba, había quedado ciego del ojo derecho. Durante el resto de su vida, entrecerró los ojos y esto le daba la apariencia de alguien que guiñaba el ojo todo el tiempo. Esa expresión era adecuada a su personalidad divertida y bromista. Pero, en la vida real, necesitaba lupas para poder leer más fácilmente. Entonces compré algunas grandes y otras pequeñas, unas de plástico y otras de vidrio, unas elegantes con mangos de plata o de hueso, y las puse en distintos lugares de la casa. Ahora yo las estoy usando. Me ayudan a ver con más claridad.

Tú y yo somos como lupas que ayudan al mundo a ver mejor a Jesús. Cuando se estableció la Iglesia por primera vez, en griego se le llamó *ekklēsia*. El objetivo de esta reunión de creyentes era demostrar de manera visual cómo sería la sociedad si funcionara conforme a la autoridad de Jesucristo. Dios ordena la Iglesia con el fin de revelar a Jesús y compartir el Evangelio. Pero la Iglesia es el cuerpo de Cristo. No es un edificio ni una organización ni una denominación ni una asociación. La Iglesia está conformada por personas que, como tú y yo, fueron a la cruz, confesaron sus pecados y se arrepintieron de ellos, recibieron a Jesucristo como su Salvador por la fe y buscan seguirlo como su Señor. La iglesia local es donde los seguidores de Jesús se reúnen para recibir ánimo e instrucciones y donde son enviados al mundo para compartir el Evangelio.

En los días del Antiguo Testamento y durante la vida de Jesús, el pueblo de Dios se reunía en el templo de Jerusalén. Era el lugar donde Dios había puesto su nombre y donde se decía que moraba entre su pueblo aquí en la tierra.[1] Pero no hay un templo en Jerusalén en la actualidad. Los romanos lo destruyeron completamente en el año 70 a.C. Por lo tanto, ahora no hay un Lugar Santo ni un Lugar Santísimo para que Dios more entre los hombres. Sin embargo, la grandiosa verdad es que tú y yo ahora somos un templo viviente del Espíritu Santo. ¡Dios mora dentro de ti y de mí! Por ese motivo, es esencial que mantengamos la santidad de nuestro templo. "¿Acaso no saben que su cuerpo es templo del Espíritu Santo, quien está en ustedes y al que han recibido de parte de Dios? Ustedes no son sus propios dueños; fueron comprados por un precio. Por tanto, honren con su cuerpo a Dios".[2]

Tenemos la gran responsabilidad de revelar a Dios Padre, Dios Hijo y Dios Espíritu Santo a quienes nos rodean a través de lo que decimos y lo que hacemos, los lugares a los que vamos y la manera en que vivimos, la forma en que reaccionamos y trabajamos, lo que escuchamos y lo que miramos: "Porque nosotros somos templo del Dios viviente. Como él ha dicho: «Viviré con ellos y caminaré entre ellos. Yo seré su Dios, y ellos serán mi pueblo»".[3] Hoy somos el templo donde los demás deberían poder verlo, oírlo y conocerlo.

Algo aún más asombroso que el milagro de que cada uno de nosotros sea el templo del Espíritu Santo es que todos nosotros, como templos vivientes, estamos unidos en un magnífico templo santo en donde Dios vive por medio de su Espíritu.[4] En una analogía similar, el apóstol Pedro nos describe como piedras vivas "con las cuales se está edificando una casa espiritual" que un día mostrará la gloria de Dios al mundo.[5]

Piénsalo. De manera individual, nuestra vida debe reflejar la gloria y la pureza del carácter de Dios. Y, en unidad, nosotros, las piedras vivas, nos reunimos para que se edifique un templo mayor compuesto de cientos y cientos, miles y miles, millones y millones de vidas individuales que se han acercado a la cruz, han confesado sus pecados y se han arrepentido de ellos, han recibido a Jesucristo por la fe como su Salvador y buscan seguirlo como su Señor. En conjunto, somos un templo vivo hecho de piedras vivas, con el fin de mostrar y magnificar la gloria, la pureza y la santidad de Dios frente a todo el universo.

Nuestra vida, nuestro testimonio cristiano y nuestra fe no se tratan únicamente de nosotros. Estamos viviendo por un propósito mucho más importante que tú o yo.

¡Estamos viviendo juntos para la gloria de Dios!

Magnificado por nuestra penitencia

Si debemos ser la lupa que ayude al mundo a ver mejor a Jesús, es crucial que nos unamos y confesemos nuestros pecados colectivos. Debemos lavar, limpiar y pulir el "cristal" para que los demás puedan ver a través de nosotros con mayor claridad. Es lógico que, si la luz de su gloria es tenue en nosotros como individuos, también sea difícil que los demás lo vean a Él en la Iglesia. El templo será tan glorioso como cada piedra en particular.

Como hemos visto, a veces cada uno de nosotros necesita una "limpieza del hogar" profunda. La siguiente plegaria es una oración propia que usé con tal fin para interceder por la Iglesia. La escribí con los pronombres en plural para que sea más fácil para ti utilizarla.

Preciosa Piedra Angular:

Estamos asombrados por tu persona. Eres la piedra que los constructores rechazaron. Eres la piedra con la que las personas se tropiezan. Pero eres la piedra angular de un magnífico templo que mostrará tu gloria por la eternidad.[6] *En todas las épocas. Queremos con todo nuestro corazón que nuestra vida refleje tu gloria para que todo el universo esté lleno de ella.*[7] *Queremos vivir para alabanza de tu gloria.*[8]

Nos acercamos a ti como pecadores. Somos piedras vivas imperfectas, pero hemos sido purificados por tu sangre y tu Espíritu mora en nosotros. Hemos confesado nuestros pecados personales e individuales. Creemos que estamos limpios ante ti, porque has prometido que, si confesábamos nuestros pecados, Tú nos purificarías y nos limpiarías de toda maldad.[9] *Una vez más, gracias.*

Ahora nos acercamos a ti y confesamos nuestros pecados colectivos. Confesamos que nosotros, tu pueblo, las ovejas de tu prado,[10] *nos descarriamos constantemente. Muchos de nosotros tomamos nuestros propios caminos e hicimos lo que nos parecía mejor.*[11] *El ruido de las divisiones, la disensión y la rivalidad denominacionales le ha dado un sonido desconcertante a la trompeta del Evangelio.*[12] *Los heridos y los que hieren, las traiciones y las disputas, el orgullo y los prejuicios, la riqueza y los deseos han manchado el reflejo de tu belleza que debería descansar en nosotros como tu cuerpo, la Iglesia, el templo vivo del Dios santo y vivo.*

Nos hemos enfocado en nuestras circunstancias y, por lo tanto, hemos sido derrotados.

Nos hemos enfocado en los demás y, por lo tanto, nos han defraudado.

Nos hemos enfocado en nosotros mismos y, por lo tanto, hemos sido engañados.

Nos hemos enfocado en la política y, por lo tanto, nos hemos desilusionado.

Nos comparamos con los demás en lugar de compararnos con tu estándar de santidad y la percepción de quienes somos está distorsionada.

Nos arrepentimos.

Pedimos un avivamiento, pero estamos demasiado ocupados como para orar y ayunar para confesar y arrepentirnos de nuestros pecados.

Nos arrepentimos.

Nos atrevemos a someter la Biblia a debate, afirmamos que "contiene" tu Palabra, cuestionamos su infalibilidad, autoridad, inspiración y perfección. Como si Tú cometieras errores o no dijeras la verdad, toda la verdad y nada más que la verdad. Luego reemplazamos tu Palabra con material denominacional.

Nos arrepentimos.

Hemos reemplazado la obediencia por la ortodoxia; la vida del Espíritu, por las actividades de la iglesia; y la oración, por los programas.

Hemos reemplazado _______________ *(completa el espacio en blanco con lo que se te ocurra).*

Nos arrepentimos.

Hemos racionalizado, negado o cubierto el pecado en pos del crecimiento numérico. No damos el consejo de las Escrituras por completo porque no queremos ofender a los que nos escuchan.

Hemos racionalizado _______________*.*

Nos arrepentimos.

Cambiamos las etiquetas para que el pecado parezca menos pecaminoso. Decimos que una mentira es una exageración. Decimos que la fornicación es sexo seguro. Decimos que el asesinato es el derecho a elegir. Decimos que la borrachera es una enfermedad. Decimos que los celos son ambición.[13] *Decimos que el orgullo es autoestima.*

Decimos que _______________ *es* _______________*.*

Nos arrepentimos.

Hemos esperado que los pastores sean directores ejecutivos. Hemos convertido a los líderes espirituales en celebridades. Hemos convertido los ministerios en negocios. Te hemos dado la gloria, pero reclamamos una comisión del diez por ciento del crédito.[14]

Hemos _______________.

Nos arrepentimos.

Con mucha vergüenza, confesamos que hay personas en el mundo a quienes amas y por las cuales has muerto…

… que no quieren conocerte a ti porque nos conocen a nosotros,

… que te rechazan porque nos rechazan a nosotros,

… que no creen en ti por lo que decimos y por cómo lo decimos,

… que no creen que los amas porque nosotros no los amamos,

… que no saben que les puedes dar la victoria sobre el pecado porque nosotros vivimos derrotados,

que están desesperanzados porque nosotros nos cruzamos de brazos,

… que no se acercan a ti para ser libres del pecado porque nosotros hemos acordado que ellos "nacieron así",

… que no piensan que eres la solución porque nosotros miramos la política y el poder,

… que sienten terror por el futuro porque nosotros tenemos miedo.

Con vergüenza, confesamos _______________.

¿Por qué nos extraña que las personas se estén yendo de la Iglesia? ¿Que estén abandonando la fe de sus padres? ¿Que duden de tu amor? ¿Que cuestionen tu existencia? ¿Que estén inventando dioses que se adapten a ellos? Nuestros pecados le quitaron el brillo a tu gloria, escondieron tu rostro, ataron tus manos y minimizaron la percepción de tu amor. Pero ahora nos acercamos a ti con confesiones específicas. Con humildad y sinceridad, te decimos: "Perdónanos nuestra perversidad, y recíbenos con benevolencia".[15]

Nos prometiste que corregirías nuestra rebeldía y nos amarías por gracia pura.[16] *Recordaremos tu Palabra. Límpianos, Dios vivo y santo. Conviértenos en un templo que refleje la fortaleza eterna y la gloria de la Piedra Angular de manera clara para que, un día, todo el universo se sacuda y reverbere con gran gozo: "Grandes y maravillosas son tus obras, Señor Dios Todopoderoso. Justos y verdaderos son tus caminos, Rey de las naciones. ¿Quién no te temerá, oh Señor? ¿Quién no glorificará tu nombre? Solo tú eres santo. Todas las naciones vendrán y te adorarán, porque han salido a la luz las obras de tu justicia"*[17] *por medio de nosotros, tu pueblo, las piedras vivas.*

Para la gloria de tu gran nombre.

Amén.

Magnificado por nuestra alabanza

Como ya compartí contigo, una de las consecuencias de haber purificado mi corazón, mente y cuerpo mediante el trabajo de convicción y limpieza del Espíritu Santo es que fui libre de la culpa y la vergüenza. ¡Soy libre! Confío en que fui justificada ante Dios y en que Él me ve a través de la sangre de su Hijo amado. Soy aceptable para Él.[18] Porque lo que ha hecho en mi vida me llena de humildad y gratitud, ¡mi corazón desborda de alabanza!

El rey David vivió la misma experiencia. Después de haber cometido adulterio con Betsabé y de haber mandado a matar a su esposo, el profeta Natán lo confrontó. Fue declarado culpable hasta los tuétanos. Abandonó los intentos de cubrir, ignorar, defender y justificar lo que había hecho. En cambio, confesó su pecado.[19] Cuando lo hizo, recobró el gozo de la salvación y exclamó: "¡Alégrense, ustedes los justos; regocíjense en el Señor! ¡canten todos ustedes, los rectos de corazón!".[20]

La alabanza genuina que surge de un corazón arrepentido rebosante de gratitud es la prueba de que el Espíritu Santo está trabajando dentro de nosotros para limpiarnos y llenarnos con su presencia.

Ninguna otra canción en el universo debe ser tan emocionante como la canción de los redimidos que algún día cantaremos junto al trono en el Cielo. No se trata de la creación, ni de la libertad de la esclavitud en Egipto, ni de la destrucción del ejército del faraón en el mar Rojo, ni de los mandamientos en el monte Sinaí. Es un nuevo cántico que se cantará en el Cielo antes del regreso del Hijo de Dios para gobernar y reinar sobre la tierra. ¿Cómo es la letra?: "Digno eres de recibir el rollo escrito y de romper sus sellos, porque fuiste sacrificado, y con tu sangre compraste para Dios gente de toda raza, lengua, pueblo y nación. De ellos hiciste un reino; los hiciste sacerdotes al servicio de nuestro Dios, y reinarán sobre la tierra".[21]

El cántico de redención se volverá contagioso a medida que la voz de millares de millares y millones de millones de ángeles rodee el trono y se unan con todas sus fuerzas: "¡Digno es el Cordero, que ha sido sacrificado, de recibir el poder, la riqueza y la sabiduría, la fortaleza y la honra, la gloria y la alabanza!".[22] ¡Todo el universo estallará en una alabanza *in crescendo* que llegará hasta los lugares más lejanos! ¡Todo el universo adorará al único que es digno![23]

¿Será en el fin de los tiempos como en el principio, cuando el Espíritu de Dios se movía sobre el planeta Tierra de manera vibrante y revitalizante, con el fin de prepararla para ser transformada por medio del poder de la Palabra de Dios? ¿Será la movilizadora alabanza de todo el universo la prueba del maravilloso poder del Espíritu Santo que infundirá adoración por nuestro Señor Jesucristo en cada ser viviente?

Habiendo presenciado un tiempo futuro, el apóstol Juan dijo que oyó "voces como el rumor de una inmensa multitud, como el estruendo de una catarata y como el retumbar de potentes truenos, que exclamaban: «¡Aleluya! Ya ha comenzado a reinar el Señor, nuestro Dios Todopoderoso. ¡Alegrémonos y regocijémonos y démosle gloria! Ya ha llegado el día de las bodas del Cordero. Su novia se ha preparado»".[24]

Lo que acabamos de vivir, la confesión y rechazo de nuestros pecados, es la preparación para ese día. Porque no solo somos las piedras vivas que edifican un magnífico templo donde el Dios trino exhibirá su gloria, sino que también somos la novia de Cristo. Con la ayuda esencial, indispensable y purificadora del Espíritu Santo, nos estamos preparando para recibir a nuestro Novio. ¡Nos estamos preparando para ver al Rey!

¿Por qué esperar aquel día para comenzar a elevar la voz para adorar al único digno de toda alabanza? Recuerda: ¡el Espíritu Santo habita entre tus alabanzas![25] No puedo explicar lo inexplicable, pero sé que la alabanza limpia la atmósfera espiritual invisible. Los espíritus sin amor deben huir. Exalta los nombres de Jesús en cada habitación de tu casa, llena tu hogar o tu vehículo con música cristiana, hazte el hábito de empezar tus oraciones (y tus días) alabando a Aquel de quien fluyen las bendiciones. Se notará la diferencia. Si lo intentas, lo comprobarás.

Cuando mis dos hijas y yo fuimos por primera vez al centro oncológico para reunirnos con mi equipo médico, aprovechamos el tiempo para exaltar los nombres de Jesús. Comenzamos con la primera letra del abecedario y cada una dijo uno de sus nombres que empiezan con la letra *A*: Él es el Alfa, Adonai y Alfarero. Continuamos con todo el abecedario y llenamos así el carro con alabanzas.[26] Cuando llegamos al hospital, nuestro corazón desbordaba de alegría porque no estábamos enfocadas en nuestras circunstancias, sino en Él.

Pídele al Espíritu Santo que te llene con abundante gozo y regocijo por lo que ha hecho a través de su trabajo purificador en tu vida. Luego tómate un momento y exprésale tu adoración por lo que ha hecho por ti. Si necesitas ayuda, puedes usar las palabras de uno de tus coros o himnos preferidos, como por ejemplo:

> Feliz yo me siento al saber que Jesús,
> librome del yugo opresor.
> Quitó mi pecado, clavolo en la cruz.
> Gloria demos al buen Salvador.[27]

Séptima parte

CONFIAR EN LA PROVISIÓN DEL ESPÍRITU SANTO

Así mismo, en nuestra debilidad el Espíritu acude a ayudarnos. No sabemos qué pedir, pero el Espíritu mismo intercede por nosotros con gemidos que no pueden expresarse con palabras. Y Dios, que examina los corazones, sabe cuál es la intención del Espíritu, porque el Espíritu intercede por los creyentes conforme a la voluntad de Dios. Ahora bien, sabemos que Dios dispone todas las cosas para el bien de quienes lo aman, los que han sido llamados de acuerdo con su propósito.

Romanos 8:26-28

Cuando recibí a Jesús como mi Salvador personal, supuse que había sido "asignada" al Espíritu Santo. Pensé que había entrado en mi vida porque no tenía alternativa. Ahora yo era parte de su "trabajo", su responsabilidad. Mi opinión era que Él era estrictamente profesional, un perfeccionista riguroso que me controlaría hasta presentarme ante el Padre y entonces diría algo así como: "Aquí está. Hice lo que pude". Esta actitud dañina pudo haberme llevado a vivir una mentira, porque habría intentado impresionarlo. Me habría agotado por estar intentando ganarme su amor constantemente.

Tiempo después, mientras leía la Biblia, algo me cautivó: "Y no contristéis al Espíritu Santo de Dios, con el cual fuisteis sellados para el día de la redención".[1] Entiendo que la Escritura nos está advirtiendo que no pequemos intencional y voluntariamente, pero la palabra *contristar* me llamó la atención. Reflexioné acerca de la tristeza en mi vida y entonces me percaté de que solo había sentido esa emoción cuando alguien o algo me importaban muchísimo. Me contristé cuando mi madre partió al Cielo. Me contristé cuando, ocho años después, mi esposo siguió su camino. Me contristé cuando mi padre se les unió. Y me di cuenta de que la *tristeza* está íntimamente ligada al amor. Me contristé porque amaba a mi madre, a mi esposo y a mi padre.

Esto me hizo pensar y descubrí que, si puedo contristar al Espíritu Santo, eso significa que Él me ama. ¡El Espíritu Santo me ama! Esa forma de pensar era profunda y revolucionaria. No es tan solo un socio profesional. No fui asignada a Él. No vive dentro de mí porque debe hacerlo, sino porque quiere hacerlo. Se interesa por lo que hago y por la persona en la que me convierto. Cuando hago lo correcto, se regocija. Cuando hago lo que no debo, se contrista. No solo se involucra espiritual y prácticamente en mi vida, sino que también se involucra emocionalmente en quién soy y en quién me convierto. Esa pequeña verdad ha cambiado mi perspectiva por completo. Puedo ser yo misma con el Espíritu Santo. No es necesario que esté "encendida". Puedo relajarme y ser transparente con Él. ¡Puedo confiar plenamente en Él porque Él me ama!

¡Y el Espíritu Santo también te ama a ti! Está interesado en lo que a ti te preocupa porque Él cuida de ti.[2] No importa cuán grande o pequeña sea tu preocupación. A Él le interesa. Él lo comprende. Él quiere lo mejor para ti. Él quiere que alcances el propósito que Dios te dio. Quiere aliviar tu carga, resolver tu problema, consolar tu corazón abatido, curar tus heridas, acompañarte a través del valle de sombras y darte una bendición tras otra. Y sí, quiere santificarte, ¡porque te ama! Y dispondrá *todas las cosas* para tu bien.[3] Así que relájate. Deja de intentar impresionarlo. Deja de intentar ganar su amor. Sé honesto y transparente. Vive con la confianza de que Él te ama profunda, incondicional y eternamente.

24

CONFIAR EN SU PROMESA

Mientras recorría la ciudad de Hyderabad, India, para hablar en el Día Nacional de Oración, como conté anteriormente, noté que había muchas joyerías, una detrás de la otra. ¡Era increíble! En los anuncios de las calles de la ciudad y en los grandes carteles junto a las carreteras había fotografías de hermosas mujeres indias con espectaculares joyas de oro. La mujer de las fotografías tenía collares tan grandes que parecían cuellos puritanos hechos de oro puro, pulseras que llegaban desde la muñeca hasta el codo, brazaletes anchos de oro para la parte superior del brazo y aros similares a candelabros que flotaban sobre sus hombros.

Como estaba muy emocionada, les pregunté si la ciudad era la capital de las joyas del país. Mi anfitriona me explicó que cuando una mujer se compromete a casarse con un hombre, el hombre le tiene que dar una dote que no consiste en dinero ni en vacas, sino en joyas. Uno de los motivos es que, si algo le llegara a ocurrir al hombre, ya sea la muerte o el divorcio, la mujer puede vender las joyas y vivir con la suma recaudada. Por lo visto, Hyderabad sí es una de las capitales nacionales de este tipo de joyas tan especiales.

Las maravillosas joyas de la India que veía en los anuncios, las revistas y las tiendas me hicieron recordar una joya que Danny me regaló por el mismo motivo: la promesa de matrimonio. Pero

Danny Lotz me propuso matrimonio sin un anillo. Acepté su propuesta y entonces él, que era muy práctico, me preguntó qué tipo de anillo quería. Le dije que quería uno como el de mi madre. Un solo diamante en una cinta de Tiffany.

Cerca de dos semanas después del compromiso, Danny me dio el anillo. Estábamos sentados en el mismo lugar en el que me había propuesto matrimonio: el sofá que estaba junto a la chimenea en la sala de estar de mis padres. Dentro de una pequeña caja de terciopelo, encontré el anillo de compromiso más hermoso que había visto en mi vida. Era exactamente el que yo hubiera elegido. Un solo diamante en una cinta de Tiffany. ¡Estaba encantada!

Esa noche no podía dormir. Miraba una y otra vez el anillo. Parecía brillar en la oscuridad. A la mañana siguiente, bajé por las escaleras hacia la habitación de mi madre para mostrárselo. Coincidió en que era uno de los anillos más bonitos que había visto.

Pero el anillo no era tan solo una joya muy hermosa, significaba mucho más porque yo sabía que representaba la promesa de Danny Lotz. Cada vez que lo miraba, recordaba que algún día él cumpliría esa promesa. Yo me convertiría en su esposa, y viviríamos juntos hasta que la muerte nos separara. El anillo permaneció en mi dedo hasta que, en nuestra boda, me lo quité para que Danny pudiera poner la alianza en el mismo dedo. Luego puse el anillo de compromiso junto a la alianza, y allí están hasta el día de hoy. Son un recordatorio constante del amor de mi esposo y de su compromiso conmigo, y viceversa, incluso después de su muerte.[1]

El hecho de que el Espíritu Santo esté dentro de nosotros es nuestro "anillo de compromiso". Él es la promesa…, la garantía…, el pacto… de que Jesús nos ama, de que está comprometido con nosotros y de que permanece fiel. Y también de que un día volverá para llevarnos a vivir por siempre en la morada que nos está preparando.[2]

Un regalo para la futura novia

En *El libro de los misterios*, el rabino Jonathan Cahn explica exhaustivamente este pacto divino sobre la base del compromiso judío.[3] Él me dio permiso para usar algunas de sus ideas en la siguiente alegoría.

La mujer era tan hermosa que parecía una princesa de un cuento de hadas. El hombre era tan elegante y tan apuesto que parecía un encantador príncipe de Disney. Él había estado enamorado de ella desde el inicio de su relación, pero esperó pacientemente para que ella lo conociera. Con el tiempo, ella también se enamoró. Cuando él finalmente le confesó su amor incontenible y le propuso matrimonio, ¡ella aceptó gozosa! Los dos estaban eufóricos y muy alegres. Entonces, el hombre le explicó, con una expresión triste pero determinada, que debían estar separados durante un tiempo antes de contraer matrimonio. Él se iría para preparar una casa en la que pudieran vivir juntos. Naturalmente, ella estaba afligida. Luego de que ella se quejara, el novio le aseguró que, aunque debía irse, le enviaría un regalo para confirmar su amor por ella. También serviría como garantía de su fidelidad mientras estuvieran separados y de que él volvería por ella. Y el regalo la embellecería durante su ausencia.

Cuando él partió, era casi imposible consolarla. Pero varios días después, tal como él había prometido, la mujer recibió un precioso regalo de su parte: un fantástico anillo con un diamante de quince quilates rodeado de diamantes más pequeños. Era el anillo de compromiso, la promesa de que algún día ella sería su esposa. Él no se olvidaría de ella porque la amaba verdaderamente. Le sería fiel mientras estuvieran separados y regresaría una vez completados los preparativos para la casa. Mientras tanto, el anillo la embellecería durante su ausencia.

Una promesa del novio fiel

El rabino Cahn señaló que el regalo de amor del novio (la joya u otro tipo de regalo que le haya dado a la novia) se denomina *mattan*.

Esto es aún más fascinante: en el calendario judío, el día en que Dios le dio los mandamientos, o la Torá, a Moisés en el monte Sinaí se recuerda como Matán Torá, es decir, "la entrega de la Torá". La ley se consideraba el regalo de amor de Dios para su pueblo. Este acontecimiento se conmemora en la Fiesta de Shavout,[4] que es el mismo día en que ocurrió Pentecostés hace dos mil años. En la Fiesta de Shavout, el Espíritu Santo fue el regalo de amor para la novia del Hijo de Dios. El Espíritu Santo es nuestro "matán", nuestro "anillo de compromiso". Trabaja para embellecernos durante la ausencia del Hijo y, a su vez, garantiza la fidelidad del Hijo para con nosotros, la Novia. El Espíritu Santo representa su compromiso con nosotros en el presente y su promesa de que regresará para llevarnos a vivir con Él por la eternidad en la casa que está preparando.

Piensa en tu "anillo de compromiso", el Espíritu Santo. ¿Cómo lo describirías? ¿Qué significa para ti que sea la garantía de tu relación con el Hijo de Dios? Él te ama plena e incondicionalmente, desea lo mejor para ti y está interesado en lo que te preocupa porque se desvela por ti, ¿por qué no confiarías en su providencia y su pacto? ¿Decides confiar en él? Relájate. Descansa en Él. Eres valioso para el Padre y, por lo tanto, valioso para el Hijo y para el Espíritu. El Espíritu Santo está determinado a cumplir con su responsabilidad, es decir, cuidar de ti hasta el día en que te presente como la gloriosa novia del Novio.

25

CONFIAR EN SU SELLO

En la antigüedad, un sello era una imagen, un símbolo o unas palabras que se tallaban en una superficie dura de metal o piedra. Después, cuando se presionaba el sello contra arcilla o cera, dejaba una impresión que significaba la autoridad de su dueño. Solía usarse en los documentos para certificar su autenticidad, autoridad o titularidad.

El apóstol Pablo dijo: "En él también ustedes, cuando oyeron el mensaje de la verdad, el evangelio que les trajo la salvación, y lo creyeron, fueron marcados con el sello que es el Espíritu Santo prometido".[1] La presencia del Espíritu Santo (el sello) nos garantiza que pertenecemos a Dios. Es como un "comprobante de compra" divino. Aunque tú no puedes ver el sello, Dios lo ve. "El Señor conoce a los suyos".[2] Al parecer, el sello también es visible para el mundo invisible, ya que nos identifica como verdaderos hijos de Dios ante todo el universo.

Pablo escribió esta explicación para los cristianos que vivían en la ciudad portuaria de Éfeso. En dicha explicación exponía cómo el Espíritu Santo los había marcado para los ojos de Dios. Los comerciantes de todas partes acudían a esa ciudad para comprar madera, la cual llegaba en las embarcaciones que anclaban ahí. Cuando un comerciante elegía y compraba la madera que quería, la estampaba con su sello para indicar que él era el dueño. Luego enviaba a un representante de confianza para que fuera a buscar todas las maderas que tuvieran su sello.

Esto es lo emocionante para nosotros: ¡el Espíritu Santo es la prueba de que le pertenecemos a Dios! ¿Alguna vez dudaste de tu salvación? ¿Alguna vez te preguntaste si eras un verdadero hijo de Dios? ¿Te falta la seguridad de que tú eres de Él y Él es tuyo? Bueno, Dios no duda, no se hace esas preguntas y no le falta seguridad, porque te ha marcado con su sello, el Espíritu Santo. Cuando el enemigo se acerque a ti con sus engañosas acusaciones, Dios lo echará fuera. *Dios sabe* que eres de Él. Algún día, si es que seguimos en la tierra en el fin de los tiempos, Dios enviará agentes especiales para que reúnan a todos los que fueron marcados con su sello, y luego "seremos arrebatados [...] para encontrarnos con el Señor en el aire" y vivir con Él para siempre.[3]

Podemos estar confiados en que nada podrá separarnos de nuestro Dueño, ni la "tribulación, o la angustia, la persecución, el hambre, la indigencia, el peligro, o la violencia",[4] porque fuimos señalados con su sello, ¡el Espíritu Santo! Jesús afirmó que nadie podrá arrebatarnos de su mano ni de la mano del Padre.[5] Ningún pecado, ninguna persona, ninguna situación, ninguna enfermedad, ningún demonio, ni nosotros mismos, ni siquiera la muerte.

Durante los últimos días de vida de mi madre, yo sabía que no le faltaba seguridad acerca de su salvación ni de su vida eterna. Y tampoco le temía a la muerte. Pero quería que ella leyera un pasaje de la Escritura que sabía que le gustaba mucho y que había estado memorizando. El apóstol Pablo escribió esas palabras para afirmar y reenfocar la fe de aquellos que intentaban seguir a Jesús en el perverso mundo romano. El Espíritu Santo le dio la inspiración para escribir estas palabras que le leí a mi madre en su lecho de muerte: "Pues estoy convencido de que ni la muerte ni la vida, ni los ángeles ni los demonios, ni lo presente ni lo por venir, ni los poderes, ni lo alto ni lo profundo, ni cosa alguna en toda la creación podrá apartarnos del amor que Dios nos ha manifestado en Cristo Jesús nuestro Señor".[6]

¡Alabado sea el Señor! ¡Mi madre, tú y yo estamos seguros porque fuimos marcados por su sello!

¿Sientes inseguridad espiritual? ¿No estás seguro de tu salvación? ¿Dudas acerca del amor de Dios por ti? ¿De tu hogar celestial? Entonces mira una vez más tu "anillo de compromiso": el Espíritu Santo. Él garantiza que le perteneces a Dios. Como un hijo de Dios y como la amada novia del único Hijo de Dios, puedes estar seguro de que Él también garantiza el cumplimiento de todas las promesas de Dios. El Espíritu Santo es el pacto y la prueba de que Dios tiene un compromiso contigo. Él te será fiel. Y, gloriosa esperanza, un día regresará para que tú vivas con Él. Porque tú eres de Él y Él es tuyo. ¡Por siempre!

26

CONFIAR EN SU CONOCIMIENTO

Una de las cosas que más extraño acerca de mi madre es su conocimiento. Me conocía tan bien que no tenía que explicarle lo que me pasaba ni defenderme frente a ella. Usaba su profundo conocimiento y discernimiento para darme consejos sabios, consuelo y ánimo. Cuando me convertí en una mujer adulta, solo me corregía o amonestaba en raras ocasiones, y siempre con amor. Muchas veces, cuando le hacía una pregunta o le compartía una preocupación, me daba una respuesta concisa que abordaba la esencia de lo que yo había preguntado. Mi madre tenía la capacidad de poner su mente y corazón en la cuestión. Ella me entendía. Extraño mucho sus ojos brillantes, la calidez de su sonrisa, la manera en que me recibía con los brazos abiertos cuando entraba a su habitación y las conversaciones que teníamos junto a su chimenea.

Nunca me cansaba de escuchar las oraciones de mi madre. Incluso en sus últimos días, cuando la debilidad física afectaba su voz, le pedía que orara. Le temblaba la voz. A veces sonaba titubeante o ronca. Pero no cabía duda de que sabía con quién estaba hablando. Recuerdo haberla visto, con la cabeza entre sus manos, orando por mí, por mi esposo, por mis hijos y por diferentes situaciones. Por el tono de su voz, parecía que estaba hablando con un amigo poderoso y muy cercano que conocía desde hacía mucho, en quien confiaba plenamente y a quien amaba con todo su corazón. Su relación con el Señor era contagiosa. Quería conocerlo tanto como ella lo conocía. Pero ese es otro tema.[1]

Lo que más extraño son las oraciones que hacía mi madre intercediendo por mi familia y por mí. Cuando partió al Cielo, sentí un gran vacío en el mundo espiritual. ¿Y ahora quién intercedería por nosotros? ¿Quién nos cubriría en oración y lucharía por nosotros en el plano celestial? La respuesta, por supuesto, es que sería el mismo que oraba a través de mi madre, el que continuaba orando y sigue orando en el presente: el Espíritu Santo.

Él nos conoce por dentro y por fuera

El Espíritu Santo es digno de toda nuestra confianza. No tiene necesidades por las cuales preocuparse. Se ocupa de las tuyas. Ha dicho que ora por ti, y lo hace. Está orando. Y seguirá orando. Tiene un compromiso eterno con tu bienestar. Y está dedicado a ti.

Como vive dentro de nosotros, está íntimamente familiarizado con todo nuestro ser: nuestros deseos y dudas, nuestras decisiones y sueños, nuestros sentimientos y miedos, nuestros problemas y presiones, nuestros secretos y egoísmo. A decir verdad, no hay nada acerca de nosotros que el Espíritu Santo no conozca o no entienda. No le podemos esconder nada. Él lo sabe todo. El salmista lo describió de esta manera: "SEÑOR, tú me examinas, tú me conoces. Sabes cuándo me siento y cuándo me levanto; aun a la distancia me lees el pensamiento. […] No me llega aún la palabra a la lengua cuando tú, SEÑOR, ya la sabes toda. […] ¿A dónde podría alejarme de tu Espíritu? ¿A dónde podría huir de tu presencia?".[2] La respuesta a estas preguntas retóricas es: a ningún lado. El Espíritu Santo está dentro de nosotros. No nos podemos separar de Él. Él está con nosotros en todas partes y sabe todas las cosas.

A diferencia de algunas empresas que están al acecho de la información que pueden utilizar para manipular a los usuarios en línea, el Espíritu Santo actúa para nuestro máximo beneficio. Usa todo lo que sabe acerca de nosotros para interceder eficazmente con oraciones poderosas que transforman vidas, cambian circunstancias, moldean personas, resuelven problemas y mueven obstáculos.

Él ora por nosotros

El Espíritu Santo sabe cómo orar y cómo obtener respuestas para sus oraciones. Nos comprende porque Él es Dios, habita en nosotros y, por lo tanto, nos conoce por dentro y por fuera, al derecho y al revés. Tiene acceso las veinticuatro horas del día, los siete días de la semana al santuario del trono en el Cielo y conoce la voluntad de Dios Padre a la perfección. Emplea todo esto en sus oraciones para articular nuestros problemas correctamente y alinearlos con la voluntad de Dios. La Biblia explica que: "Así mismo, en nuestra debilidad el Espíritu acude a ayudarnos. No sabemos qué pedir, pero el Espíritu mismo intercede por nosotros con gemidos que no pueden expresarse con palabras. Y Dios, que examina los corazones, sabe cuál es la intención del Espíritu, porque el Espíritu intercede por los creyentes conforme a la voluntad de Dios".[3]

¿Alguna vez tuviste una carga tan pesada, una herida tan dolorosa, un anhelo tan profundo, una tristeza tan desgarradora o un problema tan demandante que no sabías cómo orar por ello? ¿No sabías cómo comenzar a orar y mucho menos qué pedir o cómo pedirlo? En esos momentos, qué alivio es saber que el Espíritu Santo intercede por ti.

Hace muchos años, mi marido me invitó a Williamsburg, Virginia, para un evento especial de la Asociación de Atletas Cristianos. Estaba emocionada porque estaría alejada de las responsabilidades de la casa y los niños pequeños. Pero estaba aún más emocionada porque podría pasear con Danny y explorar un casco histórico sobre el cual había leído, pero nunca había visitado. Nos imaginé caminando de la mano por las calles del pueblo y parando a comer algo en una cafetería pintoresca.

En cambio, cuando llegamos a Williamsburg, mi esposo me depositó en la habitación del hotel y se fue con sus amigos. Todo el día. Me di cuenta de que no habíamos hablado acerca del cronograma y no habíamos conversado acerca de nuestras expectativas para el fin de semana. Pero en ese momento, estaba realmente devastada. Me recosté sobre la cama y lloré hasta quedarme dormida. Cuando me desperté, experimenté un fenómeno extraño. Aunque ya no lloraba por fuera, seguía llorando en mi interior. Y sabía que era el Espíritu de Dios que lloraba dentro de mí. Aunque parezca raro, saber que Él me entendía me hizo sentir mejor.

Cuando mi esposo regresó a la habitación, justo antes de la cena, estaba tan emocionado por contarme todo acerca de los juegos de baloncesto y los partidos de tenis en los que había participado que no quise contarle cómo había pasado yo el día. Sabía que debíamos trabajar en nuestra comunicación, pero dejé eso para cuando volviéramos a nuestra casa.

El Espíritu Santo se distingue por su comunicación. Cuando no sabemos qué decir, Él lo sabe. Cuando no sabemos qué pedir, Él lo sabe. Cuando no sabemos cómo expresar la profundidad de nuestros sentimientos, Él lo sabe.

Hace poco, una joven esposa abrió su corazón conmigo en un estado de desesperación. Cargaba con el dolor de heridas tan profundas que apenas podía hablar entre sollozos. Sus palabras salían fragmentadas. Ella no se daba cuenta de cómo entendía su dolor, pero yo no encontraba las palabras para responderle. No tenía una respuesta. No tenía una solución. No sabía qué más hacer, entonces le pregunté si podía orar por ella. Ella aceptó. Como no sabía cómo orar, incliné la cabeza, cerré los ojos, abrí la boca y confié en que el Espíritu Santo, que había llorado conmigo cuando yo me sentía lastimada, llenaría mi boca con sus palabras. Y lo hizo. Cuando terminé de orar por ella y ella me agradeció, pude notar que su voz había cambiado. La pesadilla había disminuido y la carga era más ligera.

Él nos habla

No siempre recibimos una acción específica como respuesta a nuestras oraciones. A veces la respuesta es un cambio en nuestra actitud o nuestras emociones. Después de orar, la confianza reemplaza al temor, la satisfacción reemplaza al deseo, la esperanza reemplaza nuestra desesperación, el consuelo reemplaza nuestra tristeza, la paciencia reemplaza nuestra frustración, el gozo reemplaza nuestro espíritu de melancolía y el amor reemplaza nuestro enojo.

Hace unos años, alguien que tenía autoridad sobre mí tomó una decisión que, a mi parecer, no solo era errónea, sino también injusta. Sabía que iba a dañar a muchas personas. Le escribí una carta para expresar mi desacuerdo con la decisión y sugerir una alternativa sabia y viable. No solo rechazó mi sugerencia, sino que la respuesta estaba llena de críticas.

No suelo enojarme, pero en esa ocasión estaba extremadamente enojada. Experimenté una emoción inusual: una ira tan profunda que parecía incontrolable. Estuve enfurecida durante tres días y tenía conversaciones imaginarias con esta persona, en las que ganaba cada discusión con brillantes argumentos.

Me distraje y me enojé muchísimo, y sabía que no podía seguir viviendo para el Señor y sirviéndolo con todo eso dentro de mí. Finalmente, me animé a arrodillarme y hablar honestamente con el Señor al respecto. Le repetí la decisión que me obligaban a tomar, el caos y el dolor que esto causaría, y mi enojo debido a la injusticia irracional de la decisión. Una vez que terminé de vaciar mi carga en oración, me quedé en silencio. El Señor también estaba en silencio. Me quedé arrodillada y esperé. Sentí un susurro: "Anne, para Dios tu enojo está tan mal como la decisión de esta persona". Eso me desconcertó. *¿En serio?* Luego comencé a pensar al respecto y supe que ese pensamiento venía del Espíritu Santo. Y Él estaba en lo cierto. Como siempre.

Ahora tenía un problema distinto al de la injusticia de la otra persona. Tenía un problema conmigo misma. En lugar de tener un problema con la decisión, ahora lo tenía con mi reacción frente a la decisión. Entonces, comencé a confesarle mi enojo al Señor. Al final, le dije que prefería vivir con esa injusticia antes que ofenderlo con mi enojo. Le pedí que me quitara el enojo, porque yo no podía hacerlo con mis propias fuerzas. Quería rendirme, pero no podía. Seguí orando y hablado al respecto con Él.

Cuando me levanté, el enojo ya no estaba. *¡Se había ido!* Era impresionante la dramática diferencia en mi interior. Sabía que se trataba de la obra sobrenatural del Espíritu Santo en mi corazón. Sabía que no podría haberlo hecho sola porque era una emoción muy fuerte y abrumadora, en especial porque las circunstancias no iban a cambiar. Sabía que era una respuesta a mi oración, pero también a la oración del Espíritu Santo. Por medio de un milagro invisible, pero poderoso, reemplazó mi enojo por una agradable paz. ¿Cuál fue el resultado? Le mandé un ramo de flores a quien había tomado la decisión. Tres días después de que le llegaran las flores, llamé a esa persona y pudimos llegar a un punto medio que no habría sido posible si yo hubiera cultivado aún más el enojo.

¿Hay enojo en tu corazón? ¿Hay temores arraigados en tu memoria? ¿Hay deseos que consumen tus pensamientos? ¿Hay preocupaciones que te han hundido en la desesperanza? ¿Hay tristezas que te han hecho llorar? ¿Hay frustraciones que te han hecho perder la paciencia? ¿Hay ladrones del gozo que te han dejado con el espíritu acongojado?

¿Te arrodillarías, como lo hice yo, para hablar al respecto con el Espíritu Santo? Él ya lo sabe, pero está esperando que tú se lo cuentes. Honestamente. Sin *peros* y sin excusas. Entrégale la carga y Él te la quitará. Porque Él te entiende. Y está orando por ti.

27

CONFIAR EN SUS ORACIONES

Estoy muy agradecida por el hecho de que el Espíritu Santo ore por nosotros con pleno conocimiento. Como vimos en el capítulo anterior, esto significa que no debemos fingir, justificarnos, defendernos, escondernos, ni excusarnos. Podemos ser totalmente honestos con Él porque, de todas formas, Él ya lo sabe todo.

El Espíritu Santo ora por ti y por mí desde su corazón de amor. La Biblia nos dice que ora sin palabras,[1] entonces es imposible encontrar una de sus oraciones en las Escrituras para poder basarnos en ella. Pero el Espíritu Santo es Jesús en nosotros. Por lo tanto, las oraciones de Jesús son lo más cercano a las oraciones del Espíritu Santo que podemos encontrar. Cuando Jesús oraba, el Espíritu Santo estaba orando a través de Él.

Él ora para que nuestra fe sea inquebrantable

La noche que fue traicionado, y menos de doce horas antes de ser crucificado, Jesús oró en dos oportunidades por sus discípulos. La primera vez no lo oímos orar, pero, durante la última cena que disfrutó con sus discípulos, Jesús describió su oración por uno de ellos. Había participado con ellos de la comunión compartiendo el vino que representaba su sangre, que sería derramada por ellos, y el pan que representaba su cuerpo, que sería partido por ellos. En ese momento santo, en lugar de tener una actitud de adoración y humildad, los discípulos habían comenzado a discutir sobre quién era el más importante.[2] Podría ser gracioso, si no fuera tan ridículo. Y serio.

Antes de predecir la negación de Simón Pedro, Jesús le había dicho: "Simón, Simón, mira que Satanás ha pedido zarandearlos a ustedes como si fueran trigo. Pero yo he orado por ti, para que no falle tu fe".[3] Es como si pudiera ver las lágrimas en sus ojos y oír el dolor en su voz. Sabía que todo el infierno se iba a desatar dentro de unas pocas horas cuando uno de sus discípulos lo traicionara, y luego fuera arrestado, juzgado, torturado y crucificado. En previsión de aquel horror y del error de Simón, oró para que Simón fuera fortalecido en la fe.

¿Qué situación cambió tu fe de la noche a la mañana? ¿La muerte de un ser querido? ¿El diagnóstico de una enfermedad crónica o mortal? ¿El despido de un trabajo? ¿La feroz destrucción de tu casa? ¿La rebeldía de un hijo? ¿La división en tu iglesia? ¿La infidelidad de tu cónyuge? La vida no es fácil. Pero Dios es maravilloso. Él te ama. Y está orando para que no falle tu fe.

Hace unos años, todo el mundo cristiano fue testigo de la dramática respuesta a las oraciones de Greg Laurie. Greg era el pastor de una megaiglesia en el sur de California y lo sigue siendo. También es un talentoso evangelista que llena estadios para presentar el Evangelio de forma clara y poderosa, e invita a todos a acercarse a Jesús para recibir perdón por sus pecados, salvación del juicio y vida eterna. El 24 de julio de 2008, se supo en la familia de Cristo que el hijo de Greg Laurie, Christopher, que tenía treinta y tres años, había muerto en un accidente automovilístico en una carretera de California. Christopher estaba casado con Brittany, con quien tenían una hija de dos años, Stella, y esperaban otro bebé.

¿Cómo pudo haber sucedido esto? ¿Cómo es que un Dios amoroso permitió esta devastadora tragedia? ¿Cómo reaccionaría Greg?

Greg ha compartido que, en ese momento, la pregunta que ardía en su corazón era: "¿Confías realmente en Dios o no?". Declaró que no quería perder el tiempo. En las palabras de Greg, el tiempo de la muerte de Christopher "no era el momento para bajar la guardia contra el enemigo y tener un amorío, ni para comenzar a tomar un poco o mucho alcohol, ni para caer en amargura. Ese era el momento para jugársela". Era el momento de tener una fe radical. La reacción de Greg fue aferrarse a Dios y a la verdad. Se expandió e inauguró otra iglesia que duplicó el tamaño de su ministerio en el sur de California.[4]

Ha sido un privilegio para mí ser amiga de Greg y de su esposa, Cathe. Serví con ellos en el directorio de la Asociación Evangelística Billy Graham. Prediqué en su iglesia y lideré reuniones de mujeres junto con Cathe. Fui testigo de su auténtica fe. Estoy convencida de que esa fe es la respuesta a las oraciones del Espíritu Santo. Si Dios logró hacer que Greg saliera de esa pesadilla tan horrible con una fe más fuerte, puede hacer lo mismo por nosotros.

¿Confías *realmente* en Dios o no? Eres tú quien debe decidirlo, pero la fortaleza para confiar en esos momentos es la respuesta a las oraciones del Espíritu Santo.

Él ora por nuestra relación con el Padre

Si regresamos a Jesús y sus discípulos, vemos una vez más cómo el Espíritu Santo ora por nosotros. Jesús estaba hablando con su Padre, y ellos escucharon su conversación privada y personal. Porque Juan la escribió en Juan 17 para que nosotros también la pudiéramos escuchar.

Empezó la oración dirigiéndose a Dios como su Padre. Quizá quieras dejar de prestar atención en este momento. Si tu padre fue abusivo, enojón, alcohólico, adúltero o estuvo ausente, es probable que no sea fácil comprender el concepto de Dios como padre. Mi papá era un padre ausente. Se estima que no estuvo durante el sesenta por ciento de mis años de crecimiento. Cuando estaba en casa, no me acostaba en la cama, no me contaba historias para dormir y no me ayudaba con los deberes; es decir, todo lo que vi que mi marido hizo con nuestros hijos. De hecho, cuando vi la manera en que Danny trataba a nuestros hijos, me di cuenta de todo lo que me había perdido. A decir verdad, yo tampoco quiero pensar en Dios como padre en ese sentido. Mi padre se parecía a nuestro Padre celestial en otros aspectos distintos de las actividades de todos los días, y prefiero tener a Billy Graham como padre ausente que a cualquier otro padre de tiempo completo.

Sin embargo, Jesús no quería decir que Dios es como tu padre o como mi padre. Una de las relaciones más personales que existen es la de un padre y su hijo. Entonces el Espíritu de Jesús estaba enfatizando que la relación entre los miembros de la Trinidad es una relación de amor personal. Jesús continuó derramando su corazón y orando: "Ruego [...] para que todos sean uno. Padre, así como tú estás en mí y yo en ti, permite que ellos también estén en nosotros, para que el mundo crea que tú me has enviado. [...] Yo les he dado a conocer quién eres, y seguiré haciéndolo, para que el amor con que me has amado esté en ellos, y yo mismo esté en ellos".[5] La respuesta a este pedido llegó en Pentecostés cuando Jesús entró en los discípulos por medio de la persona del Espíritu Santo.

Para que no haya ningún malentendido: la presencia del Espíritu Santo nos abre las puertas para tener una relación de amor personal con Dios Padre, Dios Hijo y Dios Espíritu Santo. Piensa en eso por un momento. ¡Dios te ama! *¡Dios te ama!* ¡Dios realmente *te ama*! No puedes hacer nada para que te ame menos. Ni para que te ame más. Te ama completa, total e incondicionalmente.

Después de hacer hincapié en la relación de amor personal con Dios al llamarlo Padre, Jesús reconoció que Dios le había dado la autoridad para darnos la vida eterna,[6] una relación con Dios que no solo sea personal, sino también eterna. Por siempre. Por todos los tiempos. Ni siquiera la muerte la interrumpe. La muerte es tan solo la transición de creer a ver. La muerte te cierra los ojos a esta vida y te los abre para que veas el rostro de Jesús. Y la relación que iniciaste con el Padre en la cruz seguirá vigente... *¡por siempre!*

¿Eres una de esas personas que viven con el miedo de perder su salvación? Eso no puede suceder. Recibes la vida eterna cuando eres salvo y, si pudieras perderla, no sería eterna, ¿cierto? Sería temporal. Y si no has hecho nada para recibir o merecer la salvación, ya que es un don gratuito que recibiste por la fe, entonces no puedes hacer nada para perder o dejar de merecer la salvación. En lugar de vivir con temor..., aprensión..., incertidumbre..., con la constante inseguridad de no saber si perteneces..., sin saber si irás al Cielo...; vive a la luz del amor del Padre por ti y de su relación contigo. Su amor nunca se acabará, nunca se apagará y nunca se agotará. Dios Padre, el Hijo y el Espíritu Santo nunca se cansarán de ti. Te aman. Siempre. ¿Cómo lo sabes? Porque estás marcado con su sello, ¿lo recuerdas? ¡Y porque Él lo dijo![7]

Jesús no solo definió la vida eterna como vivir para siempre, sino también como conocer a Dios Padre y Dios Hijo.[8] El término que usa para "conocer" es la palabra que se usa para la relación íntima entre un marido y su mujer.[9] Entonces, la palabra *conocer* no describe únicamente el conocimiento intelectual, académico o teológico de Dios. Implica mucho más.

La maravillosa verdad es que no solamente nos *permite* conocerlo en intimidad, sino que también nos *invita* a hacerlo cuando nos da la vida eterna. Este conocimiento creciente e íntimo del Dios vivo es evidencia de la obra del Espíritu Santo, porque Él es quien toma de lo que es de Dios y nos lo da a conocer.[10]

A medida que ejercemos el privilegio de buscar una relación personal e íntima con el Dios vivo, el Espíritu Santo ora por nosotros. ¿De qué otra manera ora? ¿Por qué más ora, además de nuestra fe y nuestra relación con el Padre? Volvamos a la escena en aquella planta alta cuando Jesús oraba por sus discípulos.

Él ora por nuestras necesidades

Los pedidos específicos que hizo Jesús en Juan 17 nos dan una mejor perspectiva acerca de cómo ora el Espíritu Santo por nosotros. ¿Qué pedidos hizo? Cubrió una gran variedad de nuestras necesidades.

Por nuestra protección

Jesús oró para que sus seguidores sean protegidos del mundo.[11] Mientras Jesús estaba con sus discípulos, los protegía de los cuestionamientos, el escrutinio, el odio, el rechazo y el peligro que los rodeaba. Como una gallina que cuida de sus pollitos debajo de las alas, había soportado la hostilidad de la gente. Su deseo de la protección para sus discípulos se puso en evidencia en la escena en la que lo arrestan, cuando les ordena a los soldados que dejen ir a los discípulos.[12] Pero Jesús sabía que, sin su presencia visible y su voz audible, los discípulos serían vulnerables. El odio y la persecución los seguirían debido a su relación con Él.

Recuerdo que cuando mis niños estaban en el bachillerato, querían ir a la playa con sus amigos durante el receso de primavera. Quería protegerlos de las exposiciones y las tentaciones que deberían enfrentar, entonces les dije que no. Pero cuando se fueron a la Universidad de Baylor y yo estaba al otro lado del continente, sabía que ellos serían vulnerables y estarían expuestos a muchas cosas de las cuales los había protegido mientras estuve con ellos. Entonces oré. De la misma manera, como el Señor no está presente físicamente, el Espíritu Santo ora por nuestra protección de las distracciones, los desvíos, las tentaciones y las seducciones del mundo.

¿A qué le temes? ¿A quién le temes? Llévale tus temores a quien los entiende y está orando por tu protección.

Por nuestro gozo

Jesús también oró para que sus seguidores tuvieran su alegría en plenitud.[13] A diferencia de la percepción de que los cristianos vivimos una vida miserable con un listado de cosas prohibidas y permitidas..., de que tener una conducta seria o amarga es espiritual..., de que reírse y disfrutar de la vida no es espiritual...; ¡el Espíritu Santo ora para que estemos llenos de gozo! El gozo que emana de la paz genuina con Dios. El gozo que emana de la confianza de que nuestros pecados fueron perdonados. El gozo que emana de la seguridad de que el amor de Dios nos abraza. El gozo que emana de una vida destinada a algo mayor, una vida con propósito y significado. El gozo que emana del privilegio de conocer cada vez más a Dios y tener una relación personal y eterna con Él. El gozo que emana de la seguridad de que nuestras vidas no están fuera de control, sino que son orquestadas con un propósito divino. El gozo que emana de la esperanza de tener una morada celestial. El gozo que emana de la experiencia de una bendición tras otra.

El Espíritu Santo sabe que, si tú y yo disfrutamos de la alegría de Dios a plenitud, el mundo perderá su encanto. El pecado no será tan atractivo. Los puestos, las posesiones, la popularidad y el prestigio del mundo parecerán sórdidos, ordinarios y superficiales en comparación con Jesús. Entonces, el Espíritu Santo ora para que encontremos nuestro gozo en Jesús y no en nuestras circunstancias u otras cosas. Solo en Jesús.

¿Quién o qué te ha robado el gozo? Da gracias por lo que tienes.

Hace unos años, unos ladrones entraron a nuestra casa a plena luz del día. Se llevaron todo lo que tenía un valor cuantificable. Esa noche, cuando me acosté, me di cuenta de que también me habían robado el gozo, la paz y la capacidad de dormir. Mientras seguía despierta en la oscuridad, con miedo de que regresaran los ladrones, el Espíritu me susurró: "Anne, da gracias por lo que tienes". Entonces comencé a hacerlo. Pensaba en tantas bendiciones que me mareaba, por lo que las ordené alfabéticamente. Después de haber completado dos veces el abecedario y empezado una tercera vez, me fui a dormir. A la mañana siguiente había vuelto el gozo.

Por nuestra libertad del maligno

Jesús también oró por nuestra protección del maligno (el diablo o Satanás), nuestro archienemigo.[14] A pesar de que el diablo no puede interferir con nuestra salvación, ya que hemos sido marcados con el sello inquebrantable de Dios, hará todo lo posible para que nosotros no seamos eficaces. Su prioridad será hacernos desaprovechar nuestras vidas cristianas para que no generemos un impacto eterno en la tierra para Jesús. Obrará mediante otras personas para difamarte, acusarte, distraerte, tentarte y, en última instancia, derrotarte. ¡Ten cuidado! El enemigo no es tu vecino, tu cónyuge, tu jefe, tu compañero de trabajo, ni el maestro de tu hijo. Tu enemigo es el diablo, por ese motivo Jesús oró para protegerte de él y, seguramente, el Espíritu Santo ora de la misma manera. Sabe que el diablo es mucho más fuerte, inteligente y astuto que nosotros. Pero el diablo no es nada ante el Espíritu de Dios.

Entonces, cuando el diablo ataque, no corras para esconderte. Ni siquiera te des la vuelta. Pablo desafió a los creyentes de Éfeso a que hicieran frente a las artimañas del diablo.[15] Y mantente firme. No cedas ni te rindas, no te eches atrás ni retrocedas. Las oraciones del Espíritu nos garantizan la victoria suprema.

Por nuestra devoción exclusiva

Jesús también oró para que seamos santificados, separados del mundo para el uso exclusivo por parte de Dios.[16] Como ya vimos, el Espíritu Santo obra en nuestra vida para separarnos del pecado y que seamos cada vez más santos, como Él es santo. Pero este pedido en particular de la oración de Juan 17 transmite la idea de separarnos de lo secundario para poder dedicarnos a nuestro objetivo principal: cumplir con el propósito que nos ha dado Dios y completar la tarea que nos ha encomendado.

Cuando Jesús dijo que se santificaba a sí mismo por nuestro propio bien, no quería decir que se estaba separando del pecado, pues Él ya estaba separado del pecado. Estaba diciendo que se había apartado de muchas cosas buenas para poder dedicar totalmente su devoción, atención, tiempo y energía a lo mejor: a consumar la obra de su Padre. Al hacerlo, dejó un ejemplo para sus discípulos, lo que nos incluye a ti y a mí.[17]

¿De qué te has apartado para poder dedicar tiempo al servicio de Jesús? ¿De qué te has alejado para dejarles a tus hijos y nietos el ejemplo de una vida santa? He sentido las oraciones del Espíritu Santo cuando me separaba de mi cama calentita y cómoda para levantarme temprano y orar y leer la Biblia. A veces me separo del almuerzo, de salir a hacer compras con amigas, de arreglar el jardín o limpiar la casa, incluso de mirar los juegos de baloncesto y futbol de mis nietas, para escribir este libro. Con el fin de dejarles un ejemplo a mis hijos y a mis nietos, me alejo de determinados programas de televisión, películas, libros y revistas, y no voy a ciertos lugares.

¿De qué necesitas separarte para dejar un ejemplo santo a los demás? Piénsalo. ¿A qué derecho has renunciado para evitar que otra persona tropiece y, en cambio, acercarla a Jesús? "Y por ellos me santifico a mí mismo",[18] oró Jesús. Estoy segura de que el Espíritu Santo ora para que tú y yo hagamos lo mismo.

Por nuestra unidad

Mientras Jesús continúa orando, podemos oír que el Espíritu Santo pide que seamos uno con el Padre y el Hijo.[19] Su oración fue respondida, en primer lugar, cuando recibimos a Jesucristo como nuestro Señor y Salvador, y fuimos sellados con el Espíritu Santo. En ese momento conformamos una unidad orgánica con el Dios trino, similar a la de una rama que tiene una unión orgánica con la viña. La unidad es nuestra posición en Jesucristo. Pero Jesús oró para que experimentáramos la unidad en el día a día, y el Espíritu Santo continúa orando por eso.

Como ya compartí contigo, estuve casada con Danny durante cuarenta y nueve años. A pesar de que lo amaba muchísimo y de que estaba muy segura en nuestra relación como marido y mujer, a veces no estábamos de acuerdo y discutíamos. Me parece gracioso que ahora no pueda pensar en ningún ejemplo. Pero sí sé que teníamos muchas discusiones y, cuando eso sucedía, se establecía la tensión, reinaba el silencio y se levantaba una barrera entre nosotros. Yo seguía siendo su esposa, y él seguía siendo mi esposo, pero ya no me sentía en unidad con él.

Me sucede lo mismo en mi relación con el Señor. Toda pelea, desacuerdo o desobediencia (en referencia a los pecados y las rebeliones) levantan una barrera de inmediato. La tensión se establece mientras lucho contra los sentimientos de condena y culpabilidad. Reina el silencio porque ya no puedo orar libremente, sin barreras. A pesar de que sigo teniendo el sello del Espíritu Santo, el pecado me roba la conciencia de la unidad y dulce comunión con Dios. ¿Cuál es la solución? Debo pedir perdón. Confesar mi pecado como lo que es en verdad. Decir que lo siento. Y luego rendirme a su voluntad y obedecer las instrucciones a las que me había opuesto. Cuando soy totalmente honesta respecto de mi pecado, le doy el nombre que Dios le da y le pido que me limpie, ¡Él lo hace![20] Se restaura nuestra relación y volvemos a vivir en esa dulce intimidad, lo más importante de mi ser. Y esa es la respuesta a una oración del Espíritu Santo.

Pero Jesús también oró para que nos unamos con otros creyentes.[21] Este es el pedido más desafiante por varios motivos. Mi madre bromeaba con que esa era la prueba de que incluso nuestro Señor tenía oraciones sin responder. Y puede que haya estado en lo cierto, porque la respuesta a esta oración se basa en nuestra decisión de prestarle más atención al bienestar de los demás y a nuestra unidad que a nuestra propia opinión. O a nuestra iglesia o denominación. O a nuestro puesto en el liderazgo. O a nuestra raza, nivel económico o afiliación política. O a nuestro derecho a que nos oigan, consulten, respeten, honren u obedezcan. O a nuestro derecho a tener la razón.

¿Qué produce una división entre tú y otro seguidor de Jesús? ¿Qué ha roto la unidad por la que el Espíritu Santo está orando? ¿Le pedirías que te muestre qué puedes hacer para restaurarla? Puede implicar abandonar algo o ceder en alguna postura. Quizá tengas que abandonar algo o a alguien o dejar que se marchen. Quizá tengas que hacer una llamada, escribir un correo electrónico o ser el primero en pedir perdón. Si no sabes por qué está rota la relación, pregúntaselo a la otra persona: "¿Estamos bien? ¿Hice algo que te ofendió? ¿Cómo puedo arreglarlo?". Luego, sigue hacia adelante y haz lo que tengas que hacer.

Recuerda: el Espíritu Santo está orando por ti.

Por nuestra perspectiva eterna

El último pedido específico que Jesús oró en Juan 17 debe definir nuestra vida y ordenar nuestras prioridades. Oró para que un día estuviéramos donde Él está y viéramos su gloria.[22] A medida que el mundo se vuelve más contra Cristo, más blasfemo, más peligroso para los seguidores de Jesús, debemos tener los ojos puestos en la eternidad. Los demás viven para sí mismos, se esfuerzan por ser famosos, por acumular posesiones, por tener más experiencia, por alcanzar los mejores puestos, por ejercer el poder, por disfrutar de distintos placeres o, simplemente, por vivir bien y no generar mucho revuelo ni controversias; pero tú y yo debemos vivir para la gloria de Dios. Tenemos que saber que esta vida no lo es todo y vivir en consecuencia.

¿Qué te ha llamado la atención? ¿El vehículo de último modelo de tu vecino? ¿La ropa de diseñador de tu amiga? ¿La casa enorme de tu hermano? ¿Los que hacen compras y cargan bolsas abultadas con el logotipo de marcas que no puedes pagar? ¿No miras y deseas…?

Aunque todos hemos estado en esa situación, mi madre siempre me insistía para que no envidiara la riqueza, los placeres, el prestigio, las posesiones, el puesto o el poder de los incrédulos. Porque, piénsalo, eso es todo lo que tendrán. Por otro lado, "«Ningún ojo ha visto, ningún oído ha escuchado, ninguna mente humana ha concebido lo que Dios ha preparado para quienes lo aman». Ahora bien, Dios nos ha revelado esto por medio de su Espíritu".[23] Debemos vivir con la convicción de que lo mejor está por venir.

¿Alguna vez experimentaste la bendición de que alguien orara contigo? ¿Por ti? ¿Has tenido compañeros de oración en quienes confías? ¿Amigos que oren específicamente por ti porque te conocen, aman y entienden? Los compañeros de oración son una de las bendiciones más hermosas de mi vida. Experimenté el ministerio del Espíritu Santo invisible que oraba por mí en forma específica a través de personas visibles, como mi madre, mi esposo, mis hijos, mi equipo de oración, mis asistentes ejecutivos y algunos de mis amados amigos.

Si no tienes un compañero de oración, pídele a Dios que te dé uno. Quédate en silencio. Espera a que Él te dé un nombre. Luego contacta a esa persona e invítala a orar contigo y por ti. Pueden intercambiar correos electrónicos, números telefónicos o cartas. Pueden orar juntos una vez al día, una vez a la semana o una vez al mes. Ustedes deciden la hora, el lugar y el formato del encuentro. ¿Quién sabe? Quizá tú eres la respuesta a sus oraciones.

Y si no se te ocurre nadie para hacerlo o nadie se compromete, recuerda que el Espíritu Santo está orando por ti específica y personalmente, con pleno conocimiento y mucho amor.

Conclusión

EL ENFOQUE INQUEBRANTABLE DEL ESPÍRITU SANTO: JESÚS

Si el propósito del Espíritu Santo es glorificar a Jesús...,

si el objetivo del Espíritu Santo es hacer que conozcamos a Jesús...,

si la prioridad del Espíritu Santo es guiarnos hacia toda verdad, la verdad revelada en la Palabra escrita de Dios para que podamos conocer y reflejar a través de nuestras vidas la Palabra viva de Dios. es decir, Jesús, la verdad encarnada...,

entonces el propósito, el objetivo y la prioridad del Espíritu Santo se pueden resumir en una sola palabra: *Jesús*. Una vez que comprendamos el enfoque preciso del Espíritu Santo, muchas cosas se volverán claras, incluida la Biblia.

Podemos comprenderla aún mejor cuando entendemos de qué se trata el libro en su totalidad. Me hace recordar los juegos de rompecabezas que aprendí a armar cuando era pequeña.

Cuando me enfermaba, mi madre me llevaba a la casa de mi abuela. Ella era enfermera y había dirigido una gran clínica de mujeres en China durante veinticinco años antes de tener que huir junto con mi abuelo por la invasión japonesa. Era la mejor enfermera para una niñita enferma. Para distraerme de mis dolores, me hacía armar rompecabezas. Casi siempre usábamos uno que tenía entre quinientas y mil piezas.

Si alguna vez armaste uno, sabes que consiste en una imagen pegada sobre un cartón que está cortado en muchas piezas pequeñas. La imagen también está en la tapa de la caja del rompecabezas. Mi abuela me enseñó que debía poner todas las piezas boca arriba, fijarme en las partes de la imagen y unir las piezas que tenían una parte similar de la imagen. El rompecabezas estaba listo cuando todas las piezas estaban unidas y se replicaba la imagen de la caja.

La Biblia puede parecer un rompecabezas, un libro con muchas piezas desconectadas que debemos voltear. El Espíritu Santo nos muestra cómo debemos unir las piezas para descubrir la imagen completa. ¡Es la imagen de Jesús! La Biblia entera, que está "inspirada por Dios" a través del Espíritu Santo,[1] nos revela a Jesús, y Jesús nos revela a Dios.

Podemos ver este enfoque inquebrantable del Espíritu Santo en Jesús a lo largo de toda la Escritura. En los siguientes párrafos, intentaré describir algunas de las piezas del rompecabezas que considero evidencia fascinante de su enfoque.

Enfocados en la creación

En Génesis 1, la Biblia nos muestra que Dios creó los cielos y la tierra y que el Espíritu de Dios se movía sobre la superficie de las aguas. Luego, en el versículo 3, podemos leer las palabras "Y dijo Dios". Desde la creación de la luz, cuando se repiten estas palabras en Génesis 1, todo lo que Dios decía así sucedía.

Podemos pensar que hablaba en un idioma con sustantivos y verbos, pero el Espíritu Santo une esta pieza con el primer versículo del Evangelio de Juan, que dice: "En el principio ya existía el Verbo [dijo Dios], y el Verbo estaba con Dios [una persona distinta porque estaba con Dios], y el Verbo era Dios". Más adelante, en el mismo capítulo, el Espíritu Santo une estas dos piezas con otra, que afirma algo asombroso: "Y la Palabra se hizo carne, y habitó entre nosotros, y vimos su gloria (la gloria que corresponde al unigénito del Padre), llena de gracia y de verdad".[2] ¡Qué increíble revelación! El Espíritu Santo une las piezas del rompecabezas para demostrarnos que en el principio encontramos la imagen de Jesús, por quien y para quien todo fue creado. Jesús, el Creador, se hizo carne en Belén, pero este no fue su comienzo. ¡Él siempre estuvo presente!

Como a Dios nadie lo ha visto nunca, cuando Dios se revela a nosotros físicamente, lo hace a través de Jesús.[3] En algunas ocasiones, en el Antiguo Testamento, antes de que Dios se hiciera carne en Belén, apareció con la forma física de Jesús preencarnado para que lo pudieran ver.

En Génesis 2:8 podemos leer que "Dios el SEÑOR plantó un jardín al oriente del Edén". Es lógico suponer que, para plantar un jardín en el Edén, Dios debía tener una forma física. Y el Espíritu Santo voltea la pieza del rompecabezas y nos muestra la imagen del hombre que está del otro lado: está cavando en la tierra, plantando flores y un césped, ordenando los árboles y los arbustos para prepararles un hogar a nuestros primeros padres, Adán y Eva. ¡Piénsalo! ¡Mira del otro lado de la pieza! El Verbo de Dios preencarnado, que existía en el principio, que estaba con Dios, que era Dios, fue el primero en preparar un hogar. ¡Jesús! Y continúa preparando hogares.[4] Él lo dijo. Prometió que iría a prepararnos un lugar para que vivamos con Él por siempre.[5] Cuando esté terminado, volverá por nosotros.

En nuestro rompecabezas, encontramos otra pieza fundacional en Génesis 2. Nos revela que "Dios el SEÑOR formó al hombre del polvo de la tierra, y sopló en su nariz hálito de vida, y el hombre se convirtió en un ser viviente".[6] Dios el Señor reconoció que no era bueno que el hombre estuviera solo, entonces creó una compañera idónea, una mujer, y se la dio al hombre.[7] Si volteamos las piezas, una vez más vemos al Hijo de Dios preencarnado, que crea y forma al hombre y a la mujer, y luego sopla de su propia vida en ellos. ¡Jesús es nuestro Creador![8]

Nuestro cuerpo, su apariencia y su funcionamiento son idea de Él y la obra de sus manos. Nuestro aliento proviene de Él. ¿Conoces a personas que dicen que no necesitan a Jesús? ¿Que no creen el Él? Tienen que voltear las piezas. Porque toda la vida y el aliento del ser humano provienen de Él, y esto los incluye a ellos.

En Génesis 3, cuando Adán y Eva desobedecieron a Dios el Señor, sintieron vergüenza e intentaron esconderse. Pero Él los buscó. La Biblia dice que Dios el Señor recorría el jardín y los llamaba, lo que nos indica que, claramente, tenía una forma física.[9] Los encontró cubiertos entre los arbustos. No quería que estuvieran por siempre en pecado, así que los guio a la confesión antes de explicarles las consecuencias de su pecado y la maldición que caería sobre ellos y sobre todos sus descendientes.[10] Pero antes de separarse de ellos, "Dios el Señor hizo ropa de pieles [...], y los vistió".[11] Deducimos que, para poder hacer ropa de pieles, tuvo que sacrificar algún animal. Siento que esta pieza se revela lentamente y no puedo evitar preguntarme si Dios el Señor tenía lágrimas en los ojos mientras vestía a sus hijos. El Hijo de Dios preencarnado seguramente sabía que ese pecado y los nuestros requerirían otro sacrificio para limpiarnos de nuestro pecado, vergüenza y culpabilidad, y para constituirnos justos delante de Dios. Y ese sacrificio sería un cordero: Jesús.

En Génesis 4 vemos la familia disfuncional de Adán y Eva. Su primogénito, Caín, estaba terriblemente celoso de su hermano menor, Abel. El Espíritu Santo revela esta misteriosa pieza y nos muestra al Hijo de Dios preencarnado buscando al hijo rebelde y beligerante de Adán y Eva, animándolo a dominar el pecado. En cambio, Caín atacó a su hermano y lo mató, y luego se negó a arrepentirse y se quejó porque, según él, el juicio de Dios era más de lo que podía soportar. Por el resto de sus días deambuló de un lugar al otro y no tuvo paz en su corazón ni en su vida.[12] El Espíritu Santo nos anima con esta pieza porque nos enseña que Jesús buscará a los hijos pródigos y hará todo lo posible por reconciliarlos con Él. Pero ellos deben tomar la decisión de arrepentirse, regresar y reconciliarse.

En Génesis 6, descubrimos que la maldad en la tierra era muy grande. Esto le dolió en el corazón a Dios.[13] Buscó entre la maldad de la humanidad y vio a Noé, quien contaba con su favor. Noé era el único hombre en todo el mundo que estaba en paz con Dios y que no era culpable. El motivo principal de su santidad en medio de tanta maldad debe de haber sido que Noé andaba fielmente con Dios.[14] Esta pieza del rompecabezas es interesante porque la Biblia nos relata una conversación unilateral. Como Noé y el Hijo de Dios preencarnado, Jesús, caminaban juntos, Noé descubrió lo que estaba en el corazón y la mente de Dios: juicio. Dios "le dijo a Noé: «He decidido acabar con toda la gente, pues por causa de ella la tierra está llena de violencia»".[15] Eso debe de haber sido tan aterrador para Noé como si hoy nos dijeran que una bomba nuclear destruirá todo el mundo. Estoy segura de que Noé todavía estaba intentando recuperar el aliento y entender lo que estaba sucediendo cuando Dios le ordenó: "Constrúyete un arca".[16] Dios pensaba en el juicio, ¡pero también en la salvación! El Espíritu Santo vuelve esta pieza y nos revela que el juicio por el pecado y la salvación del juicio estuvieron en el corazón y en la mente del Hijo de Dios desde el principio de la historia de la humanidad. Y continúan estando allí. Y estarán allí hasta el fin de la historia de la humanidad.

Cuando dedicamos tiempo a caminar y hablar con Dios, nosotros también descubrimos qué guarda en su mente y su corazón. Su carga por la gente será la nuestra, y nuestro corazón arderá por "construir un arca" para presentar el Evangelio, las buenas nuevas de la salvación del juicio gracias a Dios, a nuestra generación. Para que no haya ningún malentendido, el Espíritu Santo unió esta pieza del rompecabezas a una del Nuevo Testamento: "en ningún otro hay salvación, porque no hay bajo el cielo otro nombre dado a los hombres mediante el cual podamos ser salvos".[17] Solo Jesús. Él es el arca. No te dejes atrapar por las opiniones, las filosofías y las perspectivas populares como las personas del tiempo de Noé. Ellos negaron la verdad. Pensaron que un Dios de amor jamás enviaría el juicio para destruir su creación. Deben de haber estado convencidos de que, si estaban juntos, tendrían seguridad. Estaban equivocados. Totalmente equivocados. El diluvio sucedió y destruyó a todo ser viviente que estaba fuera del arca.[18]

Dios usó a Noé y a su familia para repoblar la tierra. Después de varias generaciones, la Biblia hace hincapié en un hombre, Abraham, y su familia.

Enfocado a lo largo de los siglos

Abraham vivía en Ur de los caldeos, donde hoy en día está Iraq. Dios se asomó desde el Cielo y le dijo a Abraham que, si lo seguía y llevaba una vida de fe y obediencia, Él lo bendeciría. Una de las bendiciones principales que Dios le prometió a Abraham fue un hijo.[19]

Sin embargo, después de varios años sin poder concebir, la esposa de Abraham, Sara, le pidió que usara a Agar, su sirvienta egipcia, como madre sustituta. Él lo hizo. Agar quedó embarazada y tuvo un hijo con Abraham, y entonces comenzó a despreciar a Sara porque era infértil. La reacción de Sara fue maltratar a Agar, quien huyó. En algún lugar a lo largo de un camino abandonado del desierto, el ángel del Señor la buscó y la encontró (los académicos lo llaman una "teofanía", una revelación única del Hijo de Dios preencarnado). Le habló acerca de sus actos y le reveló que estaba embarazada de un niño y que Dios había escuchado su aflicción.

Luego le dijo que volviera con Sara.[20] Podemos imaginar su emoción cuando entendió que el Dios de Abraham y Sara también era su Dios y respondió: "El Dios que me ve. [...] Ahora he visto al que me ve".[21]

La maravillosa revelación es que la primera vez que aparece el ángel del Señor en la Escritura, no lo hace frente a Abraham ni ante uno de sus descendientes. No es frente a un hombre, una persona libre o poderosa, sino a una egipcia, una mujer embarazada, una pobre esclava que ni siquiera tenía derechos. Y el Espíritu Santo da vuelta a la pieza del rompecabezas y nos muestra al que nos ve, al que nos ama, sin importar quiénes somos, al que escucha nuestras míseras plegarias, al que nos busca en la tierra salvaje mientras deambulamos, al que responde nuestras oraciones y al que está con nosotros cuando regresamos a nuestro lugar y debemos permanecer allí.[22]

Trece años después del nacimiento del hijo de Agar, Abraham estaba sentado en la entrada de su carpa, en el calor del mediodía, y de repente se acercaron a él tres hombres. Disfrutamos una escena increíble cuando Abraham no solo les ofrece hospedaje a sus tres visitantes, sino que también les sirve pan recién horneado y carne de ternero asada. Mientras comían, uno de los hombres reveló que Abraham, quien tenía noventa y nueve años, y su esposa infértil, Sara, de ochenta y nueve años, tendrían un hijo al año siguiente. ¡Abraham sabía que solo el Señor podía conocer eso! El hombre era el Hijo de Dios preencarnado, Jesús mismo, y él había ido hasta allí para decirle a Abraham que la respuesta a la oración que tanto había esperado, el anhelo de su corazón, estaba cerca.[23] Abraham aprendió de primera mano que Dios puede hacer lo imposible.

Abraham y Sara tuvieron un hijo, Isaac, quien tuvo dos hijos, Esaú y Jacob. Jacob estaba desesperado por los derechos de primogenitura que le pertenecían a su hermano, Esaú. Esos derechos incluían la bendición del pacto que Dios había hecho con su abuelo

Abraham y que luego había pasado a su padre, Isaac. Entonces, Jacob conspiró para robarle la primogenitura a Esaú. Lo consiguió con la ayuda de su madre. Esaú estaba furioso y obligó a Jacob a exiliarse durante más de veinte años.[24] Cuando Jacob regresó para reclamar la primogenitura, lo hizo con sus propias fuerzas y sabiduría. Pero cuando cruzaba el río que rodeaba la tierra que Dios le había prometido a Abraham, se encontró con un hombre que no lo dejaba pasar. Jacob luchó con este hombre. Toda la noche. No sé en qué momento se habrá dado cuenta de que estaba luchando con Dios, pero quizá haya sido cuando el hombre tocó la cadera de Jacob y se la dislocó. En lugar de hundirse en la autocompasión, Jacob agarró al hombre por el cuello y le dijo que no lo iba a soltar hasta que lo bendijera. El hombre lo bendijo.[25] Él revela esta pieza del rompecabezas y vemos cómo el Hijo de Dios encarnado se niega a dejarnos obtener la bendición de Dios por medio de nuestras propias fuerzas, manipulación, conocimiento, esfuerzo o voluntad. Él nos quiebra primero. Quiebra nuestro orgullo, autosuficiencia y arrogancia para que nos rindamos completa, sincera y humildemente a Él. Jacob sufrió un cambio radical como consecuencia de esto. Hasta su nombre cambió a Israel. Sus doce hijos se convirtieron en los fundadores de la nación que lleva su nombre.

Unos años después, los hijos de Jacob y sus familias se trasladaron a Egipto debido a una hambruna. La familia permaneció en Egipto durante varias generaciones hasta que se multiplicaron tanto que el faraón se sintió amenazado y los esclavizó. Al igual que con Agar, Dios oyó su miserable llanto y envió a Moisés para que los liberara. Moisés los sacó de la esclavitud y los llevó al desierto, donde permanecieron durante cuarenta años.[26] Este es el contexto de la siguiente pieza del rompecabezas.

Josué era el asistente del gran liberador y legislador, Moisés. Cuando Moisés falleció, Dios llamó a Josué para que sacara a los israelitas del desierto y los guiara a la tierra que Él les había prometido.[27] Pero había un obstáculo importante: Jericó. Su fortaleza era la más impenetrable entre todas las fortalezas de Canaán. Josué envió espías para evaluar la situación.[28] Mientras caminaba cerca de la ciudad amurallada en una misión de reconocimiento, se encontró con un hombre que tenía una espada en la mano. El hombre se identificó como comandante del ejército del Señor. Le ordenó a Josué que se quitara las sandalias porque el lugar que pisaba era sagrado. El hombre le dio instrucciones sobre cómo derribar la fortaleza del enemigo.[29] Y el Espíritu Santo voltea la pieza del rompecabezas y revela al Comandante del ejército del Señor, al Hijo de Dios encarnado, quien continúa llevando a su pueblo a la victoria aún hoy. La victoria no está relacionada con la estrategia militar, los recursos financieros, los logros académicos, la conspiración ni la planificación, sino con la obediencia a la Palabra de Dios y, simplemente, rodear la fortaleza con oración y alabanza.

Unos años después, cuando Israel ya estaba en la tierra prometida, el pueblo olvidó al Señor su Dios y hacía lo que le parecía bien. Una y otra vez, Dios usaba enemigos para hacer que se volvieran a Él. Como consecuencia del peligro, las amenazas y la opresión, su pueblo clamaba por ayuda y Él respondía enviando a un libertador. Todo iba bien de nuevo por un tiempo, pero luego su pueblo regresaba a sus caminos idólatras y rebeldes. Este es el escenario de la siguiente pieza del rompecabezas.

"Los israelitas hicieron lo que ofende al SEÑOR, y él los entregó en manos de los madianitas".[30] Durante siete largos años, los madianitas invadían las tierras durante el tiempo de la cosecha, robaban la cosecha y el ganado, y no dejaban nada. Una vez más, los israelitas clamaron al Señor. El ángel del Señor intervino como respuesta a su clamor. Se sentó debajo de un roble y observó a un hombre llamado Gedeón, que se estaba escondiendo del enemigo en un lagar mientras trillaba el trigo.[31] El ángel del Señor le dijo a Gedeón: "¡El Señor está contigo, guerrero valiente!".[32] Gedeón debe de haber mirado a su alrededor para descubrir a quién le hablaba el hombre. ¿Guerrero valiente? Él era un granjero aterrado. Pero el Señor le hablaba a él. A pesar de que al principio la obediencia de Gedeón era un poco inestable, él siguió las instrucciones que Dios le había dado. Los madianitas fueron derrotados sobrenaturalmente y el pueblo de Dios fue liberado.[33] El Espíritu Santo da vuelta a la pieza del rompecabezas, y descubrimos que el Hijo de Dios encarnado se levanta para servir a Dios y ayudarlo a liberar a los demás, pero no lo hace en función de quienes somos, sino en función de la persona en la que nos podemos convertir cuando el Señor está con nosotros.

"El año de la muerte del rey Uzías", Isaías vio al Señor, "excelso y sublime", sentado en el trono del Cielo.[34] El Espíritu Santo une esta pieza a una del Nuevo Testamento que confirma que Isaías vio la gloria del Señor Jesucristo.[35] Cuando volteamos la pieza del rompecabezas, nosotros también podemos ver que el Hijo de Dios encarnado le da una visión de su gloria a Isaías cuando se sentía desconcertado. Y esto nos anima a levantar la mirada cuando nos golpean la muerte, la enfermedad, el divorcio, la desilusión u otra tragedia. El Señor Dios está sentado en el trono y tiene el control absoluto sobre todo lo que sucede, tanto en el mundo en general como en nuestra vida personal.

Ezequiel sabía todo acerca de la desilusión y las tragedias. Estaba estudiando para el sacerdocio en Jerusalén cuando fue capturado y esclavizado por los babilonios. Daniel, que fue capturado en la misma época, terminó en el palacio del rey, pero Ezequiel fue descartado. Era basura humana que debía vivir con los deportados en un vertedero de basura a orillas de un sucio río.[36] Cuando ya estaba seguro de que la situación no podría empeorar, vino un viento huracanado desde el norte. Vio una nube inmensa rodeada de un fuego fulgurante y de un gran resplandor y puso más atención. En el medio de la tormenta, vio cuatro seres vivientes con las alas abiertas. Por encima de su cabeza había un trono de zafiro, y sobre el trono había "una figura de aspecto humano".[37] El Espíritu Santo da vuelta a otra pieza del rompecabezas y vemos al Hijo de Dios encarnado que revela su gloria a los "excluidos". Porque son importantes para Él. Y, a veces, Dios usa las tragedias para redirigir nuestro camino. Ezequiel nunca fue un sacerdote. En cambio, se convirtió en uno de los profetas mayores del Antiguo Testamento.

Asimismo, durante el exilo en Babilonia, Sadrac, Mesac y Abednego tuvieron una confrontación con el rey de Babilonia, Nabucodonosor, en los llanos de Dura. El rey había erigido una estatua de sí mismo hecha de oro y exigía que todos se inclinaran y la adoraran. ¡Una estatua de sí mismo! Cuando Sadrac, Mesac y Abednego se negaron a inclinarse, los amenazó con lanzarlos a un horno en llamas.[38] Su respuesta al rey demostró una fe increíblemente valiente: "¡No hace falta que nos defendamos ante Su Majestad! Si se nos arroja al horno en llamas, el Dios al que servimos puede librarnos del horno y de las manos de Su Majestad. Pero, aun si nuestro Dios no lo hace así, sepa usted que no honraremos a sus dioses ni adoraremos a su estatua".[39] ¡Qué maravillosa respuesta! No necesitaron discutir la decisión entre ellos. Sabían que Dios los iba a salvar. Pero incluso si no lo hacía, no adorarían al ídolo de oro.

Dios no salvó a Sadrac, Mesac y Abednego de ser arrojados al fuego. El rey calentó el horno siete veces más de lo normal y los lanzó allí. Pero nos sorprendemos a la par del rey cuando miramos entre las llamas y no vemos a tres hombres, sino a cuatro que caminan por el horno. Y el rey dijo que el cuarto tenía la apariencia "de un hijo de los dioses".[40] El Espíritu Santo revela la pieza del rompecabezas y vemos que el Hijo "del único Dios" está en el fuego con sus hijos. Nos prometió que estaría con nosotros cuando atravesemos "valles tenebrosos" o cuando caminemos "por el fuego". De hecho, nos prometió que nunca nos dejará ni nos abandonará.[41]

Enfocado en la cuna y en la cruz

La pieza más asombrosa puede ser la que se enfoca en un pequeño pueblo de Judea. En una noche estrellada en Belén, los pastores estaban en los campos y cuidaban a sus ovejas y sus corderos para el sacrificio. De repente, el cielo negro se abrió y descendió un haz de luz. Apareció un ángel rodeado de la gloria de Dios y, con una voz que se oyó en todo el mundo durante varios siglos, anunció: "Hoy les ha nacido en la Ciudad de David un Salvador, que es Cristo el Señor".[42] Lo encontrarían envuelto en pañales y acostado en un pesebre. En un establo de un pueblo cercano. Antes de que los pastores pudieran reaccionar, el cielo se llenó de ángeles que adoraban a Dios: "Gloria a Dios en las alturas, y en la tierra paz a los que gozan de su buena voluntad".[43]

¿Cuánto tardaron en dar el primer paso? Seguramente habrán corrido por los campos, tropezado con algunas piedras, esquivado los olivos, sacudido los arbustos y, entonces, entraron a Belén y buscaron en todos los establos hasta que encontraron uno en donde había un recién nacido acostado sobre un pesebre.[44] Nos unimos a los pastores, que deben de haberse acercado en silencio, con respeto y emoción para ver al pequeño bebé, y el Espíritu Santo voltea la pieza del rompecabezas y ¡vemos el rostro de Dios en vivo y en directo! El Mesías. El Señor Dios. El Hijo de Dios, que ya no estaba preencarnado. ¡El Verbo que estaba en el principio se había hecho carne! ¿Cuál era su nombre? ¡Jesús!

Vemos en las páginas de las Escrituras cómo crecía "en sabiduría y estatura, y cada vez más gozaba del favor de Dios y de toda la gente".[45] Vemos que entra a la esfera pública y predica, enseña, sana, consuela y perdona hasta convertirse en una amenaza para los celosos y territoriales líderes religiosos, por lo que conspiraron para acabar con su vida. Vemos que uno de sus discípulos lo traicionó y que los líderes religiosos lo arrestaron y juzgaron, a pesar de que deberían haber sido los primeros en reconocerlo, ya que conocían las Escrituras. Vemos que los romanos lo crucifican burlándose de la justicia. Y, horrorizados, lo vemos colgando de una cruz. Pero el Espíritu Santo da vuelta a la pieza del rompecabezas y ya no vemos que el mal triunfa sobre el bien, ni que el odio triunfa sobre el amor, ni que la culpa triunfa sobre el inocente. Vemos que el Cordero de Dios se sacrifica voluntariamente en el altar de la cruz en expiación por los pecados del mundo.

Tómate un momento para arrodillarte ante la cruz. Pídele al Espíritu Santo que voltee esta pieza del rompecabezas y te muestre algo nuevo. Pídele que te revele la magnitud de tu pecado y culpabilidad, los cuales deben ser infinitamente perversos como para que sea necesario semejante sacrificio. La ofrenda de la sangre de Dios encarnado.

Vemos muerto al Señor de la vida, sepultado en una tumba prestada. Pero el rompecabezas todavía no está terminado, porque tres días después vemos que ¡esa tumba está vacía! Y el Espíritu Santo revela esa pieza del rompecabezas y nos muestra al Señor Jesucristo resucitado. ¡Está vivo! ¡Qué emoción! Los discípulos…, los seguidores de Jesús…, nosotros…, el mundo…, ¡jamás seremos los mismos! El aguijón de la muerte y la victoria de la tumba han sido derrotados. Ya no somos esclavos del temor, la culpa, la vergüenza, el orgullo ni el diablo. Nuestros pecados han sido perdonados. Nuestra culpa ha sido expiada. Hemos sido reconciliados con el Padre y estamos en paz con Dios. Guardamos la confianza y seguridad de que tenemos un hogar celestial.

Después de la resurrección, vemos que el Señor Jesucristo les ordena a sus seguidores que vayan al mundo y hagan más seguidores compartiendo las gloriosas buenas nuevas: ¡Él salva, Él vive, Él reina y Él regresará![46] Vemos que alzó las manos para bendecirlos mientras ascendía al Cielo.[47] Y el Espíritu Santo da vuelta a esta pieza del rompecabezas y nos muestra que ¡Jesús *sigue estando vivo*!

Está presente de forma invisible en nuestro mundo mediante su Espíritu. Nuestra vida no se trata de nosotros. Debemos vivir con un propósito mayor, con objetivos mayores y con prioridades mayores a las de los demás. ¡Se trata de Jesús! Se trata de amarlo, vivir por Él, obedecerlo y servirlo y, mientras tanto, multiplicarnos de manera que aumente el número de sus seguidores.

Si nos vemos tentados a dejar de creer o dudar de la presencia del Cristo vivo y resucitado que gobierna la gloria del Cielo, veamos cómo el Espíritu Santo comienza a revelar las piezas del rompecabezas para enseñarnos qué ocurrió cuando Esteban, uno de los diáconos de la Iglesia primitiva, fue apedreado hasta la muerte. Justo antes de que Esteban cerrara los ojos, vio el Cielo abierto y a Jesús de pie a la derecha del Padre.[48] Y el Espíritu Santo nos muestra que, una vez que abandonemos este cuerpo, estaremos en la presencia del Señor. Inmediatamente.

Saulo de Tarso, un religioso fanático que estaba haciendo todo lo posible para eliminar a los seguidores de Jesús porque creía que eran blasfemos, vio una luz brillante y enceguecedora en el camino hacia Damasco. Luego escuchó una voz del Cielo que le preguntaba por qué lo perseguía. Cuando Saulo le preguntó quién era, la respuesta fue asombrosa: "Yo soy Jesús, a quien tú persigues".[49] Y Saulo de Tarso, perseguidor de los cristianos, fue transformado, gracias a su encuentro con el Señor Jesucristo resucitado, en el apóstol Pablo, quien proclamó el Evangelio en todo el mundo conocido.[50] Y el Espíritu Santo nos muestra que, si Saulo de Tarso pudo convertirse en el apóstol Pablo, nadie es tan malvado como para que Jesús no pueda transformarlo.

El discípulo amado de Jesús, Juan, fue exiliado a Patmos, una pequeña isla rocosa en medio del mar Ageo por causa de su testimonio de fe y de la Palabra de Dios y escuchó una voz fuerte, como de trompeta. Cuando se dio vuelta para ver quién le hablaba, vio con sus propios ojos al Señor Jesucristo resucitado en toda su gloria.[51] Y la noche oscura del alma de Juan se convirtió en día a la luz de la presencia del Señor Jesucristo vivo y resucitado.[52] Y el Espíritu Santo nos muestra que cuando estamos en el exilio… separados…, aislados…, internados en una cama de hospital o encerrados en una casa diminuta con niños pequeños o atascados en un trabajo indeseable o en un matrimonio sin amor o en un cuartel militar…, Jesús se acerca a nosotros y puede convertir nuestra noche en día.

Enfocado en la corona

La última pieza del rompecabezas puede estar al final de la Biblia. La Palabra de Dios nos dice que los ejércitos del mundo se reunirán en Israel, en los llanos de Armagedón, para iniciar una guerra final y apocalíptica.[53] Si hicieran uso de la ferocidad de toda su potencia de fuego, aniquilarían al mundo entero. Pero en el pináculo de la confrontación,[54] se abre el cielo y aparece un jinete montado sobre un caballo blanco.[55] "Sus ojos resplandecen como llamas de fuego, y muchas diademas ciñen su cabeza. […] Está vestido de un manto teñido en sangre, y su nombre es «el Verbo de Dios»".[56]

El Espíritu Santo da vuelta a esta pieza del rompecabezas y nos muestra que el mismo Verbo que estaba en el principio, que estaba con Dios, que es Dios y que se hizo carne y habitó entre nosotros[57] es el jinete montado sobre el caballo blanco. Jesús regresa para juzgar y gobernar el mundo con justicia y rectitud. ¡Por los siglos de los siglos! "¡Aleluya! Ya ha comenzado a reinar el Señor, nuestro Dios Todopoderoso. ¡Alegrémonos y regocijémonos y démosle gloria!".[58]

¿Cómo haríamos para descubrir este apasionante final si el Espíritu Santo no volteara cada una de las piezas del rompecabezas para revelarnos la historia? ¡Gracias a Dios que lo hace! Y la Biblia ya no se parece tanto a un rompecabezas como al principio, ¿no es cierto?

Enfocado en Jesucristo

No sabremos qué nos deparará el mundo a menos que leamos nuestra Biblia. Porque el Espíritu Santo nos revela el Verbo vivo de Dios por medio de la Palabra escrita de Dios. Desde Génesis hasta Apocalipsis, nos revela que...

debajo de todo lo que está sucediendo en el mundo,
sobre todo lo que existe en el universo,
y en torno a todo en este planeta,
a través de todo a medida que los imperios surgen y caen,
en el principio de todo en la historia de la humanidad,
y en el final de todo en la historia de la humanidad,
¡Jesucristo reina!

Él es el Rey de reyes y el Señor de señores.[59] Un día, toda rodilla se doblará ante Él y toda lengua confesará que Él es el Señor, ya sea voluntaria o involuntariamente.[60] ¡Él es completamente victorioso! ¡Triunfante! Nadie iguala su poder, nadie tiene una posición equiparable, y su alabanza y adoración son sin igual.

Jesús es el motivo por el que todo existe y eso nos incluye a ti y a mí. Él es tu propósito supremo, tu objetivo supremo y tu prioridad suprema. Si el propósito, el objetivo o las prioridades de tu vida tienen que ver con algo diferente a Jesús, existe una desconexión entre el Espíritu Santo y tú. Porque, recuerda, el propósito supremo del Espíritu Santo es glorificar a Jesús; su objetivo supremo es hacerlo conocido para ti y para mí; y su prioridad es guiarnos a toda verdad a medida que nos transforma a la semejanza de Jesús.

Entonces, mantente enfocado. Deja de compararte con los demás. Deja de mirar atrás y de pensar en lo que podrías haber tenido o en quién podrías o deberías haberte convertido. Deja de desviar la mirada con duda cínica o confusión. Pídele al Espíritu Santo que te guíe a toda verdad. Conoce a Jesús para poder amarlo, confiar en Él, obedecerlo, servirlo y glorificarlo.

Si ese es tu compromiso al final de este libro, cúmplelo. Abre tu Biblia y *léela*, ¡escucha los susurros apacibles del Espíritu! Permite que Él les dé vuelta a las piezas del rompecabezas. Lo hará. Sé que lo hará. Porque ha volteado las piezas para mí y me ha revelado que Él es mi compañero fiel: Jesús en mí.

Apéndices

Apéndice A

CÓMO ESCUCHAR EL SUSURRO DE LA VOZ DEL ESPÍRITU SANTO AL LEER LA BIBLIA

Me da un poco de vergüenza confesar que estoy teniendo dificultades para oír ahora que soy mayor. He vivido la experiencia incómoda que significa conversar con las personas y ver que mueven los labios, pero no escuchar lo que están diciendo. Especialmente si hablan bajito.

Solía tener experiencias similares cuando leía la Biblia. Siempre me encantó leerla, pero no siempre "escuchaba" la voz de Dios. Como si supiera que movía los labios (me estaba diciendo algo porque podía ver las palabras escritas en las páginas), pero no podía escuchar lo que me estaba diciendo. Esto cambió cuando comencé a aplicar una simple forma de meditación en el tiempo de lectura de la Biblia. No solo transformó mi tiempo diario con el Señor, sino que también ha transformado mi vida, ya que ahora puedo escucharlo cuando me habla bajito con susurros apacibles.

Cada mañana, aparto un tiempo para leer la Biblia. Lo hago en una silla específica junto a una mesa en la que tengo unos anteojos, un bolígrafo, un lápiz, un anotador y pañuelos desechables para no perder el tiempo buscando estas cosas. No elijo el pasaje de la Escritura al azar, sino que leo el libro de la Biblia que Dios me haya dicho que estudie de principio a fin.[1] Pero mi objetivo no es terminar con el libro. Mi objetivo es escuchar los susurros del Espíritu

Santo a medida que vaya leyendo. Entonces, no leo un capítulo entero cada mañana, ya que eso sería una carga que requiere de mucho tiempo. Me enfoco en un párrafo con un par de versículos. A la mañana siguiente, leo el párrafo que viene a continuación del que leí la mañana anterior. Mientras escribo esto, estoy leyendo el Evangelio de Juan, desde el principio hasta el fin, párrafo por párrafo y capítulo por capítulo.

Mientras leo los párrafos, me hago cuatro preguntas acerca del texto.

¿Qué dice la Palabra de Dios? Para responder a esta pregunta, vuelvo a leer los versículos y enumero en mi anotador los hechos que sobresalen. No parafraseo, ya que eso sería como poner mis palabras en la boca de Dios. Simplemente, omito algunas palabras o descripciones, como los adjetivos o las frases preposicionales, y luego me enfoco en los sustantivos y los verbos para enumerar los hechos.

¿Qué quiere decir la Palabra de Dios? Para responderla, vuelvo al listado de hechos e intento aprender algo de cada uno de ellos. Busco una orden que obedecer, una promesa que reclamar o una advertencia que seguir. También me fijo en qué están haciendo o diciendo las personas, que yo también debería hacer o decir… o que no debería hacer o decir. Luego escribo estas lecciones en mi anotador, versículo por versículo.

¿Qué quiere decir la Palabra de Dios en mi vida? En este momento suelo comenzar a oír los susurros del Espíritu. Porque, para encontrar la respuesta a esta pregunta, vuelvo a las lecciones y las escribo como preguntas que me haría a mí misma o a otra persona. Me parece asombroso escuchar, a medida que escribo las preguntas, el susurro del Espíritu que me da consuelo, instrucción, advertencia,

ánimo o respuestas a mis oraciones privadas. Esto no sucede todas las mañanas, pero sí generalmente.

¿Qué lección aprendí y cómo pienso aplicarla? Escribo lo que entiendo que Dios me ha dicho para asegurarme de ponerlo en práctica y luego lo hago. Le pongo la fecha para sentirme responsable por mi obediencia. Luego cierro este momento en oración y hablo con el Señor acerca de lo que acabo de leer.

En mis devocionales privados, estoy en el Evangelio de Juan. Tomé como ejemplo ese libro para explicar el ejercicio, como lo verás en las páginas 272 y 273.

Este es un ejercicio muy simple, pero es desafiante porque nos exige pensar por nuestra cuenta. Elimina al "intermediario" y nos permite escuchar directamente al Espíritu, que nos habla por medio de la Palabra de Dios. No te sientas intimidado. Algunos días me cuesta descubrir las lecciones a partir de los hechos, y otros días parece más fácil. Y el Espíritu no me susurra todos los días. Pero meditar en su Palabra y escuchar su voz ha transformado mi tiempo con Él.

Si necesitas más ayuda, puedes visitar mi sitio web: <www.annegrahamlotz.org> [en inglés]. Tenemos planillas, estudios bíblicos y videos gratuitos que te ayudarán a leer la Biblia para que tú también puedas escuchar los susurros del Espíritu. Pero recuerda lo que dijo Jesús: "el Espíritu Santo [...], les enseñará todas las cosas y les hará recordar todo lo que les he dicho".[2] Entonces, antes de leer la Biblia, ora y pídele que te enseñe. Él está entusiasmado por comenzar.

Paso 1: Lee la Palabra de Dios Mira el pasaje	**Paso 2: ¿Qué dice la Palabra de Dios?** Enumera los hechos
Lee Juan 1:35-39	*Como los hechos son hechos, nuestros listados serán similares, incluso si usamos diferentes traducciones de la Biblia. Quizá tú escribes más hechos y yo, menos; o viceversa. Lo importante es que no parafraseemos, sino que usemos las palabras exactas del pasaje. Habiendo leído Juan 1:35-39, extraje los siguientes hechos:*
v. 35 Al día siguiente Juan estaba de nuevo allí, con dos de sus discípulos.	v. 35 Al día siguiente Juan estaba de nuevo con sus discípulos.
v. 36 Al ver a Jesús que pasaba por ahí, dijo: —¡Aquí tienen al Cordero de Dios!	v. 36 Al ver a Jesús, dijo: —¡Aquí tienen al Cordero de Dios!
v. 37 Cuando los dos discípulos le oyeron decir esto, siguieron a Jesús.	v. 37 Cuando los discípulos oyeron, siguieron a Jesús
v. 38 Jesús se volvió y, al ver que lo seguían, les preguntó: —¿Qué buscan? —Rabí, ¿dónde te hospedas? (Rabí significa: Maestro).	v. 38 Jesús se volvió y, al ver que lo seguían, preguntó: —¿Qué buscan? —¿Dónde te hospedas?
v. 39 —Vengan a ver —les contestó Jesús. Ellos fueron, pues, y vieron dónde se hospedaba, y aquel mismo día se quedaron con él. Eran como las cuatro de la tarde.	v. 39 —Vengan a ver —les contestó Jesús. Ellos fueron, y aquel día se quedaron con él.

Paso 3: ¿Qué quiere decir la Palabra de Dios? Aprende las lecciones	**Paso 4: ¿Qué quiere decir la Palabra de Dios en mi vida?** Escucha sus susurros
Estas son las lecciones que extraje de cada uno de los hechos enumerados en la página anterior como respuesta a esta pregunta:	*Mientras escribo las lecciones como preguntas que me hago a mí misma, escucho con atención el susurro del Espíritu:*
v. 35 El discipulado es un compromiso a largo plazo y no de un solo día.	v. 35 Habiendo leído este libro, ¿estoy dispuesta a elegir ser una discípula?

v.36 Un hombre o una mujer de Dios enseña el camino hacia Jesús.	v. 36 Al final de este libro, ¿escuché el susurro del Espíritu que me enseña el camino hacia Jesús?
v. 37 Es posible que debamos separarnos de alguien a quien amamos y respetamos para elegir seguir a Jesús.	v. 37 ¿Estoy dispuesta a seguir a Jesús, aun si eso implica separarme de los demás?
v. 38 Cuando elegimos seguir a Jesús, descubrimos que nos presta atención exclusiva.	v. 38 Si he elegido seguir a Jesús, ¿soy consciente de que me presta su atención exclusiva?
Jesús nos desafía a decirle lo que queremos.	¿Por qué quiero seguirlo?
Quienes quieren seguir a Jesús desean estar donde Él está para conocerlo mejor.	¿Realmente quiero estar donde Él está para pasar tiempo en su presencia a diario y conocerlo mejor?
v. 39 Jesús nos invita a conocerlo. Pasar tiempo con Él es nuestra decisión.	v. 39 ¿Aceptaré la invitación de "acercarme" para conocerlo mejor? De ser así, ¿de dónde sacaré tiempo hoy y cada día para pasar tiempo con Jesús y pedirle al Espíritu de Verdad que me guíe?
Puede que haya varias lecciones según tu perspectiva. Este es tan solo un ejemplo. Las preguntas también son tan solo un ejemplo. No hay límites.	

Paso 5: ¿Qué lección aprendí y cómo pienso aplicarla? Vive la Palabra de Dios
El último paso de este ejercicio es escribir lo que voy a hacer en función de lo que me susurró el Espíritu a través de Juan 1:35-39 para rendir cuentas. Ejemplo: Quiero ser una seguidora de Jesús; por lo tanto, elijo pasar tiempo con Él todos los días por medio de la oración y la meditación de su Palabra. Le pido al Espíritu Santo que me muestre de sí para poder conocer personalmente a Jesús… y luego darlo a conocer a los demás.

Fecha:

Apéndice B

CÓMO LLENARSE DEL ESPÍRITU SANTO Y MANTENERSE ASÍ

La casa de mi niñez está ubicada en una ensenada a la que se llega por medio de un camino angosto que rodea una montaña. Cuando el conductor alcanza tres cuartas partes del camino, debe hacer una curva cerrada hacia la derecha. En esta curva hay un manantial de montaña. Cuando era pequeña, el arroyo fluía a través del camino y en el invierno, cuando las temperaturas bajaban, el agua se congelaba y creaba un gran peligro para los conductores. Por ese motivo, mi madre ponía un viejo balde de madera en la base del arroyo. Luego colocaba una tubería entre el arroyo y el balde. ¡Claro! El agua del manantial fluía a través de la tubería hasta el balde. Cuando el agua llenaba el balde, en lugar de fluir sobre el camino, caía hacia una zanja junto a la carretera. Y el peligro desaparecía.

De vez en cuando, veíamos que la tubería estaba seca y el agua se filtraba de nuevo a través del suelo y corría sobre el camino. Cuando eso sucedía, mi madre usaba una rama recta para destapar la tubería. A veces se tapaba con una hoja podrida; otras veces, con una resbalosa salamandra; y, otras veces, con una piedrecita dura. Cuando lograba destaparla, el agua corría nuevamente por la tubería hacia el balde y, luego, a la zanja junto al camino.

Si usamos la solución creativa de mi madre como una ilustración espiritual, el agua es como el poder y la presencia del Espíritu

Santo, la tubería es su acceso a nosotros y el balde representa nuestras vidas, que deberían estar rebosando de Él para bendecir a los demás. Pero a veces el acceso está tapado. Nos secamos y volvemos a nuestros viejos caminos. Cuando eso sucede, necesitamos tomar la "rama" de la cruz y aplicarla al acceso del Espíritu. Quizá lo que impide el flujo sea una hoja podrida (algo del pasado como un fracaso o una desilusión), una resbalosa salamandra (un hábito pecaminoso que parece evitar el cambio o un recuerdo que aparece en medio de la noche), o la piedra endurecida de la falta de perdón, la amargura, el resentimiento o el enojo.

Independientemente de lo que sea, llévalo a la cruz. Pídele al Espíritu Santo: "Examíname, oh Dios, y sondea mi corazón; ponme a prueba y sondea mis pensamientos. Fíjate si voy por mal camino, y guíame por el camino eterno",[1] el camino que lleva a los pies de la cruz. Él te mostrará el problema. Luego, debes tomar la decisión de quitarlo.

Ser lleno del Espíritu Santo no es algo místico o emocional. No está reservado para un grupo exclusivo. De hecho, es una orden que debemos obedecer: "sean llenos del Espíritu".[2] Obedecer una orden implica tomar decisiones voluntariamente. Piénsalo. Si la obediencia dependiera de nuestras emociones o nuestros sentimientos, nunca podríamos ser constantemente obedientes, ya que no podemos controlar nuestras emociones. Entonces, la obediencia depende de la decisión intencional de cumplir con lo que nos ha dicho Dios. Llenarse del Espíritu no es una opción, ni una excepción.

Para obedecer esta orden, debes tomar la decisión de llevar tu pecado a la cruz y hacer lo que sea necesario para quitarlo de tu vida. El Espíritu Santo te dará la capacidad para tomar la decisión y seguir adelante.

Mi oración es que, como resultado de la lectura de este libro, tomes la decisión de ser lleno del Espíritu Santo, si todavía no lo has hecho. Las acciones necesarias son disciplinas sencillas de la vida cristiana. Aunque ya hemos tratado la mayoría de estos temas en el libro, vale la pena repetirlos para darte la oportunidad de ponerlos en práctica. Repasa conmigo estos simples pasos. Reflexiona sobre cada pregunta, busca cada pasaje con atención y pídele a Dios que te llene de su Espíritu que, como sabes, es Jesús… en ti.

1. Un corazón para que Él habite

Como el Espíritu Santo representa a Jesús en tu interior, tómate un momento para examinar tu corazón. ¿Realmente habita en ti? ¿Recuerdas haber invitado conscientemente a Jesús a vivir en tu corazón? Si no puedes recordar haber hecho esa invitación, ¿cómo puedes estar seguro de que vive en ti? Asegurémonos de esto juntos.

NOTA: Si no tienes duda alguna de que Jesús vive en tu corazon, puedes omitir los siguientes pasos y continuar con la sección 2, "Un corazón para que Él llene". Pero, antes de hacerlo, toma un momento para agradecerle a Dios por la valiosa provisión de su Espíritu.

Como no puedes ser lleno del Espíritu Santo hasta que Él habite en tu corazón, es muy importante asegurarnos de que viva en ti. Sé que me entenderás. Invitar a Jesús a tu corazón es *igual* que invitar al Espíritu Santo a tu corazón.

Si no estás seguro de que Jesús, como la persona del Espíritu Santo, viva en ti, tómate unos minutos para asegurarte de que así sea. Acércate humildemente a Dios en oración:

- Reconoce que eres un pecador (Romanos 3:23).
- Confiesa los pecados específicos que te vengan a la mente (1 Juan 1:9). Asegúrate de no justificar el pecado con un nombre inocente. Debes darle el nombre que Dios le da.

- Arrepiéntete de tus pecados. Esto significa que debes dejar de pecar con tus acciones y cambiar la manera de pensar en el pecado para que cambie tu actitud a medida que te apartes (Lucas 13:5; Hechos 3:19).
- Pídele a Dios que te limpie y que te perdone (Efesios 1:7; 1 Juan 1:7).
- Invita a Jesús, en la forma del Espíritu Santo, a tu vida (Lucas 11:13; Juan 1:12; Apocalipsis 3:20).
- Entrégale el control de tu vida a Él como tu Señor (Hechos 2:36).
- Para contribuir con la profunda y bendita seguridad de que Jesús vive en ti como la persona del Espíritu Santo, cuéntale a alguien la decisión que has tomado y haz una declaración pública de tu decisión por medio del bautismo (Hechos 2:37-39; Romanos 10:9-10).

Después de haber cumplido con estos pasos en oración y con sinceridad, ¡regocíjate! ¡Alaba a Dios! Según su Palabra, ¡todos tus pecados han sido perdonados! Has iniciado una relación personal y perfecta con Él. Recibiste la vida eterna, lo que significa que tienes una relación personal con Dios Padre, Dios Hijo y Dios Espíritu Santo, porque ahora eres un miembro de su familia. Tu herencia es un hogar celestial. Y ahora Jesús vive dentro de ti como la persona del Espíritu Santo.

Si tienes dudas al respecto, puedes leer nuevamente las referencias de las Escrituras, una y otra vez, hasta que reclames por la fe lo que Dios ha prometido. Jesús acepta tu invitación cuando la haces por la fe en lo que Dios ha dicho, crees en su Palabra y reclamas sus promesas para tu vida. Es fundamental que tu fe no esté basada en lo que otras personas hayan dicho o escrito, sino en lo que Dios dijo. Él cumple su Palabra. Puedes confiar en ella porque tiene el respaldo de la integridad del carácter de Dios. Además, una vez que le perteneces, ¡Él nunca te dejará ni te abandonará, sin importar lo que hagas o lo que los demás digan o hagan! (Romanos 8:35, 37-39; Hebreos 13:5-6).

El Espíritu Santo (Jesús en ti) también es la garantía de Dios que te asegura que cumplirá todas sus promesas porque está permanente, personal y apasionadamente comprometido contigo. Ahora estás marcado con su sello de propiedad (Efesios 1:13).

2. Un corazón para que Él llene

Si el Espíritu Santo mora en ti porque has nacido de nuevo a la familia de Dios por la fe en Jesús, ¿estás lleno del Espíritu Santo? Como hemos descubierto en este libro, que el Espíritu Santo viva en ti no significa que llene tu vida. Compartí contigo una analogía: puedo invitarte a mi casa, pero darte únicamente un acceso restringido. Puedes entrar a la sala de estar, a la cocina o a otra habitación pública, pero no puedes entrar a mi cuarto de lavado desordenado, a mi habitación y baño privados, ni al piso de arriba. En otras palabras, es posible invitarte a mi casa sin darte acceso a todas las habitaciones.

Asimismo, es posible que invites al Espíritu Santo a tu vida con la intención de darle acceso a todo, pero cuando entre en zonas que quieres esconder o controlar, le cierres la puerta. Te niegas a dejar un hábito, una relación, un placer, un recuerdo, un objetivo o un método porque temes que ese cambio no te dé satisfacción personal. La consecuencia es que cuando le restringes el acceso a tu vida, dejas de ser lleno del Espíritu y te niegas el acceso a sus bendiciones espirituales, incluidos su poder y el propósito eterno para tu vida.

Como continúas leyendo, asumo que quieres ser lleno del Espíritu Santo. Quieres darle acceso total a cada rincón y recoveco, a cada hueco oscuro, a cada relación, a cada actitud, a cada sueño y a cada acción de tu vida. Si tienes el deseo profundo de someter todo a su autoridad, ríndete a Él en cada momento para disfrutar de una vida rebosante de la presencia de Jesús. ¡Yo también lo hago!

Los siguientes pasos para llenarte del Espíritu Santo son simples, pero eso no quiere decir que sean fáciles.

Confiesa todo pecado conocido a Dios

- Pídele a Dios que te dé conciencia de los pecados que debes confesarle (1 Juan 1:9).
- No te preocupes por los pecados de los que no eres consciente. Quizá te ayude hacer un listado de tus pecados a medida que te vengan a la mente (1 Corintios 6:9-11, 18-20; Gálatas 5:19-21; Efesios 4:29-32; Santiago 2:10, 4:17).
- Lee el listado de pecados del Apéndice C de este libro para enfocarte y limpiar las telas de araña de la negación, la justificación, las excusas, la defensa o el orgullo que pueden estar escondidos en tu corazón.

Arrepiéntete de tus pecados

Arrepentirse significa repudiar el pecado, dejar de pecar y apartarse del pecado. ¿Hay alguna actitud o acción pecaminosa que debas abandonar? ¿Un hábito que debas dejar? ¿Una relación a la que debas renunciar? Nómbralos, recházalos y apártate de ellos (2 Corintios 6:14-18; Efesios 4:17-28; Colosenses 3:5-10).

Reconcíliate con los demás

Toma la decisión de nombrar a la persona con quien tengas una relación deteriorada, confiesa honestamente todo lo que hayas hecho que pudo haberla lastimado y reconcíliate según esté a tu alcance. Hazlo ahora. Llámala, escríbele un correo electrónico o un mensaje de texto. Contáctala y ofrécele perdón o pídele perdón (Mateo 5:23-24; Hebreos 12:15).

Destruye todos los ídolos de tu vida

Un ídolo es cualquier cosa que pongas primero que Dios. Puede ser tu hijo o tu deseo de tener un hijo, tu cónyuge o tu deseo de casarte, tu profesión, tus metas, tus amigos, tu imagen, tu reputación, tu dinero, tu entretenimiento, tus placeres, tu alimentación o tus dietas, tu salud, tu ejercicio o tu pereza, tu iglesia o tu ministerio, tu posición, tu casa, tus posesiones materiales, el sexo, la tecnología, la computadora, el teléfono celular o las redes sociales. Un ídolo es todo lo que ocupe tus pensamientos a punto tal que Dios quede fuera o relegado a las sobras de tu mente, tu tiempo, tu dinero o tu afecto. No importa cuál sea tu ídolo, ¡destrúyelo! (Éxodo 20:3-4; 1 Juan 5:21).

Ríndele todo lo que eres y todo lo que tienes a Dios de manera intencional, humilde y sincera

Ábrele cada puerta, cada habitación, cada armario, cada recoveco oscuro de tu corazón y de tu vida al Espíritu Santo. Si todavía te estás aferrando a algo y no se lo rindes a Él, suéltalo en este momento. Piénsalo cuidadosamente.

- Dale a Dios el primer lugar en tus prioridades (Mateo 6:33).
- Dale a Dios el primer lugar en tu tiempo (Salmos 63:6).
- Dale a Dios el primer lugar en tus pensamientos (Josué 1:8).
- Dale a Dios el primer lugar en tu corazón (Deuteronomio 6:5-6).

Las siguientes palabras de un antiguo himno escrito por J. Edwin Orr pueden ayudarte a articular tu oración.

> Examíname, oh Dios, y conoce mi corazón;
> pruébame y conoce mis pensamientos;
> ve si hay en mí camino de perversidad;
> límpiame de todo pecado y líbrame.
>
> Te alabo, Señor, por haberme limpiado de mi pecado;
> cumple tu Palabra y purifícame;
> lléname con fuego, donde ardía con vergüenza;
> dame el deseo de magnificar tu nombre.
>
> Oh, Espíritu Santo, el avivamiento viene de ti;
> envía un avivamiento, empieza conmigo;
> tu Palabra declara que suplirás nuestras necesidades;
> te pido bendiciones, oh Señor.[3]

Pídele a Dios que te llene con su Espíritu

Cuando le hayas rendido todo a Dios, a tu leal saber y entender, pídele que te llene con su Espíritu (Gálatas 2:20).

Cree por la fe que estás lleno de su Espíritu y agradécele

Cuando termines tu oración, al completar los pasos anteriores, ¡puedes estar seguro de que estás lleno del Espíritu Santo! Tómate un momento para agradecérselo.

Para algunas personas, la llenura del Espíritu Santo es similar a la experiencia de una crisis que puede desencadenar grandes presiones o problemas. Para otras, se parece más a un proceso de crecimiento, sin ninguna crisis.

Para algunas personas, la llenura del Espíritu Santo está acompañada de emociones. Para otras, se trata de decisiones profundas, diarias y honestas, sin ninguna emoción.

Para algunas personas, la llenura del Espíritu Santo puede ser más increíble que su conversión. Para otras, consiste simplemente en tomar conciencia de que Dios tiene el control absoluto.

Noté que en las Escrituras se describe cómo otros son llenos del Espíritu Santo, pero nadie dice eso de sí mismo (Lucas 1:15, 41, 67; Hechos 4:8, 31). Que no te atrapen los sentimientos ni las comparaciones con los demás.

Camina en el Espíritu

Ahora estás listo para comenzar el proceso de caminar en el Espíritu, rendido en cada momento a su control constante (Romanos 8:1-16; Gálatas 5:25; 1 Juan 1:7; 2:6).

No te desanimes

En tu vida cristiana, seguirás pecando, aunque una persona llena del Espíritu no peca voluntaria ni conscientemente (1 Juan 3:6).

¡Pero las personas llenas del Espíritu sí pecan! Nuestro pecado puede ser la desobediencia, la negligencia o una actitud o un hábito que nos cuesta superar. Pero todos los pecados contristan y apagan al Espíritu Santo, quien vive en nosotros (Efesios 4:30). Cuando pecas, ya no estás lleno de Él.

Cuando esto suceda, porque sucederá...

Regresa a la cruz

Cuando te des cuenta de que has pecado y, por lo tanto, contristado al Espíritu Santo, repite los pasos anteriores. No sientas vergüenza de regresar a la cruz y pedirle a Dios que te limpie y te vuelva a llenar.

La Biblia no solo registra una llenura del Espíritu Santo en la vida de los apóstoles, sino muchas.[4] Recuerda, la vida cristiana es como un viaje, paso a paso, un día a la vez. Alcanzar la madurez lleva su tiempo. No hay atajos. A medida que sigas estos pasos, se convertirán en un hábito. Reconocerás tu pecado más rápido, regresarás a la cruz y estarás limpio y lleno.

Ora conmigo:

Querido Espíritu de Jesús:

Cuando te movías sobre el caos, nació el orden, la belleza se apoderó del mundo, los frutos brotaron.

He aprendido mucho acerca de ti y deseo que me llenes hasta que rebose de ti. Tú, que provienes del Padre y del Hijo, reposas tu mirada en mí y tienes misericordia.

Por favor, muévete sobre mi corazón desordenado;

llévate las debilidades de los deseos rebeldes y la avaricia cargada de odio;

levanta la niebla y la oscuridad de la falta de fe;

enciende mi alma con la luz pura de la verdad;

lléname con la gloria de tu obrar divino;

sé mi ayudador, mi confortador, mi defensor, mi intercesor, mi consejero, mi fortalecedor y mi persona de confianza.

Toma de Jesús y enséñaselo a mi alma;

que aprenda a diario más de su amor, gracia, compasión, fidelidad y belleza a través de ti;

guíame a la cruz y muéstrame sus heridas, la aborrecible naturaleza de la maldad, el poder de Satanás;

que pueda ver mis pecados como...
los clavos que lo traspasaron,
las cuerdas que lo ataron,
las espinas que lo rasgaron,
la espada que lo perforó.

Ayúdame a encontrar en su muerte la realidad y la inmensidad de su amor.

Aumenta mi fe con el conocimiento de que mi expiación fue consumada, mi culpa fue borrada, mi deuda fue pagada, mis pecados fueron perdonados, mi persona fue redimida, mi alma fue salvada, el infierno fue vencido, el cielo fue abierto y la eternidad fue hecha mía.

Hazme una vasija pura. Un templo limpio. Una piedra viva que refleje su pureza y su gloria.

Oh, Espíritu Santo, hazme conocer más acerca de estas lecciones de salvación.

Escríbelas en mi corazón para que mis caminos aborrezcan la maldad, aborrezcan el pecado, exalten a Cristo y le den gloria[5] *hasta que todos puedan ver que estoy lleno de la presencia de Jesús. ¡Y hasta que te regocijes al ver que el universo estalla en adoración al único que es digno de toda alabanza, honor, gloria y poder por los siglos de los siglos!*

Para la gloria de su gran nombre: Jesús.

Amén.

Apéndice C

UNA AUTOEVALUACIÓN DEL PECADO

Este es el listado de pecados que motivó mi arrepentimiento y propiciaron mi experiencia de avivamiento personal hace ya muchos años. El folleto de donde lo saqué incluía una explicación más profunda de la mayoría de estos pecados.[1] Yo simplemente los nombro. El autor decía que debíamos leer el listado tres veces y en oración.

- ingratitud
- falta de amor por Dios
- falta de disciplina para leer la Biblia
- momentos de incredulidad
- falta de oración
- descuido de las disciplinas espirituales
- una actitud mediocre para realizar las tareas espirituales
- falta de amor por las almas
- falta de interés por los perdidos
- descuido de las tareas familiares
- descuido de la atención a mi propia vida
- descuido de la atención a mis hermanos y hermanas en Cristo
- falta de abnegación
- mentalidad mundana
- orgullo

- envidia
- un espíritu de crítica
- calumnia
- falta de seriedad
- mentira
- engaño
- hipocresía
- robarle a Dios
- mal temperamento
- impedir que los demás sean útiles

Puedes encontrar mi propio listado, que es similar a este, pero tiene más explicaciones, en *Yo espero ver a Jesús*.[2] Y recuerda: "Si afirmamos que no tenemos pecado, nos engañamos a nosotros mismos y no tenemos la verdad. Si confesamos nuestros pecados, Dios, que es fiel y justo, nos los perdonará y nos limpiará de toda maldad. Si afirmamos que no hemos pecado, lo hacemos pasar por mentiroso y su palabra no habita en nosotros".[3]

Apéndice D

DONES DEL ESPÍRITU

En el capítulo 18 consideramos el equipamiento que los creyentes recibimos del Espíritu Santo, lo que incluye los dones espirituales. Estos dones son sobrenaturales y el Espíritu Santo, en su soberanía, elige dárnoslos. No son talentos naturales.

Existen tres categorías: los dones motivacionales, los dones de manifestación y los dones ministeriales.

Dones motivacionales

Esta es la lista que Pablo le dio a los creyentes de Roma y mi manera de comprender la descripción de cada don y las características de la persona que los posee.[1] Se les describe como dones motivacionales porque suelen dominar nuestra perspectiva de la vida, la toma de decisiones, las amistades y nuestra relación con Dios.

La *profecía* es la capacidad de revelar la Palabra de Dios de una manera pertinente para los oyentes. En el Antiguo Testamento, los profetas de Dios tenían la responsabilidad de recibir un mensaje de parte de Dios y transmitírselo al pueblo de Dios. Los mensajes solían incluir una predicción del futuro. Para ser considerados mensajeros divinos verdaderos, debían ser ciento por ciento correctos todo el tiempo. De no ser así, la ofensa tenía como consecuencia la pena de muerte.[2]

En la actualidad, quienes tienen el don de profecía también tienen la responsabilidad de recibir un mensaje de parte de Dios y transmitírselo al pueblo de Dios. Pero el mensaje se basa en la revelación que Dios nos ha dado en la Biblia. Quienes tienen este don no quieren únicamente presentar la Palabra de Dios con un tinte académico, sino que buscan aplicar la verdad en la vida de los demás y convencerlos para recibirla y vivirla. Se sienten obligados a expresar qué está bien y qué está mal, y están dispuestos a sufrir por decir fielmente la verdad. Tienen un sentido agudo para discernir los motivos de los demás. Pueden ser dolorosamente directos, juzgar rápidamente, y ser abiertos y honestos con respecto a sus debilidades. Un ejemplo bíblico de alguien que tenía este don es el apóstol Pedro.[3]

El *ministerio* es lo que a veces se llama el don de prestar servicio o ayuda. Quienes tienen este don se sienten satisfechos trabajando detrás de la escena y realizando tareas prácticas, y les encanta usar este don para liberar a los demás y que puedan ejercer sus dones. Un ejemplo bíblico es Timoteo, el "hijo en la fe"[4] del apóstol Pablo, el pastor de la iglesia de Éfeso y el superintendente de algunas iglesias de Asia.[5]

La *enseñanza* es un don que se desarrolla al investigar y validar la verdad. Un maestro tiene una mentalidad más académica que un profeta y le resulta satisfactorio presentar la verdad, no necesariamente transmitírsela a los demás. Estas personas aman estudiar, diseccionar las Escrituras y presentar la verdad de manera sistemática. Hacen hincapié en los hechos y los detalles, y es posible que objeten las calificaciones de un pastor o de un maestro de la Biblia. Lucas sería un buen ejemplo de un maestro bíblico.[6]

La *exhortación* es un don de aliento. Quienes poseen este don animan a los demás a caminar más cerca de Jesús. Son buenos en el ministerio personal y pueden ver el potencial de la otra persona. En lugar de desanimarse con las tribulaciones personales, ven un camino hacia el crecimiento espiritual. El apóstol Pablo sería el mejor ejemplo bíblico de una persona con este don.[7]

El don de *dar* no es muy frecuente y no tiene nada que ver con la situación financiera. Estas personas viven para dar, no para acumular. Quienes tienen este don suplen las necesidades de los demás con gozo, pero lo hacen en privado y no en público. Suelen ahorrar y ser frugales en lo personal, pero dan con generosidad, incluso haciendo sacrificios, para satisfacer las necesidades de otros. Los creyentes de Macedonia tenían este don.[8]

La *administración*, o el don de *presidir*, tiene que ver con la organización. Quienes tienen este don son líderes, delegantes, coordinadores o facilitadores que mantienen en marcha una operación en general. Son emprendedores y tienen la capacidad de dividir las grandes tareas en tareas más pequeñas para delegarlas. Pareciera que la inmensidad de los desafíos nunca los abruma. Tienen mucha resistencia, saben qué puede delegarse y qué no, y exigen lealtad de aquellos que están a su cargo. En el Antiguo Testamento, Nehemías tenía el don de administración.[9]

La *misericordia* es la habilidad de empatizar con la necesidad, el dolor o la angustia de los demás. Quienes tienen este don son excelentes para la reconciliación y restauración de las relaciones. Sienten una atracción por los que están en dificultades. Les suele faltar firmeza, ya que no quieren causar más daño. Desean la cercanía física y el tiempo de calidad, y son sensibles a las necesidades emocionales de los demás. El apóstol Juan parece ser un ejemplo de una persona con este don.[10]

¿Cuál es la diferencia entre conocer tu don y actuar conforme a tu don? Pensemos esta pregunta en el contexto de la iglesia local. ¿Qué pasaría si alguien que tiene el don de la misericordia estuviera a cargo del presupuesto? No tardaríamos en tener un balance negativo porque no se le negaría la ayuda a nadie. ¿Qué pasaría si un profeta estuviera a cargo de las visitas? La gente le cerraría la puerta en la cara porque se ofenderían por su falta de tacto. ¿Y si la persona que tiene el don de exhortación estuviera a cargo del evangelismo? Creo que no les diría a muchos que deben renunciar a sus pecados.

En cambio, es lógico que una persona que tiene el don de profecía sirva como pastor; una persona que tiene el don del ministerio sirva como el gerente de la oficina o esté a cargo de los programas de alcance a la comunidad; los maestros deberían enseñar en la escuela bíblica; los exhortadores deberían ser líderes de grupos pequeños; los que poseen el don de dar deberían manejar la tesorería; un administrador debería ser el pastor ejecutivo o el director de educación; y aquellos con el don de la misericordia realizarían las visitas hospitalarias. Pablo escribió que estos dones son para el bien común.[11] No son juguetes, sino herramientas que debemos usar para bendecir y ayudar a los demás a crecer en su fe.

Dones de manifestación

Los dones de manifestación del Espíritu son para la edificación de los demás y para la gloria de Dios.[12] Aunque cada creyente tiene un don motivacional predominante, podemos tener varios dones de manifestación. Funcionan junto con el don motivacional y así crean una variedad infinita de combinaciones, por lo que los dones de cada persona son únicos. Se nos dice que debemos empeñarnos en buscar estos dones,[13] pero esto no quiere decir que los recibiremos. Una vez más: "Todo esto lo hace un mismo y único Espíritu, quien reparte a cada uno según él lo determina".[14]

Palabra de sabiduría

Este es el don de comprender la verdad revelada de Dios. Pude distinguir este don más fácilmente en los países del Tercer Mundo donde los cristianos no tienen acceso a escuelas bíblicas o seminarios teológicos. Uno de mis primeros encuentros, cuando comencé a enseñar mi clase bíblica semanal, fue en una conferencia de pastores en Suva, Fiyi. Me habían pedido que les diera varios mensajes a cerca de seiscientos pastores que habían ido desde los cientos de islas vecinas. Me sentía honrada, pero les pregunté a los organizadores si también podía hacer una reunión para las mujeres. Me respondieron que, en esa cultura, las mujeres no tenían reuniones separadas. Les pedí que, de todas formas, organizaran una, y ellos estuvieron de acuerdo. El resultado fue una pequeña reunión de mujeres en el almacén del lugar donde se llevaban a cabo las reuniones de los hombres.

No había sillas, por lo que las mujeres se sentaron en cajas acomodadas en un semicírculo. Estaban descalzas y la mayoría había caminado varios kilómetros para poder asistir a la reunión. Todavía recuerdo sus hermosos rostros redondos, sus brillantes ojos oscuros, sus cabellos castaños y sus miradas expectantes. Tenían Biblias destrozadas sobre su falda. Cuando abrí mi Biblia y comencé a enseñarles, abrí la reunión a un debate ¡y su entendimiento era increíble! Apenas podía comprender la profundidad de su conocimiento y entendimiento. Sabía que estaba siendo testigo de un don que el Espíritu Santo les había dado a estas mujeres para que pudieran comprender los asuntos espirituales mucho mejor que mis amigos en casa. Era una muestra del equipamiento sobrenatural del Espíritu Santo a los hijos de Dios.

Palabra de conocimiento

Este don trata de la verdad común que es revelada en forma sobrenatural. La manera más eficaz de utilizarlo es para saber cómo orar. Mi hija Rachel-Ruth tiene este don.

Hace unos años, estaba en una cabaña en el Centro de Capacitación Billy Graham en The Cove [La Caleta], y me estaba preparando para dar mi seminario de otoño. Salí de la cabaña para caminar y me di cuenta de que no tenía el teléfono celular en el bolsillo, así que regresé a buscarlo. Cuando salí de nuevo, vi que había movimiento entre las maderas que estaban debajo de la cabaña. Me enfoqué en el alboroto y vi que había un oso negro caminando entre los árboles. Era fascinante y lo seguí mirando ¡hasta que noté que venía en dirección a mí! Me di la vuelta, entré y, confundida, miré al oso. Parecía un poco enfermo, se tambaleó hasta el pórtico de la cabaña, rompió la almohada sobre la que había estado sentada, volcó mi vaso de té helado, se paró sobre las dos patas traseras para mirarme por la ventana y luego dio dos vueltas alrededor de la cabaña y se fue tranquilamente hacia el bosque.

Cuando Rachel-Ruth me llamó esa noche para saber cómo estaba, le conté lo que había sucedido. Me preguntó a qué hora había ido el oso, entonces le dije que fue durante las últimas horas de la mañana, es decir, el momento exacto en el que se había arrodillado a orar junto con otras ocho mujeres. Me contó que había sentido que tenía que orar en voz alta para que Dios me protegiera de los osos. Cuando terminó la oración, las otras mujeres se rieron, ya que ese era un pedido muy extraño. Pero nadie rio al día siguiente cuando les relató lo que había sucedido. Sé que, si no hubiera vuelto a la cabaña para buscar mi teléfono celular, habría caminado directamente hacia ese oso.

El conocimiento que recibió Rachel-Ruth fue una manifestación de la palabra de conocimiento del Espíritu. También se me han acercado personas desconocidas después de compartir un mensaje o cuando voy por la calle, y me han dicho que tienen una palabra de conocimiento para mí. Parecen sinceras y bien intencionadas y, por lo general, me tomo el tiempo para escuchar lo que tienen en su corazón. Después del encuentro, llevo sus palabras al Señor y las dejo allí. Sé que, si la palabra de conocimiento proviene de Él, se cumplirá. Nunca he actuado en función de lo que otra persona me ha dicho. Simplemente, atesoro la palabra como aliento, advertencia, preparación o confirmación de lo que puede ocurrir.

Fe

No se trata de la fe salvadora, sino de confiar en Dios en medio de circunstancias abrumadoras. Este don es evidente cuando lo ejercen los que plantan iglesias y los misioneros, pero los laicos también lo pueden poseer. Uno de mis ejemplos preferidos es el de Matt y Misty Hedspeth. Matt proviene de una buena familia de nuestra ciudad, le entregó su corazón a Jesús en la universidad y, más adelante, abrió un negocio inmobiliario. Después se casó con Misty, quien se dedicaba al derecho de familia. Todo indicaba que tendrían el típico futuro brillante de las familias del sur de los Estados Unidos.

Matt amaba surfear, bucear y aprender otros deportes acuáticos, entonces él y Misty decidieron tomarse unas vacaciones en Panamá. Pero en ese lugar, Dios llenó su vida. En lugar de disfrutar de las actividades de esparcimiento, se conmovieron por los miles de huérfanos y niños sin hogar que había por todos lados, niños sin esperanza y sin futuro.

Como consecuencia, Matt y Misty sintieron un llamado por Panamá. Misty trabajó para cambiar las leyes de adopción en el país, ¡y lo logró! Matt usó su conocimiento inmobiliario para abrir orfanatos y, hace poco tiempo, completó el primer centro terapéutico y hogar temporal para huérfanos con necesidades especiales de Panamá: Casa Providencia.[15] Su ministerio también brinda servicios de adopción y acogida temporal, consejería legal, evaluaciones psicológicas y educación. ¡Y todo es gratuito! Sin duda alguna, son el mejor ejemplo del don de la fe.

Otro ejemplo es el de Wes y Vicky Bentley. En 1999 tuvieron la visión de capacitar capellanes para el ejército de Sudán del Sur. Hasta el momento, Wes ha capacitado a más de cuatrocientos capellanes. El anterior vicegobernador de Kordofán del Sur, Abdel Aziz, dijo que estos capellanes eran los mejores hombres de todo su ejército. Las fuerzas islámicas enemigas les temen. Los yihadistas los llaman "el ejército de Dios que no teme morir por causa de su fe".

Mientras Wes entrenaba a los capellanes, Vicky fundó un ministerio misionero de aviación y otros ministerios donde brinda discipulado y cursos de alfabetización para las mujeres y satisface las necesidades básicas de los niños. Su organización, Far Reaching Ministries, tiene una facultad bíblica en Kenia y se extiende a Sudán del Sur, Uganda, Congo, Mauritania, Sudáfrica, Francia, Irlanda, Rusia, Asia y los Estados Unidos.[16]

Alabado sea el Señor por los ministerios de Wes y Vicki Bentley, y Matt y Misty Hedspeth. Han sido fieles en el ejercicio de su don de la fe para la gloria de Dios, y continúan haciéndolo. Y alabado sea Dios por los miles de misioneros y líderes que ejercen su don de la fe al llevar el Evangelio a los cuatro puntos cardinales y cuidar de los más pequeños en el nombre del Señor Jesucristo.

Sanación

¡Gloria a Dios! Que aún hoy continúa sanando física, emocional, mental y espiritualmente. La historia de Joe, que ya compartí contigo, pone de manifiesto las distintas facetas de la sanación. Pero otro ejemplo que jamás olvidaré es el de mi nieta más joven, Anne Riggin. Yo había invitado a un consejero para que ayudara a nuestra familia a solucionar varias cuestiones. Era amable, sabio, talentoso y nos ayudaba mucho. También tenía el don de sanar enfermos. Después de unos días, sentía que ya había logrado todo lo que podía hacer en ese momento. Prometió que volvería unos meses después y juntó sus pertenencias para irse. Anne Riggin, que tenía alrededor de seis años en ese momento, se acercó a mí y me tomó de la mano. "Pero, Mimi. No oró por mis verrugas". Le habían salido verrugas en ciertas áreas de las piernas, el torso y las manos. Tenía una mirada intensa y muchas ganas de que la ayudaran. Lo alcancé cuando ya estaba saliendo y le pregunté si podía orar para que Dios sanara las verrugas de mi nieta. Él se detuvo, dejó sus pertenencias y la llamó. Ella se acercó y entonces él tomó sus manitos. Mirándola a los ojos, le preguntó si creía que Jesús podía sanarla. Ella asintió con la sencillez de un niño: "Sí". Entonces él oró. Y se fue. Al día siguiente, ¡ya no había más verrugas! ¡Y nunca más volvieron!

Aunque la sanación de Anne Riggin puede parecer insignificante en comparación con otras experiencias, fue una manifestación del don del Espíritu.

A veces, el Espíritu sana en respuesta a una oración de fe, como lo hizo con Riggin. A veces, usa a los médicos y al personal de enfermería para conseguir la sanación, como lo hizo cuando el puerto de acceso para diálisis de mi esposo se infectó con MRSA [*Staphylococcus aureus* resistente a la meticilina]. Las expresiones que tenían en su rostro cuando ponían a mi esposo diabético en cuarentena me hicieron llorar. Sabía que tenía pocas probabilidades de recuperarse. Le envié un correo electrónico a uno de los hombres de su estudio bíblico para contarle lo que estábamos enfrentando y pedirle oración. El correo se hizo viral. Comenzaron a llegar mensajes de todo el mundo y la gente empezó a orar. ¡Y mi esposo se recuperó milagrosamente! Sé que Dios usó a los médicos, al personal de enfermería, el dispositivo de cicatrización, los antibióticos por vía intravenosa y la limpieza y el cuidado minuciosos, pero también sé que Dios sanó a mi marido.

Milagros

Un milagro es algo que sucede en el mundo físico que no tiene una explicación natural o humana. Dios es un Dios de milagros, porque no está limitado por los métodos convencionales o habituales.

Mientras escribía este apéndice, me llamó una amiga para contarme algo que había sucedido en un estudio bíblico del que está a cargo. El grupo estaba mirando un video sobre la oración cuando una mujer mayor que estaba sentada a la mesa con mi amiga se descompensó. Se le pusieron los ojos en blanco, estaba lívida y totalmente quieta. Mi amiga puso su mano sobre la mujer y oró con osadía para desafiar a la muerte y ordenó: "Hoy no". Preguntaron si había médicos o enfermeros en el grupo de estudio mientras llamaban al 911. Se acercó una enfermera que trabaja en una sala de cuidados intensivos. Cuando la enfermera revisó a la mujer, no pudo encontrarle el pulso. Mientras las mujeres se juntaban y seguían orando, llegaron los paramédicos. La mujer abrió los ojos y preguntó: "¿Qué sucedió? ¿Me desmayé?". Luego se la llevaron al hospital, donde le dijeron que estaba sana. Después consultó a su médico, quien le dijo que no encontraba nada que pudiera haber desencadenado esa descompensación. Dos semanas después, volvió al estudio bíblico para dar testimonio del poder de la oración. ¡Sin duda alguna, ese fue un milagro!

He presenciado milagros en mi vida, pero sobre todo como respuesta a las oraciones y no como resultado de un don individual. Un milagro personal que jamás olvidaré tiene que ver con el anillo de compromiso de Tiffany que me había dado Danny. Estaba viajando y, aunque nunca me quitaba mi alianza de casamiento, me quité el anillo de compromiso antes de dormir en el hotel del aeropuerto. A la mañana siguiente, cuando quise ponérmelo, no lo encontraba. Busqué por todas partes, incluso llamé al servicio de limpieza para que me ayudaran a buscar. Pero no había ningún anillo a la vista.

Sabía que, si no me subía al autobús, perdería el vuelo. Entonces, aunque estaba muy triste, me fui del hotel. Cuando el autobús me dejó en el área del aeropuerto para registrarme, tropecé. Mi cartera cayó y todo lo que estaba adentro se esparció sobre la acera. Estaba a punto de llorar mientras levantaba todo y las manos me temblaban. Puse todo dentro del bolso y cerré la cremallera. Mientras hacía fila para registrarme, oré en silencio: *Padre, sabes cuán importante es ese anillo y sabes todo lo que representa. Si pusiste una moneda dentro de la boca de un pez para que Pedro pagara sus impuestos,*[17] *puedes devolverme el anillo. Por favor, devuélvemelo.*

Cuando llegó mi turno, puse mi cartera sobre el mostrador para buscar el boleto. ¡Y mi anillo estaba sobre la cartera! ¡Qué maravilla! ¡Ese fue un milagro![18]

Profecía

Al igual que el don motivacional, este don consiste en la capacidad de revelar la Palabra de Dios de manera pertinente para los oyentes. Experimenté su manifestación en el funeral de mi padre.

Me habían aconsejado que preparara con antelación todos los comentarios que podrían pedirme en esta reunión, pero no se me ocurría nada. Confiaba en que Dios me diría lo que tenía que decir cuando llegara el momento, si es que llegaba.

El momento llegó cuando mi padre partió al Cielo el 21 de febrero de 2018. Su muerte puso en marcha varios eventos que se llevaron a cabo durante casi las veinticuatro horas del día, los siete días de la semana, hasta su funeral, que fue el 2 de marzo.

Mis cuatro hermanos y yo acordamos compartir pensamientos personales en la reunión del mediodía, y Dios usó a un amigo para plantar un pensamiento en mi mente el día después de que mi papá se fuera al Cielo. Pero durante los siguientes días no tuve tiempo para prepararme. Mientras me preparaba para encabezar la primera caravana el día del funeral, el Espíritu me habló con un suave susurro para explicarme cómo podía expresar el pensamiento que me había dado. Pero, debido al cronograma apretado que tenía antes del funeral, no tuve tiempo para preparar un mensaje.

Una hora antes de que comenzara la reunión, me sentía abrumada por el miedo de hablar en el funeral de mi padre porque no tenía un discurso preparado. Recosté la cabeza sobre una mesa, cerré los ojos y pensé que me iba a desmayar. Ni siquiera podía orar.

Alrededor de treinta minutos antes de que comenzara el funeral, me llamaron para que me parara junto al ataúd de mi papá y esperara junto a mis hermanos para saludar al presidente y a la primera dama, y al vicepresidente y a su esposa. Cuando entraron al vestíbulo principal de la biblioteca, nos saludaron y luego se fueron hacia la carpa. Mis hermanos y yo los seguimos, y mi padre nos guiaba a todos. Después de una música especial, nos escoltaron a mi tía, mis dos hermanas, mi hermano menor y a mí hacia la plataforma para que esperáramos nuestro turno para hablar. No tuve ni un segundo para pensar con claridad.

Hablábamos según el orden de nacimiento, es decir, que yo sería la tercera, después de mi tía y mi hermana mayor. Y en ese momento sucedió el milagro. Cuando me paré en el podio, el miedo, el mareo y el dolor desaparecieron. Tuve claridad mental y compartí un mensaje profético que sabía, incluso mientras me escuchaba hablar, que era una manifestación del don del Espíritu. Aún no sé si fue el don de milagros, de sanación o de profecía. Pero sí sé que el Espíritu estaba equipando sobrenaturalmente a la débil hija de Dios para ese momento. Sé que honré a mi papá, exalté a Jesús y glorifiqué a Dios con su Palabra, que llegó a todo el mundo por medio de la televisión, la transmisión en vivo y las redes sociales.

Discernir entre espíritus del bien y del mal

Hace unos años, me invitaron a hablarles a pastores y líderes ministeriales en Uganda. El primer compromiso me llevó a Gulu, una zona que había sido dominada por rituales satánicos, sacrificios humanos y brujos durante muchos años. Después de los primeros cuarenta minutos, me mareé y me desmayé. Los organizadores se juntaron, pusieron su mano sobre mí y oraron en contra de las fuerzas espirituales que estaban sobre mi vida. Volví a la plataforma y terminé el día con una gran victoria. Pero jamás olvidaré el ruido de los aviones militares que, para asustarnos, hacían vibrar el techo del pabellón donde estaba hablando. Ni los enormes buitres que volaban sobre el patio donde cientos de personas se habían juntado para almorzar: me habían dicho que estas aves pueden comer y digerir el motor de un automóvil. No podía ver a los espíritus malignos, pero sabía que estaban por todas partes.

Si entro a una tienda y siento que mi espíritu choca con la atmósfera, me voy de allí. He hablado con líderes espirituales, los he mirado a los ojos y me he dado cuenta de que había espíritus sin amor. Oro por un mayor discernimiento para mí, para mis hijos y para mis nietos en estos días malvados en los que la verdad se reemplaza por la mentira, la luz queda marginada por la oscuridad y se aplaude el pecado mientras se denigra la pureza. Pareciera que los demonios andan sueltos, porque saben que tienen poco tiempo para causar todo el desastre y la destrucción posibles.

Lenguas

Este lenguaje de oración desconocido ha causado una división dentro de la comunidad cristiana. En lugar de edificar el cuerpo de Cristo, nos ha puesto unos en contra de otros. Quienes tienen este don son tan bendecidos que desean que todos lo tengan. Quienes no lo tienen se sienten menos espirituales. Como consecuencia, en algunos círculos cristianos se ha considerado al Espíritu Santo como una fuerza peligrosa y divisoria. Dios debe de estar llorando.

Yo no tengo el don de hablar en lenguas. Pero he visto cómo trae sanación y restauración de manera poderosa. Hace unos años, tuvimos la bendición de que Nicky y Gloria Cruz se mudaran a nuestra ciudad. Nicky había sido el líder de una importante pandilla de las calles de Brooklyn. Las autoridades lo consideraban un caso perdido. Un día estaba en el público cuando un predicador, David Wilkerson, predicó el Evangelio. Seguidamente, vivió una conversión gloriosa.

Cuando Nicky se mudó a nuestra ciudad, me invitaron a un café organizado en honor a él al que asistirían varias mujeres importantes de la ciudad, incluida la esposa del gobernador. Nicky nos compartió que su sueño era abrir un hogar de transición para mujeres, un lugar donde pudieran recibir consejería, amor y una segunda oportunidad después de salir de la prisión. Varios grupos de mujeres se encargaron de la responsabilidad de arreglar las diferentes partes del hogar para que no tuviera que encargarse de todo el proyecto una sola persona. Como resultado, el Hogar para Mujeres de Nicky Cruz en la calle Hillsborough se hizo realidad.

Allí fue donde presencié un uso válido del don de hablar en otras lenguas. Las jóvenes que se acercaban al hogar estaban desesperadas por una manifestación del Espíritu que las librara de las drogas, el alcohol, el sexo y otras adicciones que las habían dejado desamparadas.

La mayoría de ellas comenzaba a orar en lenguas apenas se arrepentían de sus pecados y recibían a Jesús como su Salvador y Señor. Por algún motivo, orar de esta manera era más increíble que cualquier otra sensación que hubieran vivido, ¡y Dios lo usaba para liberarlas! Este tipo de oración hacía que su fe creciera a pasos agigantados. Las mujeres salían del hogar y podían tener vidas productivas.

Interpretación

Ejercer el don de interpretar otras lenguas es muy parecido al don de la profecía. La Biblia nos da instrucciones estrictas: nos dice que, si el don de hablar en otras lenguas se ejerce en público, como en una iglesia, alguien debe interpretar la oración.[19] A pesar de que nunca tuve una experiencia personal con este don, estuve en reuniones en las que se oró en otras lenguas sin interpretación y el resultado fue un caos. No solo *no* era una bendición, sino que tampoco edificaba a la congregación e incluso desconcertaba a algunas personas. Por otro lado, hace poco estuve en una reunión en la que una anciana oró en lenguas y luego interpretó lo que había dicho, frase por frase. Fue muy dramático y significativo.

También tengo un querido amigo que visitó a una persona que comenzó a hablarle en hebreo. Cuando la persona le preguntó qué había dicho, mi amigo pudo interpretarlo textualmente. Nunca ha estudiado hebreo. Nunca ha estado con gente que hablara hebreo. Sin embargo, sabía con certeza lo que le acababan de decir. Este debe de haber sido el don que se manifestó en Pentecostés cuando "Al oír aquel bullicio, se agolparon y quedaron todos pasmados porque cada uno los escuchaba hablar en su propio idioma".[20]

Comparto estas tres historias porque, como sabemos, Dios no tiene límites. Sus caminos no son nuestros caminos. Él actúa aquí y ahora, pero también actúa fuera del tiempo y del espacio.

Dones ministeriales

La tercera categoría es como un listado de puestos en el ministerio de una iglesia. El apóstol Pablo se lo da a la iglesia de Éfeso,[21] "a fin de capacitar al pueblo de Dios para la obra de servicio, para edificar el cuerpo de Cristo. De este modo, todos llegaremos a la unidad de la fe y del conocimiento del Hijo de Dios, a una humanidad perfecta que se conforme a la plena estatura de Cristo".[22]

En primer lugar, se nombra a los *apóstoles*. A primera vista, esta posición ya no está vigente, ya que uno de los requisitos para ser un apóstol era haber visto al Señor Jesucristo resucitado en persona.[23] Pero si hacemos una segunda interpretación, podemos usar la palabra *apóstol* para describir a aquellos que Dios usa para abrir el camino para nuevos ministerios, como las personas que plantan iglesias y los misioneros.

En segundo lugar, se nombra a los *profetas*. No necesariamente se trata de personas que ven el futuro, sino de quienes exponen la Biblia y comparten la Palabra de Dios de manera pertinente.

En tercer lugar, los *evangelistas* tienen el don de compartir el Evangelio para despertar los corazones de las personas, para que condenen sus pecados y reciban a Jesucristo como su Salvador y Señor.

En cuarto lugar, los *pastores* apacientan al pueblo de Dios, guían a las congregaciones locales, se aseguran de que se alimenten de la Palabra de Dios, las protegen de las herejías y las buscan si se apartan de la fe. Advierten, guían y aconsejan.

Por último, hay *maestros* o instructores, hombres y mujeres que presentan y preservan la verdad de la Palabra de Dios que ha pasado de una generación a la otra.

Acepta y ejerce tus dones

Descubrir tus dones espirituales no es optativo. Cada uno de nosotros deberá responder ante Dios por el ejercicio de sus dones a fin de construir nuestra familia en Cristo. Uno de mis mentores me compartió esta idea solemne: cuando esté cara a cara con Jesús y vea las cicatrices sobre sus cejas, donde estaban las espinas, y las heridas en sus manos y sus pies, donde estaban los clavos, cuando comprenda plenamente cuánto le costó abrir el Cielo para mí, sé que querré darle algo a cambio. Y, aunque nada de lo que puedo darle será suficiente para retribuirle lo que ha hecho por mí, puedo entregarle la corona que me darán como recompensa por haber gastado mi vida por Él. Ese día, ¿tendré una corona para poner a sus pies, que llevan las marcas de los clavos?

Las decisiones que tomemos hoy determinarán cómo veremos nuestra vida cuando nos encontremos cara a cara con Jesús. Por favor, acepta los dones del Espíritu Santo y ejércelos para servirlo, para no llegar con las manos vacías y tener algo que dejar a los pies de Jesús a cambio de todo lo que te ha dado.

Con gratitud a mis familias

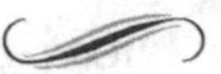

La primera persona a la que quiero reconocer es al Espíritu Santo. Sin su ayuda, no podría haber escrito este libro y habría sido imposible cumplir con todos los plazos. Me ha consolado, fortalecido, animado e inspirado, en especial cuando, durante el proceso de escritura, mi amado padre partió al Cielo y yo comencé a luchar contra el cáncer. Una de las maneras prácticas en las que me ayudó fue integrándome en familias…

Mi familia editorial

Como este es el primer libro que escribo con mi nueva editorial, Multnomah, me gustaría reconocer al equipo que creyó en mí, me guio, me acompañó y me animó durante este difícil año.

Conocí a mi nueva editora, **Tina Constable**, en un banquete de los Premios de la Asociación de Editoriales Cristianas Evangélicas (ECPA, por sus siglas en inglés). No se hablaba tanto acerca de quién debería ganar el Premio al Libro del Año; en cambio, todos destacaban el gran honor de la presencia de Tina Constable. Me sentía un poco intimidada cuando fui a conocerla, pero desde la primera reunión, noté que tiene un espíritu fraternal. Ama la Palabra de Dios y ha empleado sus impresionantes fuerzas editoriales en *Jesús en mí*.

Laura Barker fue mi editora y demostró sus excepcionales habilidades con paciencia, amabilidad y excelencia. Este libro es mucho mejor gracias a sus aportes.

Donald Fairbairn hizo una revisión teológica y exhaustiva del primer borrador. Su entendimiento y perspectiva son muy valiosos. Como consecuencia de su esfuerzo, los lectores pueden confiar en la precisión de los hechos y las partes bíblicas de este libro.

Ginia Hairston Croker desarrolló un plan de comercialización increíblemente detallado y completo para nuestro equipo de publicación, que no solo era motivador en cuanto a su alcance y visión, sino que también demostraba que compartía conmigo la pasión por ayudar a las personas a experimentar la compañía constante del Espíritu Santo.

Bev Rykerd hizo que el plan de comercialización de Ginia cobrara vida con una importante y emocionante campaña de publicidad. Pensó en cada oportunidad, desde cada perspectiva, para compartir el mensaje de que Jesús no nos ha abandonado. Todo lo contrario: nunca nos dejará ni nos abandonará porque ahora vive en nosotros como la persona del Espíritu Santo.

Helen Macdonald tomó el texto editado y lo llevó a la etapa de producción. Respetó todos los plazos, además, siempre fue respetuosa, amable y comprensiva.

Kristopher Orr me preguntó si tenía alguna idea para el diseño de la portada de este libro. No tenía ninguna. ¿Cómo te imaginas al Espíritu Santo... *Jesús en mí*? La primera vez que Kristopher me presentó su idea, sabía que había logrado capturar lo invisible: la gloria de Dios dentro de las personas comunes. La portada es una interpretación osada, llamativa y elegante del título del libro.

Y, por último, **Bryan Norman** me guio durante la transición de Zondervan Publishing a Multnomah y continúa supervisando mis esfuerzos editoriales con creatividad y oración.

Mi familia ministerial

Mi ministerio sin fines de lucro, AnGel Ministries, es como un equipo de operaciones especiales. Somos pocos, pero estamos completamente enfocados en guiar a las personas hacia la Palabra de Dios de manera que puedan tener una relación personal con Él a través de su fe en Jesús. No podría atender de tiempo completo y eficazmente el ministerio sin la ayuda constante de **Helen George**, mi asistente ejecutiva desde hace más de cuarenta años, y del director de operaciones, **Ross Rhudy**, quien se encargó de la mayoría de mis responsabilidades ministeriales. Él supervisa mi grupo ministerial de catorce personas, mis dos equipos de oración y docenas de voluntarios. Mientras escribía este libro, tuve que apartarme del ministerio activo no solo debido a las horas que pasaba frente a la computadora, sino también debido al duelo y al cáncer, pero gracias al liderazgo servicial de Ross, AnGel Ministries continuó funcionando de manera excelente.

Mi familia de la iglesia

Cuando me diagnosticaron cáncer, Dios me prometió por medio de Santiago 5:16 que me sanaría a través de las oraciones de los demás. Confié en su Palabra, hice pública mi afección y, luego, me sorprendí por la gran cantidad de oraciones que me llegaban. Mi familia de la iglesia incluye a miles de personas en todo el mundo que fueron fieles, me siguieron a lo largo de este proceso y me sostuvieron con las alas de sus oraciones. No me cabe duda de que la restauración de mi salud y este libro son evidencia de que Dios escucha y responde las oraciones.

Mi familia personal

Tengo tres hijos: **Jonathan** y su esposa, Jenny; **Morrow** y su marido, Traynor; **Rachel-Ruth** y su marido, Steven. Jonathan vino a mi casa con frecuencia para encargarse del listado de tareas pendientes: desde cambiar bombillas de luz hasta limpiar la cochera. Morrow hizo las compras, cocinó y controló mis consultas médicas y análisis clínicos. Rachel-Ruth guio mi equipo de oración de siete mujeres, las inspiraba con pasajes de las Escrituras y las hacía reír con su alocado sentido del humor. Las oraciones de ellos tres hicieron que el Cielo descendiera y me ayudaron durante los días más difíciles. No podría haber salido victoriosa, ni cumplido con los plazos de este libro, sin su ayuda práctica, física, emocional y espiritual.

Mis tres nietas, **Bell, Sophia** y **Riggin**, me hacen sonreír y llenan mi corazón de gozo con su presencia y sus oraciones.

Por esta razón me arrodillo delante del Padre, de quien recibe nombre toda familia [...]. Le pido que, por medio del Espíritu y con el poder que procede de sus gloriosas riquezas, los fortalezca a ustedes en lo íntimo de su ser, para que por fe Cristo habite en sus corazones. [...], que conozcan ese amor que sobrepasa nuestro conocimiento, para que sean llenos de la plenitud de Dios.

Efesios 3:14-17, 19

Notas

Introducción: El gozo de la compañía constante del Espíritu Santo

1. Juan 14:16.

Primera parte: Amar a la persona del Espíritu Santo

1. Juan 16:7-14. La cantidad de pronombres que se usan para denominar al Espíritu Santo es de la Nueva Versión Internacional de la Biblia [en inglés] de 1978. El número puede cambiar en las distintas traducciones.
2. Encontramos la dramática historia del cambio de nombre de Jacob en Génesis 32.
3. Mateo 1:21.

1. Nuestro Ayudador

1. Hebreos 13:6.

2. Nuestro Consuelo

1. Números 6:24-26.
2. 2 Corintios 1:4.
3. Juan 20:11-14.

3. Nuestro Defensor

1. En los años siguientes, Danny ayudó a plantar una iglesia en crecimiento, donde una vez más presidió el consejo de ancianos y enseñó

en la clase bíblica para adultos mayores. Con el tiempo, ayudó a plantar otras dos iglesias que en la actualidad están dando mucho fruto.
2. Génesis 39:1-23; 41:1-44.
3. Nehemías 1:1-2:12; 6:15-16.
4. Ester 5:1-9:16.
5. Hechos 13:13.
6. Hechos 15:39.
7. 2 Timoteo 4:11.
8. Juan 14:16, NTV.

4. Nuestro Intercesor

1. La historia es real, pero he cambiado los nombres para proteger la privacidad de las personas involucradas.
2. Salmos 139:23-24.
3. Escribí más acerca de lo que aprendí durante mi experiencia sanadora en el libro *Wounded by God's People: Discovering How God's Love Heals Our* Hearts [*Heridos por la gente de Dios: Descubramos cómo el amor de Dios puede sanar nuestros corazones*]. Grand Rapids, MI: Zondervan, 2013.

5. Nuestro Consejero

1. 2 Crónicas 1:10.
2. 2 Crónicas 1:1-12.
3. Salmos 23:4, RVR1960.
4. Salmos 31:15; Job 14:5.
5. Proverbios 3:5-6.
6. Santiago 1:5.

6. Nuestra Fortaleza

1. 2 Corintios 12:10.
2. Génesis 37.
3. Génesis 39.
4. Salmos 105:18 [traducido de la Young's Literal Translation, YLT].
5. Génesis 41.

6. Jeremías 1:18-19.
7. Isaías 41:10-12.
8. Apocalipsis 3:7-13.
9. Daniel 9:4-19.

7. Nuestra Persona de Confianza

1. Cada uno de estos ejemplos proviene de mi familia extendida.
2. Marcos 6:45-48.
3. Marcos 6:48, RVR1960.

Segunda parte: Disfrutar de la presencia del Espíritu Santo

1. Juan 14:16-17.
2. Juan 14:26.

8. Su presencia en la eternidad

1. "Apollo 8: Christmas at the Moon" ["Apolo 8: Navidad en la Luna"], NASA, 19 de diciembre de 2014, <www.nasa.gov/topics/history/features/apollo_8.html>. Véase también Génesis 1:1-10, RVR1960.
2. Salmos 139:7.
3. Mateo 28:19.
4. 1 Pedro 1:2.
5. En varias ocasiones, el símbolo de la paloma en el bautismo de Jesús ha derivado en la idea equivocada de que el Espíritu Santo es una paloma. De la misma manera, las llamas sobre la cabeza de los discípulos en Pentecostés hicieron que algunas personas creyeran, erróneamente, que el Espíritu Santo es un fuego. Pero el Espíritu Santo es un espíritu. No tiene una forma visible. Por ese motivo, en las Escrituras a menudo encontramos símbolos que indican su presencia. Véase Génesis 15:17; Zacarías 4:1-6; Hechos 2:3-4; Apocalipsis 4:5.
6. Mateo 3:16-17.
7. Puedes investigar más acerca del tema de la Trinidad en el libro *Life in the Trinity* [La vida en la Trinidad], escrito por el Dr. Donald Fairbairn, el revisor teológico de este libro. Él también recomienda *Delighting in the Trinity* [Deleitándose en la Trinidad], de Michael Reeves,

y *The Deep Things of God* [Las cosas profundas de Dios], de Fred Sanders.

8. "Apollo 8's Christmas Eve 1968 Message" [El mensaje de Noche Buena de 1968 del Apolo 8], 24 de diciembre de 1968, video, 2:01, 19 de mayo de 2013, <www.youtube.com/watch?v=ToHhQUhdyBY>.

9. Su presencia en la historia

1. En el capítulo 18 veremos las maneras en que, en la actualidad, el Espíritu Santo que mora en nosotros les da herramientas a los creyentes.
2. Éxodo 31:3; 35:31.
3. Números 11:16-17.
4. Jueces 6:33-35.
5. Jueces 14:5-6.
6. 1 Crónicas 28:11-12.
7. Isaías 61:1.
8. Ezequiel 3:10-15.
9. 1 Samuel 10:10.
10. 1 Samuel 15:1-9.
11. 1 Samuel 16:13-14.
12. 1 Samuel 16:14; 17:4-53; 18:6-7; 31:1-4.
13. 1 Samuel 16:13.
14. 2 Samuel 23.
15. 1 Samuel 13:14.
16. Salmos 19:1; 23:1; 27:1; 34:18; 31:1-2.
17. Mateo 1:1; Lucas 1:32-33.
18. 2 Samuel 11.
19. Salmos 32:3-4.
20. 2 Samuel 12:1-12.
21. 2 Samuel 12:13.
22. Salmos 51:3-4.
23. 1 Juan 1:9.
24. Salmos 51:17.
25. Juan 13:3-30; 14:2-6; 15:1-25.
26. Juan 14:18; 16:7.

27. Juan 20:22; Hechos 1:4, 8.
28. Hechos 1:14.
29. Hechos 2:1-4.
30. Hechos 2:7-8, 12.
31. Hechos 2:14-33.
32. Hechos 2:33.
33. Mateo 27:22-23.
34. Lucas 23:34; Hechos 2:23, 36
35. Hechos 2:36.
36. Hechos 2:38.
37. Salmos 51:17.
38. Mateo 1:21.

10. Su presencia en la humanidad

1. Génesis 3:21.
2. Levítico 17:11; Hebreos 9:22.
3. "The precious blood" ["La preciosa sangre"], en *The Valley of Vision* [*El valle de la visión*] Editado por Arthur Bennett. Edinburgh: Banner of Truth, 1975, p. 74.
4. Levítico 4:4, 14, 22-23, 27-28, 32-35; 5:7, 11. El sacrificio por el pecado podía ser un toro, una cabra, un cordero o una paloma; esta última en el caso de los más pobres. Pero el principio era el mismo en todos los casos: el pecador debía poner la mano sobre el sacrificio, confesar su pecado y matar al animal; luego, el sacerdote rociaba la sangre sobre el altar en expiación por el pecado.
5. Hebreos 10:4.
6. Juan 1:29, NTV.
7. Efesios 1:7; 1 Juan 3:1; 5:11.
8. Juan 1:46.
9. Lucas 1:28-29.
10. Lucas 1:30-33.
11. Lucas 1:34.
12. Lucas 1:35, 37.
13. Lucas 1:38.

14. Romanos 3:23; 6:23; Juan 3:16; Efesios 1:7; 1 Juan 1:9; Juan 17:1-3; 1:12; Efesios 1:13-14; Juan 3:3-6.
15. Tito 3:4-7.
16. 2 Corintios 5:17.
17. Romanos 10:9-10.
18. Efesios 1:13-14.
19. Juan 14:16-17; Hebreos 13:5.
20. El timbre sonó a las dos de la mañana durante una gran tormenta y yo estaba completamente sola. Aunque fue desconcertante, no tenía miedo porque sabía que, en realidad, no estaba sola. Me puse la bata y, en la entrada principal, me encontré con un policía que me dijo que su despachador había recibido una llamada al 911 desde mi casa y lo habían enviado para ver si yo estaba bien. Le aseguré que estaba bien y luego notifiqué el error a la compañía telefónica. Al parecer, los cables se habían cruzado debido a la tormenta y mi número había llamado varias veces al 911 por equivocación.

Tercera parte: Confiar en el poder del Espíritu Santo
11. Su poder para transformar

1. Génesis 1:3.
2. Génesis 1:26-27.
3. Génesis 1:31.
4. Juan 1:41.
5. Juan 1:42.
6. Lucas 5:5.
7. Lucas 5:1-11.
8. Mateo 16:15.
9. Mateo 16:16.
10. Mateo 16:17.
11. Mateo 16:22.
12. Mateo 16:23; ver también Apocalipsis 2:18.
13. Mateo 26:31-35.
14. Mateo 26:69-75.
15. Mateo 14:25-30.

16. Mateo 17:1-5.
17. Marcos 14:38.
18. Hechos 2:14-41.
19. Hechos 3:6.
20. Hechos 3:12.
21. Hechos 4:8-10, 12.
22. Hechos 4:19-20.
23. Hechos 4:31.

12. Su poder para transformarnos a ti y a mí

1. Alan Redpath, *The Making of a Man of God: Lessons from the Life of David* [La formación de un hombre de Dios: lecciones de la vida de David]. Grand Rapids, MI: Revell, 2007, p. 9.
2. Hechos 2:4; 4:8, 31.
3. Efesios 5:18.
4. Trataremos más detalladamente el significado de *contristar* al Espíritu Santo en la parte 7 de este libro.
5. Hechos 2:4; 4:8, 31, 13:9, 52.
6. 2 Corintios 3:18.
7. Judson W. Van DeVenter, "I Surrender All" ["Yo me rindo a Él"], 1896, dominio público.
8. Al final de este libro, encontrarás un ejercicio diseñado para guiarte a través de los pasos bíblicos para ser lleno del Espíritu Santo.
9. Juan 1:16; Romanos 8:28-29.

13. Su poder para transformar a otros

1. Deuteronomio 6:4.
2. Juan 3:16.
3. Juan 16:8, 13.
4. Juan 3:3.
5. Zacarías 4:6.
6. Efesios 3:16-19.

Parte cuatro: Abrazar el propósito del Espíritu Santo

1. A quienes no están de acuerdo porque conocen personas que no son creyentes y parecen muy felices y satisfechos, todo lo que les puedo decir es que la felicidad y la satisfacción que experimentan es una versión limitada y reducida de lo que experimentarían si tuvieran una relación personal y adecuada con Aquel que los creó.
2. 2 Corintios 3:18.

14. Él nos despierta

1. En el futuro, el Espíritu Santo vivificará nuestros cuerpos mortales y nos levantará de entre los muertos (Romanos 8:11).
2. Efesios 2:1-10, RVR1960.
3. Juan 6:63, RVR1960.
4. 2 Crónicas 20:7; Isaías 41:8; Santiago 2:23.
5. Hebreos 13:8.
6. Para más detalles acerca de mi proceso y la vida de Abraham, ver *The Magnificent Obsession: Embracing the God-Filled Life* [Una magnífica obsesión: cómo vivir en la plenitud de Dios], Grand Rapids, MI: Zondervan, 2009.
7. Mateo 5:16.
8. Efesios 2:10.
9. Lucas 7:36-50.
10. Romanos 5:5.
11. Filipenses 2:13.
12. Mateo 13:52.

15. Él nos guía

1. *The Shorter Catechism of the Westminster Assembly of Divines* [El catecismo menor de la Asamblea de Teólogos de Westminster], Londres: 1647, p. 1.
2. Juan 17:4.
3. Juan 4:4.
4. Juan 4:28-29.
5. Juan 4:32.

6. Juan 4:34.
7. Isaías 50:7.
8. Romanos 5:10.
9. Juan 19:30.
10. Hebreos 12:2.
11. Juan 16:13.

16. Él nos enciende

1. Aunque no pude encontrar una fuente para esta "tradición", el argumento de la historia es válido.
2. Génesis 15:17-18; Éxodo 3:1-2; Deuteronomio 5:1-5; Hechos 2:1-4; Apocalipsis 4:5.
3. 1 Tesalonicenses 5:19.
4. 2 Timoteo 1:6.
5. Hebreos 10:25.
6. Hebreos 12:2.
7. L. B. Cowman, "7 de agosto", en *Streams in the Desert* [*Manantiales en el desierto*]. Editado por Santiago Reimann. Edición revisada. Grand Rapids, MI: Zondervan, 1997, p. 303.

17. Él nos moldea

1. Jeremías 18:2.
2. Jeremías 18:3-6.
3. Romanos 9:19-21; 2 Corintios 4:7; 2 Timoteo 2:20-21.
4. Romanos 8:29; 2 Corintios 3:17-18.
5. Romanos 8:28.
6. Romanos 8:28.
7. Romanos 8:29.
8. 2 Corintios 4:7.

18. Él nos equipa

1. Filipenses 4:13.
2. Colosenses 1:11.
3. 2 Corintios 12:9.

4. 1 Corintios 12:11.
5. 1 Corintios 12:7.

Quinta parte: Vivir en los principios del Espíritu Santo

1. No les recomendé los libros de Ayn Rand a mis hijos y no se los recomendaría a nadie. Pero fue interesante leerlos en aquel tiempo.
2. La Palabra de Dios es diferente a todos los otros libros que he leído. Es diferente a todos los libros que se han escrito. La Biblia incluye sesenta y seis libros escritos por, aproximadamente, cuarenta autores durante un periodo aproximado de mil quinientos años. Sigue siendo el libro más vendido de todos los tiempos, y se estima que se han vendido más de cinco mil millones de copias. Según el último recuento, la Biblia entera está disponible en más de 680 idiomas. Véase Brian H. Edwards, "Why 66?" ["¿Por qué 66?"], en *The New Answers Book 2: Over 30 Questions on Creation/Evolution and the Bible* [El nuevo libro de respuestas, 2: más de 30 preguntas acerca de la creación/evolución y la Biblia]. Editado por Ken Ham. Green Forest, AR: Master Books, 2008, p. 169; "Best-Selling Book of Non-Fiction" ["El libro de no ficción más vendido"], *Guinness World Records*, <www.guinnessworldrecords.com/world-records/best-selling-book-of-non-fiction>; "Biblia e idiomas-Estadísticas 2018", Alianza Global Wycliffe, <http://www.wycliffe.net/es/resources/scripture-access-statistics>.

19. Sus principios son verdad

1. Juan 14:17.
2. 2 Pedro 1:20-21.
3. 2 Samuel 23:2.
4. Jeremías 1:7, 9.
5. Ezequiel 3:24, 27.
6. Juan 14:26.
7. Juan 16:13.
8. Juan 16:13.
9. Génesis 3:1.

10. Esta conversación imaginaria está en Anne Graham Lotz, *God's Story* [La historia de Dios], Nashville: Thomas Nelson, 2009, p. 63.
11. Mateo 5:18.
12. Mateo 24:35.
13. Mateo 12:40; 19:4; 24:37-39.
14. Mateo 18:1-4; Marcos 10:13-16; Lucas 18:15-17.
15. 2 Timoteo 3:16.

20. Sus principios son dignos de confianza

1. Éxodo 20:3-17.
2. 2 Timoteo 3:16.
3. L. B. Cowman, "8 de octubre", en *Streams in the Desert* [*Manantiales en el desierto*]. Grand Rapids, MI: Zondervan, 1996, p. 298.
4. Juan 16:32.
5. Oseas 2:18.
6. Job 42:12.
7. Zacarías 10:12.
8. 2 Reyes 5:10.
9. 2 Reyes 5:11-12.
10. 2 Reyes 5:13-14.
11. Isaías 30:18.

Sexta parte: Reflejar la pureza del Espíritu Santo

21. Su pureza se ejemplifica en Jesús

1. Génesis 6-7.
2. Génesis 19:1-28.
3. Éxodo 3:1-6.
4. Éxodo 7:14-12:30.
5. Éxodo 19:1-24.
6. Éxodo 26:30-35; 28:31-38.
7. Josué 5:13-15.
8. 1 Pedro 1:15-16.
9. Hechos 4:31.
10. Hechos 5:4.

11. Hechos 5:11.
12. Hebreos 4:15.
13. 1 Pedro 1:18-19.
14. Juan 12:41.
15. Isaías 6:1-3.
16. Isaías 6:5.
17. Juan 14:26.

22. Su pureza se embellece en nosotros

1. Mateo 21:1-11.
2. Zacarías 9:9.
3. Lucas 19:46; véase también Mateo 21:1-17; Marcos 11:1-17; Lucas 19:28-46; Juan 12:12-15.
4. 1 Timoteo 4:1-2, RVR1960.
5. Charles G. Finney, *How to Experience Revival* [*Cómo experimentar un avivamiento*]. New Kensington, PA: Whitaker, 1984, pp. 19-27.
6. Isaías 6:3.
7. Mateo 7:1-5.
8. Joel 2:13.
9. Efesios 1:7.
10. 1 Juan 1:9.
11. 1 Juan 1:7.
12. Salmos 56:8; Juan 11:35.
13. Hebreos 4:15.
14. 2 Corintios 5:21.
15. 2 Corintios 5:17.
16. Hechos 3:19.

23. Su pureza se magnifica en nosotros

1. 1 Reyes 8:27-30; 9:3.
2. 1 Corintios 6:19-20.
3. 2 Corintios 6:16.
4. Efesios 2:19-22.
5. 1 Pedro 2:5.

6. 1 Pedro 2:4-8.
7. Isaías 6:3; Apocalipsis 5:11-13.
8. Efesios 1:11-12.
9. 1 Juan 1:9.
10. Ezequiel 34:31.
11. Isaías 53:6.
12. 1 Corintios 14:8.
13. Gálatas 5:16-21.
14. Isaías 42:8.
15. Oseas 14:2.
16. Oseas 14:4.
17. Apocalipsis 15:3-4.
18. Efesios 1:6, RVR1960.
19. 2 Samuel 11:1-12:13; Salmos 32:3-5.
20. Salmos 32:11.
21. Apocalipsis 5:9-10.
22. Apocalipsis 5:12.
23. Apocalipsis 5:11-13.
24. Apocalipsis 19:6-7.
25. Salmos 22:3, RVR1960.
26. No encontramos nombres para algunas letras, como la *X*, la *Y* y la *Z*, entonces pusimos adjetivos.
27. Horatio G. Spafford, *It Is Well with My Soul* [*Alcancé salvación*], 1873, dominio público.

Séptima parte: Confiar en la provisión del Espíritu Santo

1. Efesios 4:30, RVR1960.
2. 1 Pedro 5:7.
3. Romanos 8:28.

24. Confiar en su promesa

1. Tuve mi anillo de bodas en el dedo durante cincuenta y dos años…, hasta mi operación por cáncer de mama, ya que el cirujano me pidió que me lo quitara. Entonces, con lágrimas rodando por mis mejillas,

me lo quité por primera vez desde que Danny lo puso en mi dedo. Tan pronto como terminó la operación, me puse nuevamente el anillo y la alianza. Pero, alrededor de dos meses después, la quimioterapia hinchó mucho mis manos y tuve que quitármelos de nuevo.

2. Juan 14:2-3.
3. Jonathan Cahn, *The Book of Mysteries* [*El libro de los misterios*], Lake Mary, FL: FrontLine, 2016, p. 220.
4. "Shavuot". (10 de noviembre del 2008). En *Encyclopaedia Britannica* [versión electrónica]. New York, EU: Enciclopaedia Britannica Inc., <www.britannica.com/topic/Shavuot>.

25. Confiar en su sello

1. Efesios 1:13.
2. 2 Timoteo 2:19.
3. Mateo 24:30-31; 1 Tesalonicenses 4:16-17.
4. Romanos 8:35.
5. Juan 10:28-29.
6. Romanos 8:38-39.

26. Confiar en su conocimiento

1. Describo mi deseo por conocer a Dios en una relación como aquella de la que fui testigo en la vida de mi madre en mi libro *The Magnificent Obsession: Embracing the God-Filled Life* [*Una magnífica obsesión: Cómo vivir en la plenitud de Dios*]. Grand Rapids, MI: Zondervan, 2009.
2. Salmos 139:1-2, 4, 7.
3. Romanos 8:26-27.

27. Confiar en sus oraciones

1. Romanos 8:26.
2. Lucas 22:17-24.
3. Lucas 22:31-32.
4. Puedes encontrar la historia de Greg en su libro *Jesus Revolution: How God Transformed an Unlikely Generation and How He Can Do It Again Today* [La revolución de Jesús: cómo hizo Dios para

transformar una generación perdida y cómo puede volverlo a hacer hoy]. Grand Rapids, MI: Baker Books, 2018.

5. Juan 17:20-21, 26.
6. Juan 17:2.
7. Juan 6:51; 14:16; Romanos 8:37-39; 1 Tesalonicenses 4:17; 1 Juan 2:17.
8. Juan 17:3.
9. Génesis 4:1, RVC.
10. Juan 16:14.
11. Juan 17:11.
12. Juan 18:8.
13. Juan 17:13.
14. Juan 17:15.
15. Efesios 6:11, 13-14.
16. Juan 17:17.
17. Juan 17:17-19.
18. Juan 17:19.
19. Juan 17:21.
20. 1 Juan 1:9.
21. Juan 17:23.
22. Juan 17:24.
23. 1 Corintios 2:9-10.

Conclusión. El enfoque inquebrantable del Espíritu Santo: Jesús

1. 2 Timoteo 3:16.
2. Juan 1:14, RVC.
3. Juan 1:18.
4. ¿Recuerdas dónde hizo Jesús su primer milagro cuando comenzó su ministerio público en la Tierra? En las bodas de Canaán. Fue para beneficiar y bendecir el matrimonio de una joven pareja. Jesús nos preparó nuestro primer hogar en el Edén y nos está preparando nuestro último hogar en el Cielo, y también nos ayudará a convertir nuestro hogar en la Tierra en un lugar de bendición, amor y gozo. Él todavía puede convertir el agua en vino. Hazlo el Señor de tu matrimonio, haz lo que Él te diga y verás que hará un milagro.

5. Juan 14:2.
6. Génesis 2:7.
7. Génesis 2:18, 21-22.
8. Colosenses 1:15-17.
9. Génesis 3:8-9.
10. Génesis 3:10-19.
11. Génesis 3:21.
12. Génesis 4:1-16.
13. Génesis 6:6.
14. Génesis 6:8-9.
15. Génesis 6:13.
16. Génesis 6:14.
17. Hechos 4:12.
18. Génesis 7:6-23.
19. Génesis 12:1-3; 15:4.
20. Génesis 16:1-12.
21. Génesis 16:13.
22. Para conocer más acerca de la conmovedora historia de Agar, lee *Wounded by God's People: Discovering How God's Love Heals Our* Hearts [*Heridos por la gente de Dios: descubramos cómo el amor de Dios puede sanar nuestros corazones*], de Anne Graham Lotz. Grand Rapids, MI: Zondervan, 2013.
23. Génesis 18:1-14.
24. Génesis 27:1-31:55.
25. Génesis 32:22-32.
26. Génesis 46:5-6; 47:4; Éxodo 1:7-11; 3:7-10; 12:31-41; Números 14:33-34.
27. Josué 1:1-2.
28. Josué 2.
29. Josué 5:13-6:5.
30. Jueces 6:1.
31. Jueces 6:3-11.
32. Jueces 6:12.
33. Jueces 7:1-8:12.
34. Isaías 6:1.

35. Juan 12:41.
36. Ezequiel 1:1-3.
37. Ezequiel 1:4-26.
38. Daniel 3:1-15.
39. Daniel 3:16-18.
40. Daniel 3:25, RVC.
41. Salmos 23:4; Isaías 43:2; Hebreos 13:5.
42. Lucas 2:11.
43. Lucas 2:14.
44. Lucas 2:8-16.
45. Lucas 2:52.
46. Mateo 28:18-20.
47. Lucas 24:50-51.
48. Hechos 6:5; 7:55-60.
49. Hechos 9:5.
50. Hechos 9:1-19.
51. Apocalipsis 1:9-16
52. Para conocer más acerca de la increíble visión de Juan, lee *The Vision of His Glory: Finding Hope Through the Apocalipsis of Jesus Christ* [*La visión de su gloria: cómo encontrar esperanza mediante la revelación de Jesucristo*], de Anne Graham Lotz. Dallas: Word, 1996.
53. Apocalipsis 16:16.
54. Zacarías 14:1-11.
55. Apocalipsis 19:11.
56. Apocalipsis 19:12-13.
57. Juan 1:1, 14.
58. Apocalipsis 19:6-7.
59. Apocalipsis 19:16.
60. Filipenses 2:9-11.

Apéndice A. Cómo escuchar el susurro de la voz del Espíritu Santo al leer la Biblia

1. A veces siento que debo hacer una excepción y leer un salmo. De ser así, luego de meditar sobre el salmo durante la cantidad de días que

sean necesarios para analizarlo párrafo por párrafo, vuelvo a donde me había quedado en el libro y después sigo meditando párrafo por párrafo y capítulo por capítulo.
2. Juan 14:26.

Apéndice B. Cómo llenarse del Espíritu Santo y mantenerse así

1. Salmos 139:23-24.
2. Efesios 5:18.
3. J. Edwin Orr, "Cleanse Me" ["Límpiame"], 1936, dominio público.
4. Hechos 2:4; 4:8, 31; 13:9, 52.
5. Adaptado de "The Spirit's Work" ["El trabajo del Espíritu"], en *The Valley of Vision* [*El valle de la visión*]. Editado por Arthur Bennett. Edinburgo: Banner of Truth, 1975, pp. 56-57.

Apéndice C. Una autoevaluación del pecado

1. Charles G. Finney, *How to Experience Revival* [*Cómo experimentar un avivamiento*]. New Kensington, PA: Whitaker, 1984, pp. 19-27.
2. Anne Graham Lotz, *Expecting to See Jesus: A Wake-Up Call for God's People* [*Yo espero ver a Jesús: una llamada de alerta al pueblo de Dios*]. Grand Rapids, MI: Zondervan, 2011, pp. 146-48.
3. 1 Juan 1:8-10.

Apéndice D. Dones del Espíritu

1. Romanos 12:6-8.
2. Deuteronomio 18:14-22.
3. Para ver un ejemplo de Pedro en ejercicio de su don de profecía, lee Hechos 2:14-40.
4. 1 Timoteo 1:2.
5. Para ver un ejemplo de Timoteo en ejercicio de su don del ministerio, lee 1 Corintios 4:17; Filipenses 2:19-23.
6. Para ver un ejemplo de Lucas en ejercicio de su don de enseñanza, lee Hechos 1:1-2.

7. Para ver un ejemplo de Pablo en ejercicio de su don de exhortación, lee Filipenses 4:4-9.
8. Para ver un ejemplo de la iglesia de Macedonia en ejercicio de este don de dar, lee 2 Corintios 8:1-5.
9. Para ver un ejemplo de Nehemías en ejercicio de su don de administración, lee Nehemías 2:1-9.
10. Para ver un ejemplo de Juan en ejercicio de su don de misericordia, lee 1 Juan 2:1-2.
11. 1 Corintios 12:7.
12. 1 Corintios 12:7-10.
13. 1 Corintios 14:1.
14. 1 Corintios 12:11.
15. Puedes visitar el sitio web del ministerio de Matt y Misty Hedspeth para conocer más: <www.heartscrychildren.com>.
16. Puedes visitar el sitio web del ministerio de Wes y Vicky Bentley para conocer más: <https://frmusa.org>.
17. Mateo 17:24-27.
18. Cuando regresé a casa, fui directamente al joyero y achiqué mi anillo para solo podérmelo quitar con mucho jabón y esfuerzo. Desde ese entonces, solo me lo quité para las operaciones. No me lo quito por ningún otro motivo, ni siquiera hoy en día, tres años después de que Danny partiera al Cielo.
19. 1 Corintios 14:27-28.
20. Hechos 2:6.
21. Efesios 4:11.
22. Efesios 4:12-13.
23. 1 Corintios 9:1.

Acerca de la autora

Anne Graham Lotz habla por todo el mundo con la sabiduría y la autoridad que vienen de estudiar la Palabra de Dios durante muchos años. Su padre, Billy Graham, la llamaba "la mejor predicadora de la familia".

El *New York Times* la nombró entre los cinco evangelistas más influyentes de su generación. Sus eventos de avivamiento, denominados "Solo dame Jesús", se han celebrado en más de treinta ciudades de doce países y han asistido miles de personas.

Anne es una premiada autora de diecisiete libros, y varios de ellos han sido *bestsellers*. Es la presidenta de AnGeL Ministries en Raleigh, Carolina del Norte, y fue presidenta del Grupo de Trabajo del Día Nacional de Oración de los Estados Unidos desde 2016 hasta 2017.

Ya sea como delegada en la reunión anual del Foro Económico Mundial, como comentadora en el periódico *The Washington Post* o como oradora revolucionaria en las plataformas de todo el mundo, el objetivo de Anne es muy claro: traer avivamiento al corazón del pueblo de Dios. Y su mensaje es consecuente: invita a las personas a tener una relación personal con Dios por medio de su Palabra.